杰出青少年
好习惯养成手册
上册

黄泰山 著

清华大学出版社
北京

本书封面贴有清华大学出版社防伪标签，无标签者不得销售。
版权所有，侵权必究。举报：010-62782989，beiqinquan@tup.tsinghua.edu.cn。

图书在版编目 (CIP) 数据

杰出青少年好习惯养成手册 / 黄泰山著. —北京：清华大学出版社，2021.12（2023.9重印）
ISBN 978-7-302-59668-4

Ⅰ.①杰… Ⅱ.①黄… Ⅲ.①习惯性－能力培养－青少年读物 Ⅳ.① B842.6-49

中国版本图书馆 CIP 数据核字 (2021) 第 255112 号

责任编辑：顾　强
封面设计：汉风唐韵
版式设计：方加青
责任校对：王荣静
责任印制：杨　艳

出版发行：清华大学出版社
　　　　网　　址：http://www.tup.com.cn，http://www.wqbook.com
　　　　地　　址：北京清华大学学研大厦 A 座　　邮　编：100084
　　　　社 总 机：010-83470000　　邮　购：010-62786544
　　　　投稿与读者服务：010-62776969，c-service@tup.tsinghua.edu.cn
　　　　质 量 反 馈：010-62772015，zhiliang@tup.tsinghua.edu.cn
印 装 者：大厂回族自治县彩虹印刷有限公司
经　　销：全国新华书店
开　　本：170mm×240mm　　印　张：27.25　插　页：5　字　数：471 千字
版　　次：2022 年 1 月第 1 版　　印　次：2023 年 9 月第 2 次印刷
定　　价：128.00 元（全二册）

产品编号：093802-02

内容简介

本书作者经过 20 年的研究和实践,研究了古今中外对社会做出贡献的人,发现他们身上都有良好的习惯和超强的自我管理能力,正是这种习惯和能力让他们走向成功。

经过理论研究和教学实践后,作者归纳出适合青少年的十二大课程:习惯宣言、一个目标(制定目标)、两个习惯(生活习惯、学习习惯)、三颗"心"(上进心、爱心、责任心)、四个"商数"(健商、情商、逆商、财商)、幸福课。

作者首版《杰出青少年好习惯养成手册》由清华大学出版社于 2004 年出版,2009 年该书推出第二版,经过实践,前两版受到了学生、家长、老师的高度好评。这本《杰出青少年好习惯养成手册》是在前两版的基础上重新打造,更加符合当下学生、家长和老师的需求。

本书的最大特点就是通过 365 天写日记的形式养成良好的习惯。

有关习惯方面的研究,国外研究得比我们早一些,据查尔斯·杜希格《习惯的力量》一书介绍,美国麻省理工学院大脑与认知科学实验室自 1990 年开始研究习惯课题,通过实验,研究人员发现了习惯养成的秘密,即习惯的产生由暗示、日常行为、奖赏组成的回路决定。

本书以学、用相结合的方式,指导学生如何养成好习惯。本书教会学生如何自我管理、自我教育、自我成才,是一本有关贯彻和落实素质教育的图书。

本书适合广大中小学生、家长以及老师阅读和学习。

我们欣喜地获知,2021 年 10 月 23 日,国家通过了《中华人民共和国家庭教育促进法》。该法的通过和实施将使得未来的家庭教育更加规范、更加科学,将更加有利于青少年综合素质的提升以及行为习惯的培育。

特别建议家长和学生一起填写《杰出青少年好习惯养成手册》,一起进步,一起建立学习型家庭。

作者简介

黄泰山，中国管理科学研究院教育科学研究所"杰出青少年好习惯"课题组组长、北大新世纪教育发展中心"家风与好习惯"课题研究员、行知熟教育集团高级顾问、北京智新超越首席讲师、问道教育特聘专家、北京正心杰出教育科技机构创始人。

黄泰山提出的"杰出青少年自我教育和自我管理"好习惯培养理论被列为"十五""十一五""十二五""十三五"规划课题研究成果。他提出了强国少年好习惯培养整体解决方案，开发了学生、家长、教师三位一体的课程体系，截至 2021 年底，该课程体系在全国有超过 40 万学生使用并受益。

黄泰山的授课足迹已遍布全国 28 个省，包括清华大学附属中学、江苏淮安中学、沈阳雨田实验中学、河南师范大学附属中学、山东杜郎口中学、北京师范大学什邡附属外国语中学、北京大学附属中学重庆实验分校、北海市中等职业技术学校、河北鹿泉区第一中学、广西河池市金域江区第三小学、北京世纪明德教育集团、深圳育才教育集团、行知熟教育集团、特例阳光教育等百所院校机构。

希　望

人类之所以伟大
是源于有了梦想
千百年来
人类永不停息……

青少年时代的梦想
可以激励人的一生
一个人未来的成就
取决于为自己的梦想一直奋斗了多久

向内心探索
认识自我
管理自我
超越自我

把杰出素质融入生活中的每一个环节
一旦这些良好的行为成为好习惯
可以成就一个伟大的民族

黄泰山

夏月于清华科技园

我们有一个梦想

我们每个人都有一个梦想,这个梦想深藏于我们的血液之中。

我们每个人都有一个强国梦,那就是实现中华民族伟大复兴!人民有信仰,民族有希望,国家有力量。

作为新时代的青少年,我们应该怎么做呢?我们可以通过培养良好的习惯,学会主动学习,减轻老师、家长的负担。因为教育就是培养习惯!

我们学会在幸福、感恩中成长!毕竟,人生中,获得心灵的成长才是我们一生最珍贵的礼物!

遇到困难,我们不怕困难,我们可以从绝望之山开采希望之石。

有了这个决心,我们才能把一切的困难化为动力,把对我们的怀疑和争吵声变为悦耳的交响曲。

因为我们知道,我们终有一天会实现强国之梦。

谁说落后的一定落后?

谁说面对洋人,我们只能俯首称臣?

谁说军阀混战,我们只能坐以待毙?

谁说四面楚歌,我们不能四渡赤水?

谁说围追堵截,我们不能出奇制胜?

谁说抗日战争,我们不能反败为胜?

是的,二十一世纪必将是我们中华民族重新崛起的一个世纪!

凭什么?就凭一百年来,我们把一个贫穷落后的国家,建设成为一个富强、民主、文明、和谐、美丽的社会主义现代化强国。

中国曾经是一头沉睡的巨狮,如今已经醒来!

整个世界,都将为之震颤!

我们的强国梦,一定会实现!

序

我郑重地推荐此书并乐于为其作序，是因为我深信这本书将会对我们青少年朋友极有价值，且确信作者所做的是一种极有价值的探索。

我为什么研究习惯，并创立了"习惯学"？话还得从我在清华园几十年坎坷曲折的命运说起。

当我考上清华大学并拿到录取通知书的时候，许多人为之羡慕。美丽的清华园，是多少青年人的梦想和憧憬；美妙的"荷塘月色"，曾令多少年轻学子为之痴迷。而我居然能置身其间，梦想成真，这是多么幸运！

然而，连我自己也想不到的是，就在这景色如画、人人梦寐以求的清华园，52年前的一个深夜，毕业留校刚一年的我，竟下了最后的决心，要离开这个世界。当时发生的一切，真不堪回首，简直是九死而无一生啊！

从此以后，我的精神和肉体变成了一片废墟，我成了清华园败得几乎最惨的人——先后全休四五年，住院二三年，身上开了三刀，一度生命垂危，与死神近在咫尺。

但我还是比较幸运的，我遇到了无数善良的人，是他们的抢救、同情和关爱使我感受到人间的温暖，让我死而复生，获得了第二次生命。

然而，我的生命虽然获得重生，但病弱的我又一次陷入了困惑和迷茫：我生活在精英荟萃、人才济济、竞争高度激烈的清华园，自己后半生的路究竟该怎样走？

一年又一年，我在思索；一年又一年，我在探索；一年又一年，我在追寻。终于，经过漫漫长夜，在我年过半百后，我发现了一条路，不，我发现了一个"新大陆"，一个无比神奇的"新大陆"。这"新大陆"几乎从根本上改变了我，使我一天天变得健康、精神、年轻，以致我尽管年近花甲，却感到仿佛一切刚刚开始，自己好像还是早晨八九点钟的太阳。由此，我在全国各地的演讲也越来越受欢迎，甚至常常反响强烈，掌声如潮，使我自己也欣喜不已。

那这神奇的"新大陆"究竟是什么呢？

这神奇的"新大陆"就是有意识地养成各种好习惯，进行高效的自我管理，这也正是本书的精髓所在。

通过高效的自我管理，尽管我已经 75 岁，却能在事业、健康、精神等方面保持着很多的好习惯。而好习惯一旦养成，就一定会去做，一定会自觉、自动、不需要任何外力督促地去做。试想，这样的结果，岂不成了一个"自动化"的人，一个始终在行动的人，一个高效率的人，一个有毅力的人？俗话说，"水到渠成""水滴石穿""功夫不负有心人"。这样下去，你自然会在方方面面变得越来越强有力，我们青少年朋友岂不会变得越来越杰出？

因此，通过我切身的体会，我认识到：有意识地、刻苦地、日积月累地、不厌其烦地去养成各种好习惯，是使人变得真正成功、健康、快乐的关键，所谓"习惯改变命运，性格造就未来"是千真万确的真理。对于青少年来说，习惯会使你变得真正优秀、杰出。

而本书的方法，本质是让你对一些人生重要的原则，通过记日记的方式，一天天磨炼，一天天强化，一天天巩固，以致让其最终变成你的习惯，从而高效地进行自我管理，使你成为真正杰出的青少年。

在全世界备受敬仰的本杰明·富兰克林，年轻时就使用这种方法，使 13 种美德变成了他的习惯，以致影响了他的一生，使他几百年来一直为世人称颂。

我自己花在"习惯学"上的研究时间已超过 25 年，理论成立后，我身体力行，从自身经验出发，总结出习惯练习的方法——"五动"定律、习惯配方、培养习惯的四步魔法。我也用自己的真实经历进行佐证。

曾经在《超级演说家》的舞台上，我演讲的题目是《人生可以美得如此意外》，引起不小的轰动；前几年，我发表了《我所养成的 168 种习惯》，又引起一定的反响；现在，我养成的大大小小可考证、可衡量的习惯超过 500 种。当年我可是清华大学的"重病号"，而现在我 75 岁仍然精神矍铄，身体健康，每天仍然工作、研究、讲课。

我是习惯的受益者、践行者、研究者、推广者。正因为此，我郑重地推荐此书，并乐于为其作序。

周士渊
清华大学"习惯学"课程导师
2021 年 9 月 1 日

如何使用本书

一、你有这样的困惑吗

　　明知道养成好习惯很重要，特别想改变，就是做不到。
　　明知道上课要认真听讲，可偏偏上课走神。
　　明知道读书重要，可偏偏不会读书，不爱读书。
　　明知道跑步有益，可偏偏只跑了两天，就没有了下文。
　　明知道写作文重要，可偏偏不会写作文，不爱写作文。
　　明知道玩游戏不好，可偏偏迷恋手机游戏，迷恋电脑游戏。
　　明知道养成习惯很重要，可说自己到底有什么好习惯，偏偏说不上来。
　　你特别想改变，特别想拥有好习惯，但不知道怎么办。
　　长此以往，你就陷入了生活焦虑、学习焦虑中。不良习惯之所以难以改变，就因为它是一种"定势"，要想从既有的不良习惯中跳出来，最好的办法就是借助一套行之有效的工具，帮助我们建立新的认知、新的习惯，这样才能越来越开心和自信，不断建立成就感，这种状态会让好习惯得到巩固。

二、一个巨大的秘密

　　这本书中隐藏着一个巨大的秘密。世上能领悟并执行的人终将成为智者。当你通过自己的努力挖掘到这个秘密并付诸行动，不管昨天的你成绩如何，今天的你都能超越自己。越早挖掘到这个秘密，你就能越早地节约人生成本，走进优秀人群的方阵。
　　本书作者总结了当今时代对社会做出贡献的人，包括科学家、企业家、政治家，甚至一些国家伟人，发现他们都有着超强的自我管理能力，正是这种能力让他们走向成功，他们的共同点就是自我管理得好，拥有人生好习惯。
　　而自我管理能力来自良好的习惯。
　　什么是自我管理？自我管理就是指人们对自己的思想、心理和行为表现进行的管理。自我管理即自我监督、自我评价、自我锻炼、自我反省。在此情况下，每一个人不仅是"自我管理班级"的老师，也是"自我管理班级"的学生，这种管理及管理中的角色转换，正是当前一些中小学生成长过程中所忽视的，也是所有成功者必备的能力。

二、培养好习惯，提升自我管理能力能帮助我们什么呢

经过我和我的恩师周士渊教授多年的研究发现，养成好习惯是培养自我管理能力的实践抓手。

在你的学习、生活当中，一定会遇到一些困难，而这本书无疑是解决这些难题的有效工具，它可以帮助你解决遇到的一些难题。

这本书最大的特点就是通过 12 堂经典课程、365 天写日记的形式帮助你养成良好的习惯。截至 2021 年底，全国已有 40 万名师生从这本书中受益。所以，请你认真填写，让好习惯深深地扎根在你的心里，它能帮助你：

1. 养成生活、学习习惯。
2. 不怕困难，有顽强的意志力。
3. 养成 12 个好习惯，拥有 36 个微习惯。
4. 增强自信心，养成开朗的性格、宽阔的胸怀。
5. 懂得快乐学习的方法。
6. 赢得父母、老师和同学的好感。

三、如何使用本书

1. 本书适用于 8～18 岁的青少年，家长也可以准备一本，与孩子一同填写。
2. 从拿到这本书的任何时候都可以开始填写。它分为 12 课，每课为 30 天，共计 360 天，加上最后的 5 天，共计 365 天，正好一年。
3. 你可以根据自己的作息习惯，每天在固定时间记录当天的内容。
4. 每一节课里，会有一些任务需要你去完成，如果确实时间紧，不能按时完成，允许你在一周之内完成。但"今日事，今日毕"，也是需要养成的好习惯之一。
5. 假如在使用这本书的过程中，你认为难以坚持，痛苦不堪，成为你生活的压力，那么你可以放弃，但不要因此而灰心，放弃并不代表你没有美好的未来。

在这一年的时间里，这本书将陪伴你度过一段愉快又难忘的日子。在这 365 天里，你的身边将多了一位知心的朋友、无声的老师。

那么，在开始前，先让我们来签订一个"协议"。

协议书

甲方：杰出青少年好习惯学校

乙方姓名：_____   年龄：_____   年级：_____

经过甲乙双方友好协商，现达成以下协议：

1. 甲方自愿与乙方共同成长。
2. 甲方是乙方的老师、同学和知心朋友。
3. 乙方自本协议签订之日起，开始完成本手册，不论刮风下雨，也不管有多忙，一旦开始，决不中断。

签字日期：_____年_____月_____日

坚持不懈，直到成功！

成功地做成一件事并不难，在某方面表现优秀也不难。敢于自省一两次、能起来晨跑一两次也不难，难的是养成习惯。而那些成功人士的可贵之处正在于他们能认准目标，坚持不懈，养成习惯。

首先恭喜你拥有了这本书，这是你走向成功的第一步，在今后一年的时间里，它每天都伴随着你，是你的知心朋友，是你的知心听众，是你的倾诉对象，这里有你需要的阳光和空气，有你需要的鼓励和帮助。

想想看，一个人每天都在进步，每天不断地反省自己的行为，在自我管理、自我修养方面每天都有新的收获，那么他这样日积月累，就会锻造出钢铁般的意志，你说，他是不是一个了不起的人呢？其实，成功的原因就是这么简单。

如果你坚持了7天，那么你就完成了一个普通同学应该完成的作业，被"杰出青少年好习惯学校"录取；

如果你坚持了30天，那么你就向成功迈出了第一步；

如果你坚持了90天，那么你已经成为一位优秀的青少年；

如果你坚持了180天，那么你已经成为一位了不起的青少年；

如果你坚持了365天，那么你已经成为一位杰出的青少年；

当你掌握了这套方法，并持之以恒。

如果你坚持了20年，那么你将成为一位成功的人。

如果你坚持了一生，那么你将成为一位伟大的人。

个人档案

姓名：_____ 学校：_____ 年级：_____

1. 我拥有什么：_____

_____

通常我们会为自己想得到的东西而苦恼，却看不到自己拥有的，如家庭、学校、老师、同学、健康，还有食物、住所等。不要等失去了才知道珍惜，要看到和珍惜你已经拥有的。

2. 我最拿手的、让我感到自豪的本领：_____

_____

为你已经取得的成绩而自豪。成绩不分大小，每一次成功都意味着向前迈出了一步。你可以为你刚刚战胜一个对手而感到骄傲，可以为帮助了一个陌生人而感到幸福，也可以为结识了新朋友或读了一本新书而感到高兴。

3. 我应对什么心存感激：_____

_____

每天都有很多事情让我们为之心存感激，同时也有很多人值得我们感谢，因为他们在无形中教会了我们一些事情。生活的每一天对于我们来说都是一件珍贵的礼物。

4. 我能抛下过去的包袱：_____

_____

过去的包袱就是指那些长年累积起来的伤心经历和怨气。背着这些沉重的生活包袱有什么用呢？建议你对过去做一个总结，把值得借鉴的经验保存起来，然后永远地卸下重负。

5. 我现在就开始行动的事情是 _____
_____

过去哪些事情拖延了，一直没有行动，比如我写字不好看，一直想要把字练好，可是一直没有开始。那么从今天开始，此时此刻，每天 10 分钟，提升自己的行动力！

6. 我最美好的愿望：_____
_____

7. 过去我最开心的时刻：_____
_____

8. 我旅行过的城市：_____
_____

9. 我最崇拜的人物，这些人物有哪些高贵的品质：_____
_____
_____

10. 我最好的朋友：_____
_____

11. 爸爸的优点：_____
_____

12. 妈妈的优点：_____
_____

爸爸生日：_____　　妈妈生日：_____

生命树

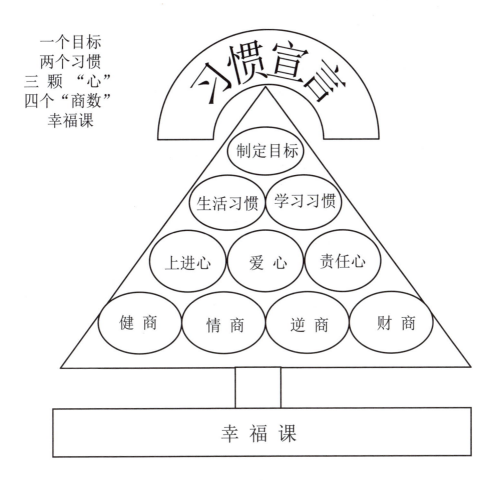

我是谁

我是一直陪在你身边的伙伴

我是你最得力的助手,也是你最沉重的负担

我可以推动你前进,也可以导致你失败

我完全听从你的指挥,你让我好,我便好,你让我坏,我便坏

我就这么神奇,我就这么有用

我是所有伟人的仆人

很不幸,我也是导致失败的罪魁祸首

那些失败的人全都是因为我才会失败

我虽然不是机器,但我做起事来却像机器一样精确

你可以利用我得到好处,也可以因为我走向毁灭

但对于我来说,没有什么不同

如果你带着我,训练我,牢牢地掌控我

我会让世界为你敞开大门

放任我,我将毁掉你

我是谁?

我是两个字:_____

杰出青少年 100 个微习惯（请参考）

杰出青少年 100 个微习惯，你打算培养哪些习惯，请在后边打对勾"√"。

一、10 个学习好习惯

1. 提前预习	2. 专心听讲	3. 爱提问题
4. 及时改错	5. 查找资料	6. 当日事，当日毕
7. 仔细审题	8. 勤于动笔	9. 认真书写
10. 向优秀的同学学习		

二、10 个礼貌好习惯

1. 进别人的房间要敲门	2. 不用训斥、指责的口吻与别人说话	3. 礼貌待客
4. 坐有坐相，站有站相	5. 用双手接长辈的东西	6. 不乱翻别人的东西
7. 不随便打断别人的话	8. 在公共场所保持安静	9. 借别人东西后及时归还
10. 见到熟人主动打招呼，练习正视别人		

三、10 个卫生好习惯

1. 饭前便后洗手	2. 早晚认真刷牙	3. 每晚洗脚，自己洗袜子、内衣
4. 手脏了及时洗	5. 不随意席地而坐	6. 常换衣服、常洗澡
7. 不随地吐痰	8. 不乱扔垃圾	9. 随手整理好衣物
10. 保持书包整洁		

四、10 个饮食好习惯

1. 定时定量	2. 细嚼慢咽	3. 吃饭时不大声说话
4. 爱惜粮食	5. 不挑食、不偏食	6. 少喝甜品饮料
7. 不边走边吃	8. 少喝饮料，多喝白开水	9. 不吃不合格的食品
10. 不吃路边摊的食品		

五、10 个阅读好习惯

1. 经常去书店和图书馆	2. 爱护书籍	3. 专心致志

4. 看书时，做摘抄、画重点	5. 读、写、思相结合	6. 善于使用工具书
7. 坐姿正确	8. 善于交流心得	9. 每天阅读15分钟
10. 好书反复看		

六、10个安全好习惯

1. 遵守交通规则	2. 不玩火	3. 不熟悉的地方不逞能
4. 遵守公共秩序	5. 不急追猛跑	6. 右行礼让
7. 坐车系安全带	8. 不做危险动作	9. 离家离校要向家长或老师打招呼
10. 游泳、爬山，没有去过的地方必须和大人在一起		

七、10个健康好习惯

1. 每天运动一小时	2. 认真做早操	3. 全面锻炼身体
4. 每年和父母到大自然中去	5. 每天在家坚持一个运动习惯	6. 运动前做好准备活动
7. 课间休息去操场远眺	8. 积极参加体育比赛	9. 准时上床睡觉
10. 每天必须做10分钟眼保健操		

八、10个劳动好习惯

1. 自己的事情自己做	2. 别人的事情帮着做	3. 每天做些力所能及的家务劳动
4. 每次吃饭后主动收拾碗筷	5. 学会共同劳动	6. 劳动中注意自我保护
7. 劳动结束后整理现场	8. 保持卧室整洁	9. 爱护别人的劳动成果
10. 学会做一两道菜		

九、10个心态好习惯

1. 去掉坏情绪，不发脾气	2. 积极举手发言	3. 遇到困难找方法，不找借口
4. 理解老师对自己的严格要求	5. 不说消极负面的话	6. 遇到挫折自我激励
7. 和父母沟通不发脾气	8. 学会原谅他人	9. 心甘情愿做额外的事
10. 没有得到的东西忍得住，过去的事情放得下		

十、10个行为好习惯

1. 不懂的问题，虚心请教	2. 练习当众发言	3. 学会服从命令，遵守规则
4. 每月能定期存钱	5. 节俭，不攀比	6. 定期总结自己的不足，找到弥补的方法
7. 随时记录灵感	8. 自己制定奖惩制度	9. 把自己会的内容讲给别人，给别人当老师
10. 学会接受表扬，学会赞扬别人，多去发现别人的优点		

一分钟打卡日志操作说明

　　本表运用了心理学中神奇的注意力原理，每天填写完成手册，配合每节课完成以下打卡日志，仅需不到一分钟，一直坚持，效果显著。长期坚持，可以提升一个人的执行力，最好每天在固定时间填写日志，并打卡提醒自己。

　　例如：开始日期是 <u>2021</u> 年 <u>9</u> 月 <u>28</u> 日（任意一天开始本手册都可以）。

　　今天是 2021 年 9 月 30 日，已经完成第一课第三天的任务，那么请完成手册，画对勾"√"。

第几天	01	02	03	04	05	06	07	08	09	10	11	12	13	14	15
完成	√	√	√												
第几天	16	17	18	19	20	21	22	23	24	25	26	27	28	29	30
完成															

　　每天写完日志，请在表格对应的天数下面画对勾"√"。

　　本月要养成的 3 个微习惯如下。

　　微习惯 1：<u>每天早上比平时早起 10 分钟，朗读个人宣言，或本书前言——"我们有一个梦想"。</u>

　　微习惯 2：<u>每天晚上睡前 1 小时，预习第二天的课程，并将不会的内容画下来。</u>

　　微习惯 3：<u>每天晚上 21：30，准时闹钟提醒，5 分钟完成本手册，并打卡。</u>

　　每月 3 个微习惯，根据自己的实际情况设定，要满足 5 点要求：明确、具体、数字化、可衡量、正能量。

　　每课学完第 30 天，请在下面表格中评价（自我评价或请家长、老师评价均可）。

	表现反馈
第 × 课	

第一课　习惯宣言（一分钟打卡日志）

开始日期：_____年_____月_____日

第几天	01	02	03	04	05	06	07	08	09	10	11	12	13	14	15
完成															
第几天	16	17	18	19	20	21	22	23	24	25	26	27	28	29	30
完成															

每天写完日志，请在表格对应的天数下面，画对勾"√"。

本月要养成的 3 个微习惯如下。

微习惯 1：_____

微习惯 2：_____

微习惯 3：_____

养成的习惯要满足 5 点要求：明确、具体、数字化、可衡量、正能量。

每课学完第 30 天，请在下面表格中评价（自我评价或请家长、老师评价均可）。

	表现反馈
第一课	

第二课　制定目标（一分钟打卡日志）

第几天	31	32	33	34	35	36	37	38	39	40	41	42	43	44	45
完成															
第几天	46	47	48	49	50	51	52	53	54	55	56	57	58	59	60
完成															

每天写完日志，请在表格对应的天数下面，画对勾"√"。

本月要养成的 3 个微习惯如下。

微习惯 1：_____

微习惯 2：_____

微习惯 3：_____

养成的习惯要满足 5 点要求：明确、具体、数字化、可衡量、正能量。

每课学完第 30 天，请在下面表格中评价（自我评价或请家长、老师评价均可）。

	表现反馈
第二课	_____ _____ _____ _____

第三课　生活习惯（一分钟打卡日志）

第几天	61	62	63	64	65	66	67	68	69	70	71	72	73	74	75
完成															
第几天	76	77	78	79	80	81	82	83	84	85	86	87	88	89	90
完成															

每天写完日志，请在表格对应的天数下面，画对勾"√"。

本月要养成的 3 个微习惯如下。

微习惯 1：＿＿＿＿＿＿＿＿＿＿＿＿＿＿＿＿＿＿＿＿

微习惯 2：＿＿＿＿＿＿＿＿＿＿＿＿＿＿＿＿＿＿＿＿

微习惯 3：＿＿＿＿＿＿＿＿＿＿＿＿＿＿＿＿＿＿＿＿

养成的习惯要满足 5 点要求：明确、具体、数字化、可衡量、正能量。

每课学完第 30 天，请在下面表格中评价（自我评价或请家长、老师评价均可）。

	表现反馈
第三课	＿＿＿＿＿＿＿＿＿＿＿＿＿＿＿＿＿＿＿＿＿＿＿＿＿＿＿＿ ＿＿＿＿＿＿＿＿＿＿＿＿＿＿＿＿＿＿＿＿＿＿＿＿＿＿＿＿ ＿＿＿＿＿＿＿＿＿＿＿＿＿＿＿＿＿＿＿＿＿＿＿＿＿＿＿＿ ＿＿＿＿＿＿＿＿＿＿＿＿＿＿＿＿＿＿＿＿＿＿＿＿＿＿＿＿

第四课　学习习惯（一分钟打卡日志）

第几天	91	92	93	94	95	96	97	98	99	100	101	102	103	104	105
完成															
第几天	106	107	108	109	110	111	112	113	114	115	116	117	118	119	120
完成															

每天写完日志，请在表格对应的天数下面，画对勾"√"。

本月要养成的 3 个微习惯如下。

微习惯 1：_____

微习惯 2：_____

微习惯 3：_____

养成的习惯要满足 5 点要求：明确、具体、数字化、可衡量、正能量。

每课学完第 30 天，请在下面表格中评价（自我评价或请家长、老师评价均可）。

	表现反馈
第四课	

第五课　上进心（一分钟打卡日志）

第几天	121	122	123	124	125	126	127	128	129	130	131	132	133	134	135
完成															
第几天	136	137	138	139	140	141	142	143	144	145	146	147	148	149	150
完成															

每天写完日志，请在表格对应的天数下面，画对勾"√"。

本月要养成的 3 个微习惯如下。

微习惯 1：_____

微习惯 2：_____

微习惯 3：_____

养成的习惯要满足 5 点要求：明确、具体、数字化、可衡量、正能量。

每课学完第 30 天，请在下面表格中评价（自我评价或请家长、老师评价均可）。

	表现反馈
第五课	

第六课　爱心（一分钟打卡日志）

第几天	151	152	153	154	155	156	157	158	159	160	161	162	163	164	165
完成															
第几天	166	167	168	169	170	171	172	173	174	175	176	177	178	179	180
完成															

每天写完日志，请在表格对应的天数下面，画对勾"√"。

本月要养成的 3 个微习惯如下。

微习惯 1：_____

微习惯 2：_____

微习惯 3：_____

养成的习惯要满足 5 点要求：明确、具体、数字化、可衡量、正能量。

每课学完第 30 天，请在下面表格中评价（自我评价或请家长、老师评价均可）。

	表现反馈
第六课	

杰出青少年好习惯课程大纲

序号	课程目录	大纲
1	个人宣言	今天将是一个难忘的日子。我把喜悦奉献给父母，我把快乐同师长分享。今天将是播种的时刻。我发誓：我会用才智创造辉煌；用实力独占鳌头；用毅力完成一切
2	制定目标	一艘在大海中航行的船，无论装备多么完善，无论有多么好的舵手，如果漫无目标地航行，永远也不能到达理想的彼岸。我将自动、自发、自觉地完成目标，认真做好每一件事
3	生活习惯	世界上最可怕的力量是习惯，最伟大的力量也是习惯！我要用好习惯武装我的身体，好习惯是我取之不尽、用之不竭的宝贵财富
4	学习习惯	教育就是培养习惯。学习学习，学什么？学习惯。教育就是将学习态度和方法转变为习惯的过程，学会这些，我将事半功倍
5	上进心	天行健，君子以自强不息。没有上进心，就是原地踏步，也做不好任何事情，我不但要在现在努力学习，将来也要建立终身学习的好习惯
6	爱心	只有在童年时代拥有一颗善良爱心的人，长大之后才有仁慈的品质，才能成为富有道德情感的正直公民。我要用全身心的爱来迎接每一天

续表

序号	课程目录	大纲
7	责任心	有多大的责任心,就能承担多大的事。我们现在是青少年,承担着把书读好的责任;我们将来长大了,承担着把工作做好、照顾家庭的社会责任
8	健商	人生最重要的就是健康,失去健康,将失去一切。古人云:喜伤心,怒伤肝,思伤脾,忧伤肺,恐伤肾。我要调整自己,我要拥有强壮的身体、健康的心理,做身心健康的主人
9	情商	想左右天下的人,须先能左右自己。只有科学地管理自我、掌控自我的人,才能站在历史的潮流开创崭新的人生。我是自己情绪的主人
10	逆商	困难像弹簧,我弱它就强。人的一生中,总有独自面对逆境的时候。在逆境中,我每次做的小小突围,都是人生一次大的突破。苦难对于天才来说,是一块垫脚石
11	财商	君子爱财,取之有道。我不理财,财不理我,现在我学会存钱,学会花钱,将来我还要学会赚钱,学会给予,这将使我的人生更加完善
12	幸福课	所有的奋斗,归根结底是为了自己和他人的幸福。那些为共同目标使自己变得更加高尚的人,那些为大多数人带来幸福的人,历史赞扬他们为最幸福的人

总目录

第 1 课　习惯宣言　/ 1

第 2 课　制定目标　/ 37

第 3 课　生活习惯　/ 69

第 4 课　学习习惯　/ 106

第 5 课　上进心　/ 136

第 6 课　爱心　/ 165

第 7 课　责任心　/ 201

第 8 课　健商　/ 229

第 9 课　情商　/ 261

第 10 课　逆商　/ 292

第 11 课　财商　/ 325

第 12 课　幸福课　/ 351

上册目录

01 第1课 习惯宣言

有毅力者得天下 / 6
好习惯的榜样——本杰明·富兰克林 / 9
好习惯养成的三个工具 / 14
周士渊教授谈习惯"五动"定律 / 16
杰出青少年十二项修炼 / 18
今天大声朗读《敢于杰出》 / 20
也许将来你的日记可以出版 / 22
习惯培养的四个要点 / 25
周士渊教授谈培养习惯的四步魔法 / 28
拯救海星 / 32
好习惯训练让我全方位成长 / 35

02 第2课 制定目标

制定目标 / 37
制定目标的三大原则 / 41
做行动的巨人 / 45
成功之门 / 48
目标宣言 / 51
目标是力量的源泉 / 54
晓亦的问题出在哪里？ / 56

制定目标的系统思维 / 60
大学的魅力 / 63
参加365天好习惯训练，我变了 / 67

03 第3课
生活习惯

生活习惯 / 70
采访"习惯学"提出者周士渊教授 / 72
做家务的好习惯 / 74
锻炼身体的好习惯 / 77
生活礼貌的好习惯 / 79
曾国藩的日课十二条 / 81
教育就是培养习惯 / 84
向两个坏习惯"开炮" / 88
安全好习惯 / 92
自我反省的好习惯 / 95
你有管理时间的习惯吗？ / 99
信心+不懈地努力=成功 / 104

04 第4课
学习习惯

学习习惯 / 106
做作业的十个好习惯 / 108
养成认真的好习惯 / 110
学习用思维导图记笔记的好习惯 / 113
你会深度学习吗？ / 115
养成定期复习的好习惯 / 117
上课认真听讲的好习惯 / 119
学会提问题，敢于质疑 / 123

清华研究生的学习秘籍 / 126
魏老师谈养成十二个习惯，成为好学生 / 128
写好字的好习惯 / 132
拥有毅力，所向披靡 / 135

05 第5课 上进心

上进心 / 136
有上进心的表现 / 138
培养自己的爱好专长 / 142
上进心与读历史 / 145
上进心和读好书 / 148
寻找继承人 / 151
终身学习与上进心 / 155
上进心，每天进步一点点 / 157
上进心与平常心 / 158
坚持不懈，走向成功 / 163

06 第6课 爱心

心中有爱，人生最美 / 165
爱心宣言：朗读 / 169
爱的因果定律 / 171
爱的力量 / 173
《不管怎样》 / 173
热爱祖国 / 176
爱父母 / 178
爱老师 / 181
爱同学 / 183

大爱无疆　/　185

爱大千世界　/　187

王阳明心学：致良知　/　189

大爱张桂梅：爱洒人间　/　191

日行一善，随时随地做好事　/　194

爱自己　/　197

改变与超越　/　199

第1课 习惯宣言

那些杰出人物成才
最重要的道理，
我在《杰出青少年
好习惯养成手册》中
全学到了！

> 凡是好的态度和好的方法，都要使它化为习惯。只有熟练得养成了习惯，好的态度才能随时随地表现，好的方法才能随时随地运用。好像出于本能，一辈子受用不尽。
>
> ——著名教育家 叶圣陶

经过20年的研究，我发现，大声朗读让人自信，更是一种良好的生命状态，所以我将朗读个人宣言作为第一课。

今天将是一个难忘的日子。我把喜悦奉献给父母，我把快乐同师长分享。今天将是播种的时刻。我发誓：我会用才智创造辉煌，用实力独占鳌头，用毅力完成一切。365天锻造杰出青少年，现在开始！

为什么需要进行个人宣言？

领导在就职的时候，要发表演说；政府每年要发表政府工作报告，向大众公布未来规划。大多数优秀的公司如华为、腾讯、阿里、小米、海尔等也都有使命宣言。

对于每个要成为杰出青少年的朋友来讲，习惯宣言书可以起到自我激励的作用，当你朗读这些宣言书的时候，应该把自己想象成将军。朗读的时候，要慷慨激昂，心中充满希望！今后它能帮助你树立信心，渡过一切难关。

在第一个7天里，你需要每天比以往早起10分钟，大声朗读个人宣言书。

每天如何写好习惯养成手册，以下建议可供参考：

1. "今天值得记录的"，可以写自己所看、所听、所思、所学的内容，也可以写一两句你想说的话，但必须能让人看得懂，以提高自己的表达能力和理解力。

2. 如果要多写一些内容，最好起个标题。不要写成流水账，否则起不到培养写作能力的作用。

3. 贵在坚持！一开始不要写得很满，以至于到最后因没有时间而简单应付或干脆不写，这样会打击自己的自信心。

4. 在"我的感悟"中，你没有必要要求自己每天必须填写。你可以写一些自己读课外书或语文课文后的感想。如果篇幅不够，可以增加另外的纸张，贴在本手册中。

5. 每天填写完手册，在打卡日志里画对勾"√"。

6. 每月养成 3 个微习惯，每天坚持，一年就是 36 个微习惯。日积月累，它们会对你的人生有巨大的益处。

宣言书

　　从今天开始，我将努力完成《杰出青少年好习惯养成手册》，因为这本手册中隐藏着一个巨大的秘密，世上能领悟并执行它的人终将成为智者。

　　每当我完成了一天的任务，也就意味着向杰出青少年迈近了一步，也向未来的智者靠拢一步。从今天开始，我绝不浪费一天，因为时光一去不复返。失去的日子将不再来临。

　　我要用勤奋摧毁懒惰的习性，我要用信心驱赶怀疑，我要加倍努力。我的潜力无穷，只要稍加开发，就能超越以往任何的成就。

　　我生来应为高山，而非草芥；我放眼未来，勇往直前。

　　今天将是一个难忘的日子。我把喜悦奉献给父母，我把快乐同师长分享。今天将是播种的时刻。我发誓：我会用才智创造辉煌，用实力独占鳌头，用毅力完成一切。

　　不管我昨天的成绩如何，我将全身心地投入到好习惯训练课程中，炼就钢铁般的意志。

　　因为在这个世界上，唯有毅力是无法被任何能力取代的。

　　天赋无法取代它，有天赋却失败的人比比皆是；

　　才能无法取代它，有才能却失败的人时时可见；

　　教育无法取代它，受教育却失败的人处处可闻。

　　只有毅力是无所不能、所向披靡的！

　　我要进行好习惯训练，我要探索这本手册的巨大秘密，我要成为一名杰出的青少年，从现在开始，我立即行动。

宣誓人：_____

_____年_____月_____日

第一课　习惯宣言　　　　　　　　总第1天

今天是 ____ 年 ____ 月 ____ 日　　星期 ____　　____ 点 ____ 分开始记录

今天值得记录的

....
....
....
....

我的感悟

....

提示：今天打卡一分钟日志了吗？

第一课　习惯宣言　　　　　　　　总第2天

今天是 ____ 年 ____ 月 ____ 日　　星期 ____　　____ 点 ____ 分开始记录

今天值得记录的

....
....
....
....

我的感悟

....

提示：今天打卡一分钟日志了吗？

第一课　习惯宣言　　　　　　　　总第3天

今天是 ____ 年 ____ 月 ____ 日　　星期 ____　　____ 点 ____ 分开始记录

今天值得记录的 ....

....

....

....

我的感悟 ....

提示：今天打卡一分钟日志了吗？..

第一课　习惯宣言　　　　　　　　总第4天

今天是 ____ 年 ____ 月 ____ 日　　星期 ____　　____ 点 ____ 分开始记录

今天值得记录的 ....

....

....

....

我的感悟 ....

提示：今天打卡一分钟日志了吗？..

有毅力者得天下

在个人宣言书中,我们提到:

在这个世界上,唯有毅力是无法被任何能力取代的。

天赋无法取代它,

有天赋却失败的人比比皆是;

才能无法取代它,

有才能却失败的人时时可见;

教育无法取代它,

受教育却失败的人处处可闻;

只有毅力是无所不能、所向披靡的!

很多人嘴上说要改变,计划和口号很完美,但在行动的那一刻,计划就不知所踪了。

很多人遇到一点困难和挫折就消沉放弃,看到别人的进步,立刻陷入焦虑中,羡慕、嫉妒、愤恨等负面情绪全来了,明明自己渴望变化,渴望能出好成绩,也知道21天、30天能养成一个好习惯,也知道90天、365天能改变一个人,但就是不能坚持把一件事做好,做完,做漂亮。

缺乏耐心、缺乏毅力是很多人的习性。

他们总是制定目标,总是完不成;什么都想学,就是学不好,忙忙碌碌,却收效甚微。

研究发现,随着大脑的发育和学识的增长,上学之后,人们的毅力和耐心开始变得不同,通常是那些能够克服不良惯性的人,他们有耐心,有坚定的意志品质,学习成绩才能更好。他们总能聚焦一个目标,不折不扣地完成目标,总能跳出焦虑、浮躁的怪圈,建立自信心,感觉越来越好!那些具备毅力和耐心的人进入社会后更有可能成为精英人士。

一个人全身心地投入一件事,不折不扣地完成它,在大脑中储存越来越多"我能行"的成功标签,就会越来越自信,越来越强大,做事无往不胜。

苏轼说:"古之立大事者,不惟有超世之才,亦必有坚忍不拔之志。"

愿我们做事有毅力,能发挥出最大的潜能,通过杰出青少年365天好习惯训练,成为杰出青少年,将来为国立功。

第一课　习惯宣言　　　　　　　　总第5天

今天是 ____ 年 ___ 月 ___ 日　　星期 ___　　___ 点 ___ 分开始记录

今天值得记录的

....

....

....

....

....

我的感悟

提示：今天打卡一分钟日志了吗？..

第一课　习惯宣言　　　　　　　　总第6天

今天是 ____ 年 ___ 月 ___ 日　　星期 ___　　___ 点 ___ 分开始记录

今天值得记录的

....

....

....

....

....

我的感悟

提示：今天打卡一分钟日志了吗？..

第一课 习惯宣言　　　　　　　　　总第7天

今天是 ____ 年 ___ 月 ___ 日　星期 ___　　___ 点 ___ 分开始记录

今天值得记录的 ....

....

....

....

....

我的感悟 ....

提示：今天打卡一分钟日志了吗？...

习惯养成，头七天至关重要

习惯的养成在头七天至关重要。我们研究发现，许多在头七天还没有形成意识的人，最容易放弃。因为在头七天里，我们还没有在脑中建立一个习惯定势，我们很容易就遗忘或者对目标习惯产生惰性，所以只有熬过了头七天，我们才能歇一口气。在头七天里，我们要更多地关注自己的目标习惯，以帮助我们不断强化这个目标习惯在我们心目中的地位。

任何时候开始都不晚，困难的是有的人总是不敢开始，
好习惯训练关键在头七天，很好，你做到了。
怎么样，不难吧？继续加油！

　　　　　　　　　天下难事，必作于易；
　　　　　　　　　天下大事，必作于细。

　　　　　　　　　　　　　　　《道德经·第六十三章》

> **录取通知书**
>
> ＿＿＿＿＿＿同学，经过 7 天的好习惯训练，已被杰出青少年好习惯学校录取。
>
> 杰出青少年好习惯学校
>
> ＿＿＿年＿＿＿月＿＿＿日

当你每天朗读个人宣言书的时候，你的声音会给你力量，会敲击你的心灵。

少年强，则国强，做强国杰出少年，从养成好习惯开始。

路是脚踏出来的，历史是人写出来的，人的每一步行动都在书写自己的历史。每天坚持写日记，有一天当我们回首往事，可以见证自己的成长，书写人生的传奇。

也许有一天，你的演讲会打动每一位听众，人们能真实地感受到你声音里的那份真挚的情感，体会到生命奋斗的意义！

好习惯的榜样——本杰明·富兰克林

在美国建国初期，人们碰到一个难题——选出一位可以代表美国人民智慧和财富的人，将其肖像印在 100 美元的钞票上。究竟谁可以享有这么大的荣誉呢？经过精心挑选，人们选中了本杰明·富兰克林。

为何选中富兰克林呢？归根结底是出于他的智慧与美德。富兰克林正是从年轻的时候就坚持培养自己的智慧与美德，最终使自己的人生成为传奇。

富兰克林出身贫寒，只读了不到两年的书，就不得不在印刷厂做学徒。但他刻苦好学，自学数学和 4 门外语，最终成为美国的政治家、外交家、科学家、慈善家、发明家，成为美国独立战争的主要参与者和《独立宣言》的主要起草人。

富兰克林是怎样走向成功之路的呢？富兰克林成功的秘诀又是什么？这个谜底在至今仍畅销不衰的《富兰克林自传》中得到了揭示。

富兰克林渴望成功，他试图从古今中外成功者的经历中找出成功的秘诀。

经过研究，他发现这些成功者成功的方式不同，但他们都有良好的时间管理能力和完善的人格与品德。

于是在自我时间管理方面，富兰克林把每天的作息时间列成表格，规定自己何时工作、何时休息、何时参与文艺活动。下面是他的时间列表，可以作为参照。

早上5点至7点：
起床、洗漱、吃早餐。
规划白天的事务。
晨读和进修。
在这段时间里，他问自己："我这一天将做哪些有意义的事？"
上午8点至11点：
切实执行一天的工作计划。
中午12点至下午1点：
读书或查账；吃午饭。
下午2点至5点：
工作，把未做完的工作迅速完成，把已经做好的工作仔细检查，有错误的地方立即改正。
晚上6点至9点：
整理杂物，把用过的东西放回原处。
吃晚餐、听音乐、娱乐、聊天。
自我反省。
在这段时间里，他向自己提出了一个能帮助自己反省的问题："我今天做了什么有益的事情？"
晚上10点以后：
好好睡眠。

在自我管理品德方面，他列举了自己需要培养的13种美德。

1. 节制：食不过饱。
2. 寡言：避免空谈，避免无益的聊天。
3. 秩序：每一样东西应该有一定的安放位置，每一件日常事务应有一定的时间去做。

4. 决心：当做必做，决心要做的事应坚持不懈。

5. 俭朴：用钱不要浪费，对人对己有益才去花费。

6. 勤勉：不浪费时间，每时每刻做些有用的事情。

7. 真诚：真诚待人，不欺骗人，思想要纯洁公正，说话也要如此。

8. 正义：不做损人利己之事，不逃避自己的义务。

9. 中庸：避免生活极端、思想极端、行为极端，追求生活的平衡。

10. 清洁：身体、衣服、住所力求清洁。

11. 镇静：不要因为小事或普通不可避免的事故而惊慌失措。

12. 节制：为了健康，切忌伤害身体，或损害自己以及他人的名誉。

13. 谦虚：不骄傲，谦虚待人。

为了培养这些品质，他采取了一次只完成13项中一项的办法。

他准备了一个小本子，用红笔在每页纸上画上表格，分别写上周一至周日，然后用横线画出方格。每天用黑点表示当天完成该项道德手册中的内容。这样不断地反复练习，直到养成良好的习惯为止。

本杰明·富兰克林习惯养成表

	周一	周二	周三	周四	周五	周六	周日
节制							
寡言							
秩序							
决心							
俭朴							
勤勉							
诚恳							
正义							
中庸							
清洁							
镇静							
节制							
谦虚							
重点克服：浪费时间、为小事情烦恼、和别人争论。							

富兰克林首先检讨自己的缺点，他发现自己有 13 个严重的缺点，其中浪费时间、为小事情烦恼、和别人争论这三项最为突出。他通过自我检讨认识到，除非下决心改造自己，否则难以成功。他决定要改掉自己的缺点（即培养一种美德），但是他没有要求自己一下子改掉所有的缺点，而是每周尝试改掉一个缺点，于是他亲自设计了一个表格，每天自我检查。这样持续了两年，他改正了所有的缺点。

他每天检查，每天反省自己的过失，目的就在于养成这些美德。

同时他告诫别人，如果要使用这种方法的话，最好不要全面一起培养 13 个美德，以致分散注意力，最好是在一个时期内集中精力掌握其中的一种美德。等完全掌握了，再开始培养其他的美德。

第一课　习惯宣言　　　　总第8天

今天是 ____ 年 ____ 月 ____ 日　　星期 ____　　____ 点 ____ 分开始记录

今天值得记录的

....

....

....

....

....

我的感悟

提示：今天打卡一分钟日志了吗？

第一课　习惯宣言　　　　　　　　总第9天

今天是 ____ 年 ___ 月 ___ 日　　星期 ___　　___ 点 ___ 分开始记录

今天值得记录的

....

....

....

....

我的感悟

提示：今天打卡一分钟日志了吗？...

第一课　习惯宣言　　　　　　　　总第10天

今天是 ____ 年 ___ 月 ___ 日　　星期 ___　　___ 点 ___ 分开始记录

今天值得记录的

....

....

....

....

我的感悟

提示：今天打卡一分钟日志了吗？...

第1课　习惯宣言

第一课　习惯宣言　　　　　总第11天

今天是 ____ 年 ____ 月 ____ 日　星期 ____　 ____ 点 ____ 分开始记录

今天值得记录的

....

....

....

....

我的感悟

....

提示：今天打卡一分钟日志了吗？

好习惯养成的三个工具

在这一部分，我们介绍了达成目标、养成好习惯的三个工具，大家要学会善加利用，这样你会成为好习惯的"武林高手"。

工具一：手表或者手机闹钟

这个闹钟用好了，真是免费的助手，是控制时间的神器。

学生时代，我们不提倡使用智能手机，建议使用手表，就是在固定的时间做固定的事情。

等同学们长大了，可以使用手机闹钟，我们的手机可以设置多个闹钟提醒，可以把一天的时刻表用手机闹钟排好，这样不会超时，到点一定有提醒。闹钟可以保证计划执行的时间。

习惯学创始人周士渊教授就是用这个手机闹钟养成了500多种习惯。

工具二：一分钟打卡日志

本书的最前面有每一课的打卡日志，请同学们好好利用，这个是把每课定为30天，当天完成了就做好标注，一个月下来，可以很直观地看到目标完成的情况。

工具三：每天自我管理日志

每天利用 5 分钟的时间对当天的内容进行总结和回顾，这是养成好习惯非常有效的工具。完成了 365 天训练的同学反馈最多的是觉得这个工具非常简单、有效、好用。关于这一点，每节课后都附上了同学们反馈的文章，大家可以参考。

第一课　习惯宣言　　　　总第12天

今天是 ____ 年 ____ 月 ____ 日　　星期 ____　　____ 点 ____ 分开始记录

今天值得记录的

我的感悟

提示：今天打卡一分钟日志了吗？

第一课　习惯宣言　　　　　总第13天

今天是 ____ 年 ____ 月 ____ 日　　星期 ____　　____ 点 ____ 分开始记录

今天值得记录的

....

....

....

....

我的感悟

....

提示：今天打卡一分钟日志了吗？

周士渊教授谈习惯"五动"定律

经过研究，周士渊教授发现习惯和行动有很大的联系，他总结了习惯的"五动"定律。

1. 启动

什么叫启动？启动就是开始行动的意思。比如说，今天开始填写《杰出青少年好习惯养成手册》，准备在培养习惯方面开始行动了，这个就是启动。

2. 百动

什么叫百动？一次又一次地行动的意思。习惯不是行动一两次就能养成的。要不断地行动。任何东西量变积累到一定程度才能发生质变。这是我们现在养成习惯的一个重要问题，至少得坚持100天。

3. 自动

什么叫自动？自动自觉地行动的意思。经过百动以后，习惯已经初步养成，就会出现自动的现象。比如，一个孩子养成了检查的习惯。一旦题目做完了，他会自动地核对检查一下，检查这个良好的学习习惯就自动自发进行了。在自动阶段，好习惯的效果就体现出来。

4. 永动

什么叫永动？好的事一直做。这就有极大的意义。我现在每天早晨 5 点起床写作，就是永动习惯。我们最渴望的这种毅力、韧性，是习惯养成后持续的状态。

5. 乐动

什么叫乐动？习惯了的事情很快乐地去做。

"学而时习之，不亦说乎"，因为你做习惯了的事情是很快乐的。还有一种快乐在什么地方？因为你不断这样做（有句话叫作"水滴石穿"），慢慢地超越自己，你的人生难题不断得到解决，你的目标不断达成，你遇到这样的事情能不高兴吗？

快乐了以后，人生就开始良性循环。

第一课　习惯宣言　　　　　　　总第14天

今天是 ____ 年 ____ 月 ____ 日　　星期 ____　　____ 点 ____ 分开始记录

今天值得记录的

....

....

....

....

我的感悟

提示：今天打卡一分钟日志了吗？

第一课　习惯宣言　　　　　总第15天

今天是 ____ 年 ____ 月 ____ 日　星期 ____　____ 点 ____ 分开始记录

今天值得记录的

....

....

....

....

我的感悟

....

提示：今天打卡一分钟日志了吗？

杰出青少年十二项修炼

做"十二好"学生，吃好饭，睡好觉，走好路，交好友，上好课，读好书，说好话，写好字，做好操，扫好地，管好钱，做好事。

吃好饭：营养均衡，按时吃饭，蔬菜、肉类、水果都吃，不挑食，控制好体重。

睡好觉：按时睡觉，不熬夜。未经父母允许，不在其他同学家过夜。

走好路：走路堂堂正正，衣着得体，不去危险的地方。

交好友：交积极向上，充满正能量的朋友。

上好课：上课认真听讲，提前做好预习。

读好书：读富有正能量的书，不看消极、低级趣味的书。

说好话：不是讲甜言蜜语，而是说积极向上的话。

写好字：写字端端正正。

做好操：认真对待早操、体育课，做事有板有眼。

扫好地：认认真真做家务。

管好钱：管理好父母给的零花钱。
做好事：利他，积善行。

每天努力，每天反思，每天进步，一天一个脚印。摒弃杂念，净化心灵。不断提高自身素质与修养，强化自己的意志。做一个真诚的人，上进的人，友善的人。

吃好饭 睡好觉	走好路 交好友	上好课 读好书	说好话 写好字	做好操 扫好地	管好钱 做好事

第一课　习惯宣言　　　　总第16天

今天是 ____ 年 ____ 月 ____ 日　星期 ____　____ 点 ____ 分开始记录

今天值得记录的

我的感悟

提示：今天打卡一分钟日志了吗？

第一课　习惯宣言　　　　总第17天

今天是 ____ 年 ____ 月 ____ 日　星期 ____　　____ 点 ____ 分开始记录

今天值得记录的 ....
....
....
....
....

我的感悟 ....
....

提示：今天打卡一分钟日志了吗？

今天大声朗读《敢于杰出》

光荣，不属于批评者，
也不属于那些看起来聪明的观察者。
他们或许指出强者是怎么倒下的，
或者有作为的人本来可以做得更出色。

光荣属于那些在竞技场上奋力拼搏的人，
他们挥汗如雨，
在重重包围中，勇往直前，
他们懂得什么是伟大的热情、伟大的奉献。

他们把自己的一切都交给了最有价值的事业，
他们真正懂得最终取得胜利是什么样的幸福，
懂得即使失败了，自己也是一个失败的英雄。
他们永远无法忍受和那些冷漠而胆怯的人站在一起，
因为，那些人永远也不知道什么是胜利，什么是失败！

第一课　习惯宣言　　　　总第18天

今天是 ____ 年 ___ 月 ___ 日　　星期 ___　　___ 点 ___ 分开始记录

今天值得记录的

我的感悟

提示：今天打卡一分钟日志了吗？

第一课　习惯宣言　　　　总第19天

今天是 ____ 年 ___ 月 ___ 日　　星期 ___　　___ 点 ___ 分开始记录

今天值得记录的

我的感悟

提示：今天打卡一分钟日志了吗？

也许将来你的日记可以出版

"读书破万卷，下笔如有神"，古人的这句总结，正说明了日积月累在写作中的重要性。"平时靠积累，考场凭发挥"，这是考场学子的共同体会。日记贴近每天的生活，易于动笔，表达真情实感。日积月累，你的写作能力自然提高了。

一、写作的常见心态

通过调研，我们发现，很多学生害怕写作文，写作文的兴趣也不高，写的作文与《语文课程标准》中的作文要求存在很大差距。

作文心态表现之一：害怕心理。按理说三年级以上的学生，有了一定的生活经历，具有了一定的思想，可以记录眼中丰富多彩的世界，思考心中悠远漫长的未来，表达心中真挚的情感，写作是一件极其愉快的事情。

然而，调查中我们发现，有的同学一听到作文课就害怕。

作文心态表现之二：依赖心理。观察是作文成功的第一要素。观察是用耳闻、目睹、鼻嗅、口尝、手触等方式全面感受客观事物的过程。此外，观察还是思考、联想的基础。

观察的目的是发现事物的特征和本质。但调查结果显示，很多同学不注意观察，没有将观察及时记录下来的习惯。

作文心态表现之三：应付心理。作文是生活与心灵之间的桥梁，作文是人灵魂深处激情的迸发。作文本应是丰富多彩的，作文本应是感人肺腑的，作文本应是催人奋进的。可翻翻目前的作文本，竟有一半以上是空洞的语言，字里行间情感苍白，人物形象干瘪单薄，事件描述寡淡无味。

二、写日记的效用

写日记是提高作文水平最省事、最省心、最有效的方法。

1. 丰富写作题材

作文课上，大家常常为题材问题而叫苦连天。俗话说："巧妇难为无米之炊。"没有写作题材，有些同学为了增加作文的悲剧气氛，竟会胡编乱造，这就不足为怪了。写日记正好可以弥补写作题材匮乏的问题。

2. 日记能记录进步

通过日记可以看看一个月都做了些什么事、思想有没有进步。每个人看到进步，兴趣就来了，更重要的是，道德品质在这样的写作形式里"润物细无声"地得到了提高。

3. 日记提高解决问题的能力

用日记记录问题的过程，正好是发现问题、认识问题和解决问题的过程。

4. 日记可以充分表达情感

日记记录情感，包含对生活的感悟和人生的追求，既有人生意义又有社会意义。

命题作文的弊端就是限制了选材空间。而写日记不受题材、时间、地点、空间的限制，学生能在自己家、同学家、公园、火车、酒店等地方尽情地记录自己想要留住的内容、自己想要表达的情感，真是"广阔天地，自由驰骋"。

5. 充分展开想象

想象是创新的基础，对想象力的培养，关系到将来我们走上工作岗位后是否具有创新精神的大问题。

日记的写作形式多样，可以是记叙文，可以是议论文，可以是诗歌，可以是小说，可以是警句，可以是格言，等等。喜欢怎么写就可以怎么写。这样的写作为我们展开想象提供了最大的可能性。

有想象就有希望。哪怕这想象永远不能实现，这想象本身就是成功！这样的想象多了，才有助于激发我们产生更多更新的想象、灵感，在这样的良性循环下，我们的想象力一定会越来越强。

对想象力的提升，日记可谓立了头功。

如果大家都爱写日记了，写日记已成为生活的重要部分，那么写作文时的"害怕心理""依赖心理""应付心理"就会逐渐消失，写作文的兴趣也会日益浓厚。

第一课　习惯宣言　　　　　　　　总第20天

今天是 ____ 年 ___ 月 ___ 日　　星期 ___　　___ 点 ___ 分开始记录

今天值得记录的

....

....

....

....

....

我的感悟

....

提示：今天打卡一分钟日志了吗？..

第一课　习惯宣言　　　　　　　　总第21天

今天是 ____ 年 ___ 月 ___ 日　　星期 ___　　___ 点 ___ 分开始记录

今天值得记录的

....

....

....

....

....

我的感悟

....

提示：今天打卡一分钟日志了吗？..

第一课　习惯宣言　　　　　总第22天

今天是 ____ 年 ___ 月 ___ 日　星期 ___　___ 点 ___ 分开始记录

今天值得记录的

....

....

....

....

....

我的感悟

....

提示：今天打卡一分钟日志了吗？..................................

习惯培养的四个要点

习惯往往源于看似不经意的小事，却蕴含着足以改变一个人命运的巨大能量。

习惯的重要性怎么说都不过分。多一个好习惯，就多一分自信；多一个好习惯，就多一个成功的机会；多一个好习惯，就多一项生活的能力。好习惯常常让人受益终生，坏习惯往往使人深陷泥潭。那么，养成好习惯有哪些要点呢？

1. 越早养成习惯越好

好习惯要从小时候开始培养，这样就会像骨子里固有的本性一样，自然而然地做到了。越早养成习惯越好。小树苗刚刚成长之时，修修枝权就容易得多。

2. 养成好习惯，从容易的习惯开始

《道德经》说，天下难事，必做于易，习惯养成对于许多人来说是难事，从容易处入手就特别关键。

3. 改掉坏习惯，不如养成好习惯

坏习惯是非常顽固的，大家可能深有体会，想改掉坏习惯，特别不容易，是真的要花大力气的。与其想改掉坏习惯，不如从养成好习惯入手。好习惯多了，坏习惯自然就少了。好习惯在的地方，坏习惯自然无法容身。

好习惯就像阳光，坏习惯就像黑暗，阳光照到的地方，黑暗就消失了；好习惯就像智慧，坏习惯就像愚昧，智慧出现的地方，愚昧就消失了。

4. 必要时，可实施适当的奖励和惩罚

认真落实习惯养成计划了，可以有一定奖励；做得不好，可以适当惩罚，这样可避免随心所欲，虎头蛇尾。我们要对自己严格要求，做到有始有终。

第一课　习惯宣言　　　　　总第23天

今天是 ____ 年 ____ 月 ____ 日　　星期 ____　　____ 点 ____ 分开始记录

今天值得记录的

....

....

....

....

....

....

我的感悟

提示：今天打卡一分钟日志了吗？

第一课　习惯宣言　　　　总第24天

今天是 ____ 年 ___ 月 ___ 日　　星期 ___　　___ 点 ___ 分开始记录

今天值得记录的

....
....
....
....

我的感悟

提示：今天打卡一分钟日志了吗？..

第一课　习惯宣言　　　　总第25天

今天是 ____ 年 ___ 月 ___ 日　　星期 ___　　___ 点 ___ 分开始记录

今天值得记录的

....
....
....
....

我的感悟

提示：今天打卡一分钟日志了吗？..

第一课　习惯宣言　　　　　　　　总第26天

今天是 ____ 年 ___ 月 ___ 日　星期 ___　　___ 点 ___ 分开始记录

今天值得记录的

....
....
....
....

我的感悟

....

提示：今天打卡一分钟日志了吗？..

周士渊教授谈培养习惯的四步魔法

周士渊教授在清华大学总裁班讲课时，谈到了自己养成500多个好习惯的方法。周教授的四步魔法，让很多企业家受益匪浅。

1. 必要性

当你要去养成一个习惯的时候，考虑一下有没有必要。为什么要考虑必要性？必要性是习惯养成的动力，所以很重要。

那么这个必要性从哪儿来？从某个困扰你的问题。比如我英语成绩不好，我就在英语上养成一组习惯。提升英语成绩对我很有必要。

再给大家讲一个例子。创新工场的创始人李开复写了一篇文章《人生成功三步曲》，文章中谈到他要发挥对世界的影响力。他现在差的是两个能力，一个是演讲能力，一个是人际关系。这两个问题如果不解决，他要想发挥对世界的影响力，是做不到的。

提高影响力是必要的。该怎么做呢？为了提高影响力：

第一，每个月一定主动演讲两场。

第二，每次演讲一定要请朋友反馈演讲的优点和缺点。

第三，每次演讲前一定预演三次。

大家看，我们对这个目标做了分解，有具体的行为，按照这个去执行就可以成为演说家。李开复到了微软公司以后，每周在微软公司找一个有影响力的人，请他吃饭。吃饭后，让那个人再介绍一个有影响力的人，他把这个目标和这三个习惯搭配起来，是不是很厉害？

2. 可行性

不光想得很好，还要看可行不可行。我英语不好，从今天开始，每天养成一个习惯，一天背100个单词，你看我一个月3000个单词，三个月近10000个单词。可行不可行？不可行，因为做不到。但我一天背5个单词，行不行？可行。

因此，大家要注意，你要考虑习惯可行不可行，长远看能不能做到，符合不符合自身的条件。

根据自己的实际情况，把目标习惯具体化、量化，使它可操作，可检查。

3. 策略性

这个策略性请大家注意，要"少"，要"小"。每个阶段少一点，目标小一点。因为有的习惯很不好养成，我们要一步一步来攻克。

我从小没有练习过书法，后来有人送给我一幅书法作品，我说这个是什么字体，看起来这么好？他说是隶书。从此我就开始坚持练习写隶书，一次少写一点。从一笔一画，从一个字开始写，后来我就反复练习一首诗——《黄鹤楼送孟浩然之广陵》。后来我们同学要送外国人礼物，要我写书法，我写了这幅《黄鹤楼送孟浩然之广陵》。他们说这是书法家的水平，其实我是养成习惯，一遍又一遍地写，反复练习达到一定程度而已。开始要少一点，注意力集中一点。

我有次在清华大学上课，有一位女企业家说她要减肥，制订了爬楼减肥的计划，结果她家住16楼，爬了几天就不爬了。每天要爬16楼，这是很难坚持的。那我们可不可以制订计划为每天坐电梯到10楼，然后爬6个楼层，循序渐进，几天适应了，改成坐电梯到9楼再爬楼，之后又适应了，再改成坐到8楼再爬楼。是不是难度越来越低了？

因此，我们说"小"，一个"小"字，什么习惯都能养成，门槛要低。门槛低，容易做到，就能给人一种成功的感觉。不断成功，信心就来了。

4. 操作性

我想得好好的，明天要开始跑步了。这个目标习惯怎么培养呢？我有"一分钟打卡日志"。古人讲"修身、齐家、治国、平天下",修身怎么修?就是要自我管理。大家注意,我们就用一分钟就可以做到。"一分钟打卡日志"可以每天记日记,在日记中养成微习惯,写两个字"跑5",就是我从今天开始每天跑5分钟,尽可能量化目标习惯。

然后,在"一分钟打卡日志"里,做到的要打勾"√",没做到的要打叉"×"。自我提醒,自我检查,这是成功的秘密。

根据自己的实际情况,管理养成习惯的过程,这就是我养成习惯的四步魔法。

第一课　习惯宣言　　　　总第27天

今天是 ____ 年 ____ 月 ____ 日　　星期 ____ 　　____ 点 ____ 分开始记录

今天值得记录的

....

....

....

....

....

....

我的感悟

....

提示:今天打卡一分钟日志了吗?

第一课　习惯宣言　　　　总第28天

今天是 ____ 年 ___ 月 ___ 日　　星期 ___　　___ 点 ___ 分开始记录

今天值得记录的
....
....
....
....

我的感悟
....

提示：今天打卡一分钟日志了吗？

人类的行为总是一再地重复，因此，卓越不是单一的举动，而是习惯。

——古希腊哲学家　亚里士多德

习惯就像一根缆绳，我们每天给它缠上一股新索，要不了多久，它就会变得牢不可破。

——《世界上最伟大的推销员》

任何一种能力都是养成好习惯的结果。写作能力高，是因为养成了好的语言习惯；阅读能力强，是养成了好的阅读习惯；交际能力强，是养成了好的交际习惯。习惯不仅是性格之母，而且是能力之母。

——周士渊 教授

第一课　习惯宣言　　　　　总第29天

今天是 ____ 年 ___ 月 ___ 日　星期 ___　 ___ 点 ___ 分开始记录

今天值得记录的

....

....

....

....

我的感悟

....

提示：今天打卡一分钟日志了吗？

拯救海星

有这么一则故事：

清晨，中年人独自来到大海边，看着晨曦中苍茫的大海，他陷入了沉思。不一会儿，沙滩上一个瘦小的孩子吸引了他的目光。那是一个八九岁的小男孩，稚气的脸上闪着一双明亮的大眼睛。小男孩光着小脚丫，弯腰拾起了地上的海星，之后用力地把它抛回大海。一只、两只、三只，小男孩做着同样的动作。

中年人很好奇，走上前问道："孩子，你在做什么？"小男孩扬起了小脸，一本正经地答道："救海星啊，潮水退了它们就会死的。"中年人脸上掠过了一丝笑意："海滩上有这么多海星，你救得过来吗？"孩子眨了眨眼睛说："这个没想过，但我可以救这一只。"说着，小男孩又捡起一只海星，抛向大海。一只、两只、三只，小男孩做着同样的动作。

这个早晨，中年人没再问小男孩任何问题，只是弯下腰，捡起一只又一只海星，抛向大海。

一个小男孩可能不能拯救所有的海星，但对于被拯救的那些海星来说，小男孩的行为就是它们生命的全部。不要认为自己对整个世界起不到什么作用，就放弃努力。你的行为对于你所帮助的人来说，可能会改变他们的一生。

中国有非常多的学生，能够参与杰出青少年好习惯训练的学生毕竟是少数，我们希望同学们通过一年的好习惯训练，达到以下目的：

1. 具有远大的理想与目标。

2. 不怕困难，有顽强的意志力。

3. 养成12个好习惯，拥有36个微习惯。

4. 增强自信心，拥有开朗的性格、宽广的胸怀。

5. 懂得快乐学习的方法。

6. 获得父母、老师和同学的好感。

我们恭喜你取得的进步！其实，在生活中，我们每个人都可能成为海星，每个人也都可能成为那个拯救海星的小男孩。

本月最后一天，和你最要好的同学或者亲戚家的孩子一起分享，一起进步。

作业 本章总结，分享进步

本月最后一天，我们恭喜你本月取得的进步！你也可以和父母，亲戚，老师，同学，朋友一起分享本月的收获。

你要分享的对象是谁呢？

分享对象	你准备分享什么？

第一课　习惯宣言　　　　　　　总第30天

今天是 ＿＿＿＿ 年 ＿＿＿ 月 ＿＿＿ 日　　星期 ＿＿＿　　＿＿＿ 点 ＿＿＿ 分开始记录

今天值得记录的

....
....
....
....
....

第一课，总结我的进步

....
....
....
....
....

我的感悟

提示： 今天打卡一分钟日志了吗？..

　　恭喜你已经坚持了30天，已经向成功迈出了重要的一步，在朝着杰出青少年前进。

　　有少数人打退堂鼓了，或者为自己找种种借口。还好，你在坚持。

　　科学家的研究结果告诉我们，一个人养成良好的习惯，至少需要坚持21天。而你，一直坚持了30天，我们打心眼儿里为你高兴，为你加油！

　　我们明显地感到你在进步。尤其是每天朗读习惯宣言书，使你富有朝气，比以前更有激情。你知道这说明什么吗？说明了积极的心态是一个人一生最宝贵的财富，而你已经拥有了。

　　也许你不知道，你正和全国的青少年进行一次竞赛。现在，少数的人已经退出了。他们半途而废，而你还在坚持。人生的道路就是这样，坚持不懈，才能成功。

在之前的 30 天里，我不会因为你有一两天没有完成就责怪你，只要我们从第 31 天开始，努力坚持就行。

因为你坚持了，所以你很棒！

我在杰出青少年竞赛的终点等你。

好了，即将进入下一个课程了，试着在 3 天内，给爸爸、妈妈写一封感谢信，感谢他们多年对你的照顾。

好习惯训练让我全方位成长

徐瑞雪

杰出青少年
365 天好习惯训练
您无声无息地教育了我
您就像一座灯塔，照亮了我的人生道路

您教育我坚持不懈
才让我一次次得到成长
您教育我要坚持记日记
才让我的作文水平有了提高

您教育我要自我反省
让我知道了自己的缺点，并及时改正
您教育我要制定目标
让我的每一天过得充实

在学习上
您教育我每晚复习，要温故而知新
让我巩固了所学的知识
上课踊跃发言，灵活答辩

在生活上
您让我学会做家务
减轻了家人的负担
也得到了父母的鼓励

在礼貌上
您让我学会如何交友
架起一座座友谊的桥梁
得到了老师的表扬和同学的赞许
…………

这一声声赞美,一句句好评
是您给我最好的人生礼物
养成好习惯
让我的生活丰富多彩
这一生,我要将习惯训练
坚持到底
直到成功

第2课 制定目标

> 在一个崇高的目标支持下，不停地工作，即使慢，也一定会获得成功。
> ——阿尔伯特·爱因斯坦

一艘在大海中航行的船，无论装备多么优良，无论有多么好的舵手，如果漫无目标地航行，永远也不能到达理想的彼岸。杰出人才与平庸之辈的差别，往往不在天赋、家庭背景等方面，而在于一个人是否有明确的人生目标和坚持实现它的行动。

那么如何制定目标呢？第二课里，我们将学习如何制定目标，让自己的目标清晰、具体、可操作。

制 定 目 标

首先恭喜你，在年少时可以接触到有关制定目标的内容。

什么是目标呢？**目标，就是在一定时间内要达成的愿望。换句话说，目标，就是给愿望的实现加上一个完成日期，以及具体实现的可行性计划。**

目标就像人生的明灯，没有明灯的世界，漆黑一片，那样的人生是多么迷茫和无助，不知道往哪里走，不知道自己的方向在哪里。

目标有多重要，怎么说也不过分。

哈佛大学有一项非常著名的有关目标的跟踪调查，该项调查的对象是一群智力、学历、环境等条件都差不多的年轻人。

这批调查对象中，有27%的人，没有任何目标；60%的人，目标模糊；10%的人，有比较清晰的短期目标；3%的人，有十分清晰且具体的长期目标。

通过25年的跟踪调查，他们发现，这些人的生活状况发生了变化。其中，27%的人，生活在社会最底层，经常失业，衣食无靠；60%的人，生活在社会中下层，仅能解决温饱，没有什么特别的成绩；10%的人，生活在社会中上层，他们的短期目标不断实现，生活质量节节攀升；3%的人，25年以后，几乎都成为社会上的成功人士。

其实，差别仅仅是在 25 年前，他们中的一些人已经明确了自己的人生目标并且一直为之奋斗，而另一些人始终不清楚自己的人生目标。

这就是目标的重要性。

你已经知道了制定目标的重要性，也掌握了制定目标的方法，为了成为优秀的青少年，加油吧！

杰出人才与平庸之辈的差别，往往不在天赋、家庭背景等方面，而在于一个人是否有明确的人生目标和坚持实现它的行动。

目标包括：短期目标、中期目标、长期目标、人生终极目标。

制定目标以后，要按计划实施。一定记住，今后无论做任何事情，要让计划先行，执行随后。养成一个良好的习惯，将使你终生受益。

第二课包含30天，也就是本书的第31天到第60天。我们将和你共同制定：

1. 短期目标——每天目标、每周目标、每月目标。

2. 中期目标——本学期的目标。

3. 长期目标——本年度的目标。

4. 人生终极目标。

注意：目标要积极正向、利己利他。

制定目标，要摆正心态，心不平则气不和。来自"羡慕、嫉妒、恨"的目标，毫无意义；伤人伤己的目标，自寻烦恼。

有句话说得好，宁愿做一个利他的"大器晚成者"，也不做一个精致的"利己主义者"，天道如是，因果循环，问心无愧，顶天立地。

本周的目标：

1. 例：每天固定时间填写好习惯手册，巩固 3 个微习惯。

2. _____

3. _____

本月的目标：

_____

_____

本学期的目标：

_____

_____

本年度的目标：
_____
_____

大学之前的目标：
_____
_____

大学毕业之后的职业目标：
_____

为什么你要制定这个职业目标，请说出三条理由：
_____
_____
_____

第二课　制定目标　　　　　总第31天

今天是 ____ 年 ____ 月 ____ 日　星期 ____　 ____ 点 ____ 分开始记录

今天的目标 ……………………………………………………………

今天值得记录的 ………………………………………………………
_____
_____
_____

我的感悟 ………………………………………………………………
_____

提示：今天打卡一分钟日志了吗？……………………………………

第二课　制定目标　　　　　　总第32天

今天是 ____ 年 ____ 月 ____ 日　　星期 ____　　____ 点 ____ 分开始记录

今天的目标 ....

今天值得记录的 ....
....
....
....

我的感悟 ....

提示：今天打卡一分钟日志了吗？

第二课　制定目标　　　　　　总第33天

今天是 ____ 年 ____ 月 ____ 日　　星期 ____　　____ 点 ____ 分开始记录

今天的目标 ....

今天值得记录的 ....
....
....
....

我的感悟 ....

提示：今天打卡一分钟日志了吗？

第二课　制定目标　　　　　总第34天

今天是 ____ 年 ____ 月 ____ 日　星期 ____　　____ 点 ____ 分开始记录

今天的目标 ....

今天值得记录的 ....

....

....

我的感悟 ....

提示：今天打卡一分钟日志了吗？..

制定目标的三大原则

制定目标有三大原则：**近、小、实。**

所谓近，就是制定目标时，不要好高骛远，要符合自己的实际情况，要近期能够达到；

所谓小，就是目标要小一点，要易于完成；

所谓实，就是目标要实在、具体，不要太抽象。

制定目标的原则就是要让自己"跳一跳，摸得到"，经过努力能够在近期实现，能够在实现小而具体的目标的过程中，不断体验到成功的快乐，从而看到希望，逐渐增强自信心。

这样养成习惯就变得易于操作，而不是总因达不到而沮丧了。

比如说，我们一起来参加一个比赛。

参与人员：爸爸、妈妈、你自己，共计3人。

假设任务：你们3人分别担任各组组长，各自步行走过一段距离，每组相互之间是看不见的。每个组长带领你们班级10名学生。

A组长：由你的爸爸担任。

B 组长：由你的妈妈担任。

C 组长：由你自己担任。

我们告诉 A 组长，由 A 组长带领大家一直往前走，到一个插旗子的地方停下来。

我们告诉 B 组长，由 B 组长带领大家一直往前走，到一个插旗子的地方停下来，并提前告诉 B 组长，他们要走的距离是 10 公里。

我们告诉 C 组长，由 C 组长带领大家一直往前走，到一个插旗子的地方停下来，并提前告诉 C 组长，他们要走的距离是 10 公里。而且，C 组的路线每隔 1 公里，就有路标，每 100 米就有标记。

A、B、C 组同时出发。

现在问，哪一组可能会先到？为什么？

讨论结果：_____

_____

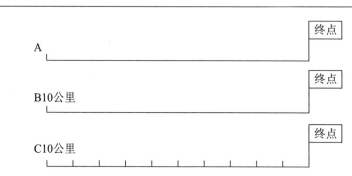

请将下列最有可能出现的对话内容，与各组连线。

  我们还要走多远啊！是不是搞错了，旗子会不会在地球的另一端呢？我不想走了！ A 组

  10 公里到底是多长啊，我们走了多少了？能否休息一下？ B 组

  我们已经走了一半了，现在每当我们走 500 米，我就带领大家唱一首歌，以示鼓励。 C 组

从这个实验，你受到了什么启发？是不是又回到了我们订立目标的三大原则上？目标要近，要近期能够达到；目标要小一点，要易于完成；目标要细致、具体，要容易操作。

第二课　制定目标　　　　　总第35天

今天是 ____ 年 ____ 月 ____ 日　　星期 ____　　____ 点 ____ 分开始记录

今天的目标

今天值得记录的

我的感悟

提示：今天打卡一分钟日志了吗？

第二课　制定目标　　　　　总第36天

今天是 ____ 年 ____ 月 ____ 日　　星期 ____　　____ 点 ____ 分开始记录

今天的目标

今天值得记录的

我的感悟

提示：今天打卡一分钟日志了吗？

第2课　制定目标

第二课　制定目标　　　　　总第37天

今天是 ____ 年 ____ 月 ____ 日　　星期 ____　　____ 点 ____ 分开始记录

今天的目标 ....

今天值得记录的 ....

....

....

....

我的感悟 ....

提示：今天打卡一分钟日志了吗？..................................

第二课　制定目标　　　　　总第38天

今天是 ____ 年 ____ 月 ____ 日　　星期 ____　　____ 点 ____ 分开始记录

今天的目标 ....

今天值得记录的 ....

....

....

....

我的感悟 ....

提示：今天打卡一分钟日志了吗？..................................

做行动的巨人

我们制定目标,还要有超强的行动力。

如果你的目标不落实到文字,你的目标仅仅是个说法!如果你的目标没有按计划执行,目标只是文字而已!杰出青少年不光有清晰的目标,还有超强的行动力。

那么制定清晰的目标有什么好处?

1. 明确的目标可以战胜惰性

那些具有明确目标的人,才能在人生的旅途中疾步如飞,直到成功。即使在假期,杰出的青少年,也绝不找借口混日子。

持有坚定的信念,树立正确的目标,才能战胜惰性。无法战胜自己的惰性,便很难把握自己的时间,很难把握自己的生活,很难面对困难和挫折。如此下去,意志力从何而来呢?

2. 目标是快乐学习的源动力

很多同学视学习为痛苦的事情,但对于杰出的青少年来讲,学习是快乐的。

一个人如果没有目标,勤于玩耍而懒于做事,浪费了大好时光不说,心里总是会充满空虚、悔恨、苦闷、烦恼,对自己会越来越不满意。因为目标指引着行动,如果不知道去哪里,就不会走在一条正确的道路上。长此以往,就会使一个人无法进入状态,对一切都失去兴趣。

3. 有目标不会让自己骄傲

因为你的面前有目标,所以当你完成一个目标以后,你就会向着下一个更高的目标前进。总有下一个目标在等着你,因此,你就不会在成功中迷失自己,不会在洋洋洒洒的赞扬声中迷失自己,也不会停止自己的脚步。因为你明白,你今天取得的成绩不是你的终极目标。

制定目标的六大要点。

1. 不受外界压力的干扰

目标不是在外人的压力下制定的,也不是父母、老师要求你的时候制定的,它一定得是你自发去制定的。

2. 短期、中期、长期目标相结合

短期目标是经过自己的努力,稍加完善,就可以达到的;中期目标是在一段时间内可以看到的;长期目标则是为未来订立的。

3. 目标是健康的、有吸引力的

目标必须是健康、积极的，是对自己的前途有益的，并且是要通过自己的努力奋斗来实现的，而不是现成的、没有任何挑战性的。

4. 目标要明确具体

无法度量的目标无法实现，因此目标要具体。比如本学期关于语文考试的目标是什么？目标不具体的回答："考试分数越高越好。""考出自己的水平就可以了。"而目标明确的回答是："考过 85 分。"

5. 目标要有期限

"我一定要读 10 本书。"什么时间完成呢？一年、十年，还是一辈子？没有说清楚。目标必须要有期限，比如一定要在一年之内读完 10 本书。

6. 目标要合理并分解成小目标

所谓合理，是指通过自己的努力可以实现。如果你无论如何努力都实现不了，那就失去了订立目标的实际意义，信心也会受到打击。而把长期目标分解成中期目标和短期目标，相对来说就比较容易实现，不至于丧失信心。

第二课　制定目标　　　　总第39天

今天是 ____ 年 ___ 月 ___ 日　　星期 ___ 　　___ 点 ___ 分开始记录

今天的目标

今天值得记录的

我的感悟

提示：今天打卡一分钟日志了吗？

第二课　制定目标　　　　　总第40天

今天是 ____ 年 ____ 月 ____ 日　　星期 ___　　___ 点 ___ 分开始记录

今天的目标

今天值得记录的

我的感悟

提示：今天打卡一分钟日志了吗？

第二课　制定目标　　　　　总第41天

今天是 ____ 年 ____ 月 ____ 日　　星期 ___　　___ 点 ___ 分开始记录

今天的目标

今天值得记录的

我的感悟

提示：今天打卡一分钟日志了吗？

第二课　制定目标　　　　总第42天

今天是 ____年 ____月 ____日　星期____　____点____分开始记录

今天的目标 ....

今天值得记录的 ....

....
....
....
....
....

我的感悟 ....

提示：今天打卡一分钟日志了吗？

成 功 之 门

　　通往成功之门，下图**自下向上**的行进过程中，每一步你都要停下来思考一下自己是否能做到，只有做到了，才可以开始向上一步行进。

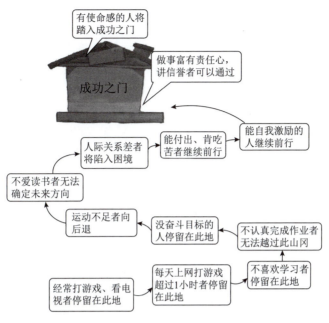

学完成功之门,你的感悟:
_____

第二课　制定目标　　　　　　　　　总第43天

今天是 ____ 年 ____ 月 ____ 日　　星期 ____　　____ 点 ____ 分开始记录

今天的目标 ………………………………………………………

今天值得记录的 ………………………………………………

……………………………………………………………………………

……………………………………………………………………………

我的感悟 ………………………………………………………

提示:今天打卡一分钟日志了吗?………………………………

第二课　制定目标　　　　总第44天

今天是 ____ 年 ____ 月 ____ 日　　星期 ____　　____ 点 ____ 分开始记录

今天的目标 ....

今天值得记录的 ....

....

....

我的感悟 ....

提示：今天打卡一分钟日志了吗？..............................

第二课　制定目标　　　　总第45天

今天是 ____ 年 ____ 月 ____ 日　　星期 ____　　____ 点 ____ 分开始记录

今天的目标 ....

今天值得记录的 ....

....

....

我的感悟 ....

提示：今天打卡一分钟日志了吗？..............................

第二课　制定目标　　　　总第46天

今天是 ____ 年 ____ 月 ____ 日　　星期 ____ 　　____ 点 ____ 分开始记录

今天的目标 ....

今天值得记录的 ....

....

....

我的感悟 ....

提示：今天打卡一分钟日志了吗？...

目标宣言

（大声朗读）

　　一艘在大海中航行的船，无论有多大的动力，无论装载多少食物，无论有多么好的舵手，如果漫无目标地航行，永远也不能到达理想的彼岸。

　　没有目标的生命，就像浮萍在河流上仅能随波漂流，它可能会被风吹翻，也可能被水流冲落，无法操纵自己的命运，而消失于大海的急流之中。

　　杰出的人物因其目标远大而气度非凡。在他们遇到困难、身处逆境的时候，其远大的目标支撑着自己继续前行。

　　清晰的目标就像在体内安装了发动机，不必家长督促，不必老师监督，我的内心充满着无限的力量，我将自动、自发、自觉地完成任务，认真做好每一件事。

第二课　制定目标　　　总第47天

今天是 ____年 ____月 ____日　　星期 ____　　____点 ____分开始记录

今天的目标 ....

今天值得记录的 ....

....

....

我的感悟 ....

提示：今天打卡一分钟日志了吗？..

第二课　制定目标　　　总第48天

今天是 ____年 ____月 ____日　　星期 ____　　____点 ____分开始记录

今天的目标 ....

今天值得记录的 ....

....

....

我的感悟 ....

提示：今天打卡一分钟日志了吗？..

第二课　制定目标　　　　　　　总第49天

今天是 ____年 ____月 ____日　　星期 ____　　____点 ____分开始记录

今天的目标 ....

今天值得记录的 ....

....

....

我的感悟 ....

提示：今天打卡一分钟日志了吗？............................

第二课　制定目标　　　　　　　总第50天

今天是 ____年 ____月 ____日　　星期 ____　　____点 ____分开始记录

今天的目标 ....

今天值得记录的 ....

....

....

我的感悟 ....

提示：今天打卡一分钟日志了吗？............................

目标是力量的源泉

清晰而有挑战性的目标是力量的源泉，信心和全力地投入是实现目标的方法。

管理大师彼得·德鲁克，年纪超过 90 岁时还笔耕不辍，常提出许多管理方面的创见。在他读小学四年级时，他的老师就要求他把每周要学习的东西先记下来，到了周六时，再与实际的学习成果作比对。德鲁克从小培养作计划、制定目标、作检讨的习惯，后来他发展出"目标管理"这一概念。目标管理也成为德鲁克的管理理论中的核心思想。

想象你划着一只小艇横穿大海。如果你有一个清楚的目的地，又知道自己距离这目标有多远，这时你就会有信心，把目标和现状的差距所产生的压力变成动力。你会继续不断地努力划，直到目的地。你也不会轻易失去信心，不会轻易放弃目标而随波逐流。然而，如果你不能确定何处是岸，要坚持这个目标和信心就不大可能。

目标给予我们力量，让我们充满生命力。德鲁克一生从事写作、教学、顾问工作，不断地追求具有挑战性的目标，并朝向完美的方向努力，他的生命充满着活力。目标与实际有差距时，会使人产生压力，人就会设法使目标和实际接近。如果人有信心达到目标，会积极求解，压力就转化成动力；反之，如果没有信心，我们会采用逃避来降低压力，压力消失了，动力也就没有了。

什么样的目标最有力量呢？清楚、具体、可以衡量、可以达到、富有挑战性的目标，最可能创造压力和动力。清晰的目标，能让个人有方向感，让团体有共识；具体的目标才能产生具体的行动，易见效果；可衡量的目标才能量化；可以达到的目标，就能让人产生信心与动力。对于一个难以达到的目标，我们必须重新思考它的轻重缓急。

除了明确的目标外，信心和全力投入是成功的必要条件。

为了胜利，我们必须全力付诸行动。

第二课　制定目标　　　　总第51天

今天是 ____ 年 ____ 月 ____ 日　　星期 ____　　____ 点 ____ 分开始记录

今天的目标 ....

今天值得记录的 ....
....
....
....

我的感悟 ....

提示：今天打卡一分钟日志了吗？..

第二课　制定目标　　　　总第52天

今天是 ____ 年 ____ 月 ____ 日　　星期 ____　　____ 点 ____ 分开始记录

今天的目标 ....

今天值得记录的 ....
....
....
....

我的感悟 ....

提示：今天打卡一分钟日志了吗？..

晓亦的问题出在哪里？

李晓亦同学在认真学习目标课程后，觉得制定目标真的很重要，于是在高一开学初，制定目标如下。

短期目标：本年级结束时，进入全校前10名。

长期目标：高考时，考上北大或清华。

人生目标：成为世界首富。

李晓亦同学的目标可谓远大。有梦想是件好事。我曾经写过一首诗《希望》，最开始有一句：人类之所以伟大，是源于有了梦想，千百年来人类为此永不停息，青少年时代的梦想可以激励人的一生。但是接下来，他达成目标的情况怎么样呢？

我们跟踪调查李晓亦同学到了高二，全校1500名学生中，他的成绩是全校700名左右。

我们跟踪调查李晓亦同学到高考后，他考上了一所大专院校。

我们跟踪调查李晓亦同学到大专毕业之后，他的目标已变成能有一份稳定的工作，将来能在大城市立足，能养家糊口就行。

短短几年时间，李晓亦同学远大的目标就从世界首富变成了养家糊口。他也曾有自己的宏图大志，也曾对自己的人生有很高的期望。但是随着年龄的增长、客观条件的变化，他的目标也迫不得已做了改变，他的问题到底出在哪里呢？

第一，脱离自己的客观实际，没有分析现状。

人有梦想本是一件好事，有梦才有未来，但是梦想如果不和自身结合，那就是空想。

李晓亦同学在高一时的客观实际是什么呢？全校1500名学生，他的成绩是1200名，经过一年奋斗，达到了全校700名的成绩，能提高500名，已经是巨大进步了，可是离全校前10名的目标还很远。这给自己带来了挫败感！

他到高二时才知道，如果不进入全校前10名，肯定考不上北大或清华，于是又有了新的挫败感！

他的人生目标也随着年龄的增长开始动摇。自己的优势是什么呢？他的目标是成为世界首富，那么世界首富有哪些必要条件？有哪些机遇？哪些性格特征呢？

制定目标很容易，更重要的是分析现状，根据自己的现状制定出切实可行的目标。能制定远大的目标固然勇气可嘉，但是制定切实可行的目标并且实现了才是智慧！

第二，制定目标没有详细的行动方案，并分步行动。

最开始制定目标，就要做出详细的行动方案，这样可以对自己的目标有一个衡量，看看自己是否可以达到。

目标没有细化，并分步去实现，这就成了彻头彻尾的"语言上的巨人，行动上的矮子"。一个没有行动力的人永远不可能成功，一个有梦想的人不光要去说，更多要去做。怎么做？大目标细化成小目标，人生终极目标细化成长期目标，再细化成短期目标，最终落实到每天的行动上。

世界上最可怕的力量就是行动力。当一个人有行动力又有独到的眼光时，那没有什么是做不成的。行动力可以把大得不可能实现的梦想，通过每天不断实现的小目标，从量变到质变，而最终变成现实，成就一番事业。

第三，没有及时总结，得出经验，对自己的目标进行恰当的调整。

人生目标是需要根据自身情况进行调整的。在每一次向目标进发的过程中，一定会遇到许多挫折和逆境。这时，就要分析，是自己不适合这个方向，还是暂时遇到了困难。同时，要总结出自身存在的问题和改进的方式，并及时对自己的目标进行调整。

不要制定超过自己能力太多的目标。

对自己的目标进行调整的人，是真正懂得节约自己人生成本的人。大多数成功者都是在不断的调整中，最终找到最适合自己的人生方向。

牢记要点：
不断地达成小目标，比设定一个大目标更为重要。

第二课　制定目标　　　　　　总第53天

今天是 ____ 年 ____ 月 ____ 日　　星期 ____　　____ 点 ____ 分开始记录

今天的目标 ………………………………………………………………………

今天值得记录的
………………………………………………………………………………………………
………………………………………………………………………………………………
………………………………………………………………………………………………

我的感悟 ………………………………………………………………………………

提示：今天打卡一分钟日志了吗？

第二课　制定目标　　　　　　总第54天

今天是 ____ 年 ____ 月 ____ 日　　星期 ____　　____ 点 ____ 分开始记录

今天的目标 ………………………………………………………………………

今天值得记录的
………………………………………………………………………………………………
………………………………………………………………………………………………
………………………………………………………………………………………………

我的感悟 ………………………………………………………………………………

提示：今天打卡一分钟日志了吗？

第二课　制定目标　　　　总第55天

今天是 ____ 年 ___ 月 ___ 日　　星期 ___　　___ 点 ___ 分开始记录

今天的目标 ……………………………………………………………………

今天值得记录的 ………………………………………………………………

……………………………………………………………………………………

……………………………………………………………………………………

我的感悟

提示：今天打卡一分钟日志了吗？…………………………………………

第二课　制定目标　　　　总第56天

今天是 ____ 年 ___ 月 ___ 日　　星期 ___　　___ 点 ___ 分开始记录

今天的目标 ……………………………………………………………………

今天值得记录的 ………………………………………………………………

……………………………………………………………………………………

……………………………………………………………………………………

我的感悟

提示：今天打卡一分钟日志了吗？…………………………………………

第2课　制定目标

制定目标的系统思维

经过调查发现，对于成绩一般或比较差的学生来说，学习往往是毫无目标的，他们想学就学，不想学就不学，这对自己的成长是不利的。

每个学生都渴望自己学习好、生活好，而制定学习目标是学习的出发点。

让我们先来看看制定目标要符合的"AB-SMART"系统。

A：Active，积极的。目标是健康、积极向上的。

B：Balanced，整体平衡。要考虑平衡法则，符合"共赢"原则。

S：Specific，明确的。目标要清楚、明确。

M：Measurable，可量化的。目标是可量化的。

A：Achievable，能实现的。结合自己的能力，经过努力可实现的。

R：Result-oriented，注重结果。以结果为导向的。

T：Track-able，有检视点。目标达成要有奖励，未达成要有惩罚。

制订目标后如何提高行动力？

目标的达成需要有行动力来保证，那么如何提高行动力呢？

第一，必须自信。一些人拿着自己订立的人生目标计划书，自己首先就不自信了，再加上周围三五个人的冷嘲热讽，可能就彻底没信心了。记住：一个行动力强的人，一定是充分相信自己的人。

第二，目标量化和分解。目标要通过具体数字来衡量，还要分解成可以实现的小目标，才真正有可行性。这样就可以一目了然地对目标是否执行进行很好的监督。

第三，建立"奖惩制度"。给自己建立一个"奖惩制度"可以很好地督促目标完成。在目标没有完成的时候，给自己一点惩罚，让自己学会对自己的承诺负责任。

第四，及时调整目标。当发现先前订立的目标已经多日无法完成时，一定要停下来，好好反思一下，看看问题出在哪里，并及时调整计划。

第五，舍弃与目标无关的事。有舍才有得，实现目标的过程中，一定要懂得舍弃无关的事。与目标关系不大的事情，在实现目标的过程中，必须果断舍弃，才能集中优势兵力打歼灭战，最终达成目标。

我们已经知道，人生就是在不断修正和完善目标中提升自己，那么达成目标，有效的途径是什么呢？

①制定科学目标的要点
②现状如何
③排除障碍
④添加能力和资源
⑤途径

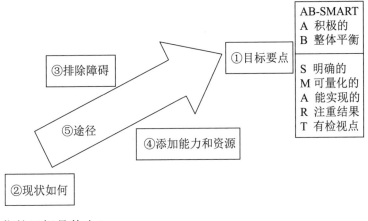

1. 你的目标是什么？

_____

2. 你现在的现状如何？

_____

3. 你要排除的障碍是什么？

_____

4. 你要添加的能力和资源是什么？

_____

5. 你要采取什么途径和方式达成你的目标？

_____

有了清晰的目标、科学的方法、超强的行动力，你一定能到达胜利的彼岸。

而掌握了制定目标的系统思维，无论是对于我们将来上大学，还是走上工作岗位，都将是一笔巨大的财富。

第二课　制定目标　　　　　　　　总第57天

今天是 ____ 年 ____ 月 ____ 日　　星期 ____　　____ 点 ____ 分开始记录

今天的目标 ....

今天值得记录的 ....

....

....

我的感悟 ....

提示：今天打卡一分钟日志了吗？

第二课　制定目标　　　　　　　　总第58天

今天是 ____ 年 ____ 月 ____ 日　　星期 ____　　____ 点 ____ 分开始记录

今天的目标 ....

今天值得记录的 ....

....

....

我的感悟 ....

提示：今天打卡一分钟日志了吗？

大学的魅力

很多同学对大学生活充满了幻想和憧憬。那你们一定想知道大学生活是什么样子，下面这篇文章一定能给你带来一些答案。

大学究竟有什么魅力？

第一，大学乃在于面积的大。 从清华大学东门到西门，要是走路，至少需要 30 分钟，怪不得校园里面需要公共汽车。大学里面几乎应有尽有，舒适的宿舍和宽敞的教室自不必说，从超市、健身房、银行、图书馆、体育场到餐厅一应俱全。不用出校门，一直在里面生活都没有问题。

第二，大学之大，乃是因为有大师的存在。 大师所确立的既是一个知识高度，更是一个道德高度。大师的魅力在于建构于渊博学识之上的精神修养。大学精神传统的演变往往是以大师的影响为标准的。大学的任务是培育学生对伟大人物身上伟大思想的敬畏和求知兴趣。

第三，大学之学，在于学术研究。 学术的本质在于探求未知的世界。大学的学风就是满足探索的欲望，发现真理。学术研究是为人才培养服务的，开展一流研究的目的，在于培养一流的人才。

第四，大学的自由精神。 大学不像高中那样，"三点一线"有人看着。早上做不做早操自己定，晚自习去不去没有人看着；有些大课，谁都可以去听，你觉着哪位老师讲的课适合自己，可以自选。大学的学习全在自学，老师一节课可能几十页过去了，不像中学时代，老师详细剖析，认真辅导。

第五，集体生活的无穷魅力。 中学有父母管教，但大学是自由、开放的。中学和大学在生活环境上截然不同的。高中生活结束时，很多同学也许要各奔东西，人生的选择大不一样。但大学同学的友谊会更长久，集体生活带给你的是一生的财富。

第六，大学校园文化的魅力。 这里是最热闹的地方，校园文化同社区文化、企业文化、家庭文化都不一样，它是单纯的，充满青春朝气，一级毕业了，还有新的一级带来新的青春气息。每一个学校的校园文化各有其特点，不同的系、不同的专业、不同的班级、不同的寝室又各具特色。正是校园文化熏陶了一代又一代的大学生。

当然还有两个途径，可以越过大学生活，照样成才。第一是自学考试，可以边打工，边考试，如果拿到本科文凭，并不比在校大学生差。第二就是先工作，一个典型就是比尔·盖茨，大学上了一半，开电脑公司去了，成了世界首富。但是这只是特殊的例子，只有少数没有上过大学的人也做出了不朽的成绩。

从整个国家，乃至世界范围来看，在各行各业做出重大贡献的人才，主要还是大学所培养的人才。比尔·盖茨在大学演讲时称自己一生最大的遗憾就是没有将大学念完。

因此你不能拒绝大学。

大学，毕竟有一些其他地方所缺少的东西，不仅是专业技能，更重要的是掌握探求知识的途径。

大学的魅力永远存在！

你的目标是哪所大学？_____

为此你要付出哪些努力：_____

_____

第二课　制定目标　　　总第59天

今天是 ____ 年 ___ 月 ___ 日　　星期 ___　　___ 点 ___ 分开始记录

今天的目标

今天值得记录的

我的感悟

提示：今天打卡一分钟日志了吗？

作业　本章总结，分享进步

本月最后一天，我们恭喜你本月取得的进步！你也可以和父母，亲戚，老师，同学，朋友一起分享本月的收获。

你要分享的对象是谁呢？

分享对象	你准备分享什么？

第二课　制定目标　　总第60天

今天是 ____ 年 ____ 月 ____ 日　星期 ____ 　____ 点 ____ 分开始记录

今天值得记录的

....

....

....

....

第二课，总结我的进步

....

....

....

....

我的感悟

提示：今天打卡一分钟日志了吗？

恭喜

恭喜你已经坚持了 60 天，向成功又迈出了重要的一步，在朝着杰出青少年前进。

有少数人打退堂鼓了，或者为自己找种种借口。还好，你在坚持。

在这一课里，我们学习了如何制定目标，你学习并制定了自己的短期目标、中期目标、长期目标和终身目标，你更好地了解了自己，你尝试着制定和调整你的具体学习目标。

我们明显地感到你在进步。我们感觉你的学习比以前更有动力和效率，你比以前更有热情。你知道这说明什么吗？说明你离达成目标更近了一步。好的目标是成功的一半。另一半，是你付出的实际行动。

在和全国青少年的这次竞赛里，少数人已经半途而废，而你在坚持。人生的道路就是这样，坚持不懈，才能成功。

在之前的 60 天里，我不会因为你有一两天没有完成任务而责怪你，只要我们从第 61 天开始，努力坚持就行。

因为你坚持了，所以你很棒！

我在杰出青少年竞赛的终点等你。

参加365天好习惯训练，我变了

孟祥冬

没有学习这本书的时候，我总对周围的事物不满意，总以为这个世界欠我的，自从我下决心参加365天训练，慢慢才知道是我欠这个世界的。

经过这一年的学习，我真的变了，知道什么事情该做，什么不该做。孝敬父母不是说空话，目标的完成也不是书面文字，而是做到。这本书教我如何去建立自己的"生命树"，让我进行一年365天好习惯的教育。

我要感谢我的爸爸妈妈给我买了泰山老师写的这本书，感谢我的爸爸妈妈是你们让我有了改变的机会。我现在好想好想对爸爸妈妈说一声："爸爸妈妈，我爱你们！"

当初的我还小，不了解你们的辛苦，妈妈一直在我的身边鼓励着我，爸爸长年在外工作。如果问他们这么辛苦是为了什么，他们会异口同声地说："当然是为了孩子。"我最初不理解这句话的含义，为什么要为了我呢？现在我才明白，你们的付出是让我长大成人，你们是伟大的。

我现在还没有能力报答你们，我唯一能做的就是好好学习，不要贪心玩耍，不要让你们操心。我学习不是为了别人而学习，而是为自己而学，为自己的理想奋斗一生。

通过理财好习惯，我也学会了怎样去管理"金钱"，我现在还小，不能赚钱，所以我现在花的全是父母的钱，而我也知道父母每月存钱，给我一部分零花钱，而家里还有很多贷款。他们给我的钱，我会计划哪些该买、哪些不该买，用不完的钱我放在自己的储存盒里。

通过这本书，我养成了很多好习惯，这些习惯可以伴随我一生，感谢泰山老师的研学营。

我还要感谢我的老师，感谢我的同学们，正是老师的鼓励和支持、同学们的陪伴，我才有今天的进步和认识。

最后，我也感谢自己坚持了一年的学习，我希望所有的同学和我一样，坚持365天，你会收获一个不一样的自己。

父母评价：尊敬的老师，你们好，在这里，我们一家表示对你们衷心的感谢。这一年里，我们的儿子有了很大的改变，能够与人发自内心地沟通，很好地利用学习时间，也能够管理好自己的钱财！也更能理解父母。

这些能让孩子受益一生，能让他在今后的生活道路中看清奋斗的方向，少走弯路，缩短奋斗的历程。作为父母，我们非常欣慰满足，能和孩子相处得像朋友一样真是一种幸福。谢谢老师！谢谢我们的儿子！

老师评价：你是个坚强、懂事、有情有义的孩子，你重感情，守承诺，学习刻苦。你身上具备的那些美好的品质让我和同学们深深地感动。这一年的时间，你的心理在逐渐地变化，也逐渐变得成熟，真诚地祝福你，孩子，希望风雨过后，你的人生会有美丽的彩虹相伴！

同学评价：看了这篇文章，我能感受到你真的长大了，而且能看出来你真的能体会到父母对我们的爱。他们对我们的每一次严厉都是对我们的爱，在你的这次学习当中，你真的成熟了不少，俗话说得好"不经历风雨，怎么见彩虹"，祝你成功！

忘年交朋友评价：一年来，看到冬冬的成长，我很欣慰，在他身上我也学到了很多。他的孝顺、执着、坚持让我感动，他付出了比正常人更多的努力，才有了今天的成长和收获。我为他高兴的同时，更为他自豪。因为他在人生的征途中走好了第一步，而且领跑在前面，我为他祝福和加油！

自我评价：一年的学习，我觉得虽然改变了许许多多，有哭泣、有微笑、有烦恼、有快乐。希望我在未来的日子里做得更好，更希望我能和"365天好习惯训练"永远在一起，让我们一切向目标前进吧！

第3课 生活习惯

> 《论语》开篇提到：学而时习之，不亦说乎。
>
> 这里的"习"指的不仅是温习，还有练习、实践，直到养成良好的习惯，形成自己的能力。我认为世界上最可怕的力量是习惯，最伟大的力量也是习惯！
>
> ——周士渊教授
> 清华大学"习惯学"课程导师

世界上最可怕的力量是习惯，最伟大的力量也是习惯。用好习惯武装身体和心灵，好习惯是取之不尽、用之不竭的宝贵财富。

在第3课生活习惯课程里，我们先从生活技能习惯开始。在青少年时代，生活习惯是杰出青少年的优秀习惯，训练这些基本的生活技能，越早培养，越早受益。有意识地训练这些习惯，能提升独立生活的能力，培养耐心和认真的品质。

那些杰出人物成才
最重要的道理，
我在《杰出青少年
好习惯养成手册》中
全学到了

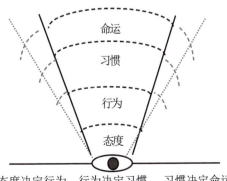

态度决定行为　行为决定习惯　习惯决定命运

生 活 习 惯

当你学习到这里，说明你已经完成了前 60 天的学习和实践，恭喜你，距离杰出青少年又近了一步。

据调查，68% 的学生没有良好的生活习惯和学习习惯，36% 的学生有过度依赖的问题，23% 的学生有沉迷网络、手机、游戏等问题……

原本可以最大限度开发潜能，挖掘自身天赋，却由于没有良好的习惯而苦恼，第三课、第四课我们就来解决这个难题。

在第三课里，我们学习养成好习惯，先从生活技能习惯开始，在青少年时期，我们早一点学到这些基本的生活技能，可以有效防止未来 30 多岁、40 多岁成为"啃老一族"，甚至成为"巨婴啃老族"。有意识地训练这些习惯，能提升同学们独立生活的能力，培养耐心和认真的品质。

让我们读一篇采访，开始这一课的学习。

1978 年，当几十位诺贝尔奖获得者在巴黎聚会时，有记者采访一位诺贝尔奖获得者："请问你在哪所大学学到了你认为最重要的东西？"

这位科学家平静地说："在幼儿园。"

"在幼儿园学到什么？"记者追问道。

"学到把自己的东西分一半给小伙伴；不是自己的东西不要拿；东西要放整齐；吃饭前要洗手；做错事要表示歉意；和别人友好相处；保持愉快的心情。"

这位科学家的回答听起来似乎出人意料，却正好说明了"习惯决定命运"这句话。这些看似简单的习惯对一个人的一生会产生巨大影响。

爱因斯坦说，当一个学生离开学校时，如果把学校教的知识都忘光了，这时他脑中所剩下的，才是教育的真正成果。我想，这剩下的东西一定包括良好的习惯。

那么，让我们来一起想一想，你周围的人或者你自己身上有哪些生活习惯是好的，哪些是不好的？比如，好习惯有：

1. 有的同学上车给老人让座。

2. 有的同学见了老师打招呼。

3. _____

4. _____

5. _____

比如，坏习惯有：

6. <u>有的同学随地吐痰。</u>_____

7. <u>有的人随地扔垃圾。</u>_____

8. _____

9. _____

10. _____

  千万不要小看这些习惯的力量，因为你会发现自己的生命正是由许许多多的习惯拼接而成的，你就活在习惯之中，没有一天能够离开自己的习惯。习惯已经成为一股隐形的力量，在支配生活的方方面面。那些杰出的人物之所以有那么多了不起的成就，就是由于他们拥有许许多多好的习惯。

  我们每个人的身上都有着一个天平：天平的右端是好习惯，可以使人勤奋、上进、成功；天平的左端是坏习惯，会让我们懒惰、散漫、颓废。当右边的好习惯越多，砝码不断地增加，天平就向右端倾斜，人就会不断进步；当左边的坏习惯越多，砝码也不断地增加，天平就向左端倾斜，人就会堕落。

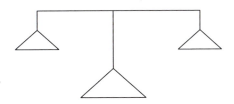

  美国心理学家威廉·詹姆斯说过：播下一个行动，收获一种习惯；播下一种习惯，收获一种性格；播下一种性格，收获一种命运。

  好习惯可以成就我们的人生，坏习惯可以毁掉我们的人生，有什么样的习惯就决定我们有什么样的命运。那么，你希望你自己拥有一个什么样的人生呢？

采访"习惯学"提出者周士渊教授

我的恩师周士渊老师几十年来通过自身习惯的培养，成为名副其实好习惯养成的典范。同时，他也在清华大学传道、授业、解惑。

每次见周老师的时候，周老师就给我看他养成的诸多习惯。二十多年的时间里，他养成了每天早晨4点起床，写一篇随笔的习惯；周一到周五，他每天在喜马拉雅App上发表5分钟的"周老师话人生"演讲，现在已经发表了1000多次演讲；他零基础跟读英语，每天坚持30分钟；他每天写隶书，现在已经展出多幅作品；他几乎每天坚持游泳1小时，锻炼身体……在我的心中，周老师深耕理论，亲躬实践，真是一位当之无愧的"习惯养成大师"。

下面，我们就来一起看看对周老师习惯养成的采访。

主持人：今天我们采访清华大学出版社图书《习惯学》的作者——周士渊教授。

周教授您好！对于学生来说，养成一个良好的习惯非常重要，您为什么要研究这个课题？

周士渊：我研究"习惯"首先和我的经历有关系，我今年75岁，但是在我25岁清华毕业留校一年多以后，居然因为抑郁症而决定离开这个世界，医院全力把我抢救了过来，我再回到清华，就成了重病号，在25岁到35岁的人生黄金十年，我在清华病休了，住院住了两三年，做了好几场手术，等于人生基本上毁掉了。

再后来，我病休了十多年，无意当中，我读到一本书，被封面上的一句话吸引，**那句话说，在这本书的第一卷里隐藏了一个秘密，能领悟这个秘密的智者在历史上寥寥无几。我当时很好奇，怀着这个好奇心想搞清楚这个秘密究竟是什么，没有想到只有寥寥无几的智者领悟的秘密，居然是习惯。**

那我就从习惯上下功夫。我今天取得的一切成就都和这两个字有关系。其实，纵观我们中华上下五千年文化，也有很多关于习惯的观点，《论语》最有代表性，第一句就是"学而时习之，不亦说乎"。所有学的东西，无论是书本知识，还是技能、做人做事的道理，都要"时习之"。《三字经》里面讲"性相近，习相远"，性相近，差别不大，什么差别大？习相远，就在后面的习惯。

这样一步一步知道了习惯的重要性以后，由于我当时事业上一片狼藉，就在习惯上下功夫，当我认识到习惯力量的时候已经 52 岁了，我在 68 岁的时候已经养成了 168 种习惯，后来我还专门发表了文章。现在我 75 岁了，已经养成可以衡量的大大小小 500 多种习惯，我整个人生完全变了。我就是这样一步一步走到今天。

更令我没有想到的是，我的授课内容越来越受欢迎，其中有大学生、企业家等群体，还有电视台、广播、喜马拉雅 App 等平台。

既然习惯决定命运，那命运有很多方面，包含健康、学习、人际关系等。另外，我们所有教育家都在谈这个问题，说教育是什么，一句话，教育就是培养良好的习惯，那整个教育就是培养良好习惯的过程，我们学习的当然是教育当中重要的部分。

学习无非分两个方面：一个是你的学习态度，一个是你的学习方法。你的态度有没有变成习惯，所谓态度，就是认真不认真；学习方法也是这样，学习方法再好，成不了习惯，也是别人的，成了习惯，才是你的。

第三课　生活习惯　　　总第61天

今天是 ＿＿ 年 ＿＿ 月 ＿＿ 日　　星期 ＿＿　　＿＿ 点 ＿＿ 分开始记录

今天值得记录的

我的感悟

提示：今天打卡一分钟日志了吗？　　　今天做家务了吗？

第三课　生活习惯　　　　　　　总第62天

今天是 ____ 年 ____ 月 ____ 日　　星期 ____　　____ 点 ____ 分开始记录

今天值得记录的

....

....

....

....

我的感悟

....

提示：今天打卡一分钟日志了吗？..................今天做家务了吗？..................

做家务的好习惯

在第一节里，我们就学习一个好习惯——做家务。

先说明一下，这里的家务可以是在家的家务劳动，如果你寄宿在学校，就可以是寝室或学校教室里的劳动。

也许你会说，爸爸妈妈替我做好了，为什么我还要做家务呢？更何况我学习紧张，又没有太多的时间。可是你知道吗？很多成功的人士在青少年时代都是在自己料理自己的生活。他们在料理自己生活的实践中锻炼着自己，练习了独立规划自己生活的能力，磨炼着自己的品格。

很多杰出青少年就是从做家务开始培养自己独立的品格。在一些发达国家，许多青少年就自己锻炼自己，料理自己的生活，做家务，在学习的同时打工赚取零花钱，甚至自己18岁上大学的钱也要自己赚取。

记者曾经对20名考上大学而又辍学回家的大学生做了访谈。你知道吗？他们辍学的原因，不是因为学习不好，而是因为不会洗衣服，生活不能自理，在宿舍不知道如何与同学相处，心里烦闷、任性，无法和别人沟通。长此以往导致成绩下降，失眠、懒散、孤独、寂寞，也不想上课。最终只好选择了辍学。

只是因为不能很好地管理自己，生活不能自理而辍学，放弃好不容易才考上的大学，是不是很可惜啊？如果你能早早养成做家务这个习惯，肯定可以更早地独立，更适应未来的集体生活。

从今天开始把做家务当成自己的家庭作业，你这样对爸爸妈妈说，今后，我要：

1. 自己叠被子。
2. 自己的衣服脏了，自己洗。
3. 自己吃饭的碗、筷，自己洗。
4. 自己打扫自己的屋子，整理自己的房间。

如果你的爸爸妈妈对你说："孩子，让我们来吧！你赶紧学习去吧。"

你可以这样回答："全国的青少年都在和我一样做家务。做家务不会占用我太多的时间，每天就15分钟，今后就由我自己来做吧！"

如果你已经在做家务了，我不仅为你高兴，也祝贺你。

第三课　生活习惯　　　　总第63天

今天是 ____ 年 ___ 月 ___ 日　　星期 ___　　___ 点 ___ 分开始记录

今天的目标

今天值得记录的

我的感悟

提示：今天打卡一分钟日志了吗？　　今天做家务了吗？

第三课　生活习惯　　　　　总第64天

今天是 ____ 年 ____ 月 ____ 日　　星期 ____　　____ 点 ____ 分开始记录

今天值得记录的
....
....
....
....

我的感悟
....

提示：今天打卡一分钟日志了吗？................今天做家务了吗？

第三课　生活习惯　　　　　总第65天

今天是 ____ 年 ____ 月 ____ 日　　星期 ____　　____ 点 ____ 分开始记录

今天的目标
....

今天值得记录的
....
....
....

我的感悟
....

提示：今天打卡一分钟日志了吗？................今天做家务了吗？

第三课　生活习惯　　　总第66天

今天是____年___月___日　星期____　___点___分开始记录

今天值得记录的 ....

....

....

....

我的感悟 ....

提示：今天打卡一分钟日志了吗？................今天做家务了吗？.............

锻炼身体的好习惯

很形象的比喻，用数字 1 来表示健康的身体，用数字 0 来表示你的学习成绩、外表、个人特长、家庭情况等。

如果说你的人生就是由这些数字组成的，那么如果没有健康这个 1，无论你后面有多少个 0，你的总得分都是 0。就像一个身体不健康的同学，一切理想、抱负都是空中楼阁，毫无意义；只有健康这个 1 放在所有的 0 之前，你人生的价值才能最大。那么现在就让我们开启健康的大门吧！

锻炼身体

你有锻炼身体或做眼保健操的好习惯吗？

如果有，你锻炼身体的好习惯是：

1. _____

2. _____

如果你有锻炼身体的好习惯，并且每周有相对固定的次数和时间段，祝贺你！这说明你已经有较好的锻炼身体的习惯了。如果你还没有锻炼身体的习惯，也请你不要担心，一切从这一刻开始就好。适合青少年的体育锻炼形式很多，比如跑步、游泳、乒乓球、篮球、羽毛球等。现在就来写下你的体育锻炼计划吧！

计划锻炼身体的好习惯是：

1. _____

2. _____

体育锻炼不要一开始就加难度，而是循序渐进；要根据自己的实际情况，选择适合自己的锻炼项目，不要贪多，贵在坚持。相信长期有规律的身体锻炼可以调节身体的内分泌，均衡身体肌肉、脂肪的比例，提高身体综合素质，让你有更充沛的精力投入到学习中去，形成一个良性循环。

第三课　生活习惯　　　　总第67天

今天是 ____ 年 ____ 月 ____ 日　星期 ____　____ 点 ____ 分开始记录

今天的目标

今天值得记录的

我的感悟

提示：今天打卡一分钟日志了吗？　　今天做家务了吗？

第三课　生活习惯　　　　总第68天

今天是 _____ 年 ___ 月 ___ 日　　星期 ___　　___ 点 ___ 分开始记录

今天值得记录的

....

....

....

....

我的感悟

....

提示：今天打卡一分钟日志了吗？................今天做家务了吗？

生活礼貌的好习惯

让我们来做一个小小的测试吧！让你们班的40名同学，分别依次从一个地点走到另一个地点，而你的班主任就站在路边。经过观察你会发现，有的同学会很自然地向老师问好；有的同学微微点头表达问候；有的同学却急步走过装作没有看见，或低着头，或绕着走；还有的同学斜着眼睛扫视一下，扭过头来，仍然昂着头，不理睬老师……

为什么40名同学会有如此多的表现、如此多的表情呢？原因很多，但有没有良好的礼貌习惯是很重要的一项。其实，每个同学都希望得到老师的肯定、帮助，但是你知道吗？这是需要你配合的。一个老师要面对很多同学，如果对你的帮助、辅导或指导，你没有产生任何反应，会给老师带来某种不确定的认识，这种不确定的认识不仅会给老师的工作带来不便，达不到帮助、辅导或指导的效果，也会给老师留下不确定的印象——你究竟是需要老师的帮助，还是不需要呢？

现在让我教你给别人留下好印象的办法，举几个例子。

1. 同学帮你，及时道谢！

注意今后向任何人说"谢谢"的时候，要看着对方，面带微笑。如果你以前没有注意过，先对着镜子练习10遍。

2. 妈妈做好晚饭，给妈妈说声："谢谢！"

3. 进爸爸妈妈房间，要敲门。

4. 学校要开家长会，你回来通知爸爸参加，你会选择以下哪种形式呢？

A："爸爸，明天下午要开家长会，你去一下。"

B："爸爸，有事要麻烦你一下，学校明天下午要开家长会，不知道您有没有时间？"

点评： 也许你会说，两种说话方式的目的和结果都是爸爸去，不都一样吗？不管用哪种方式，爸爸都会去的。客气一些更好，因为我们占用了爸爸的时间，就需要和爸爸商量。这也是懂礼貌的表现。

礼貌是无声的介绍信！

我们经常会崇拜某些人，因为这些人举止文雅，一言一行都给人留下深刻的印象，受到人们普遍的尊重。他们文雅的行为举止，是通过平时一点一滴的积累才养成的。这是一个人素质和修养的自然流露。

公共场合不吐痰，不大声喧哗，不说脏话，不做不雅动作。

在这7天里，我们学习礼貌习惯。那么，就让我们从今天开始，无论在任何时间、任何地点，当我们需要别人帮忙的时候，都要用客气的态度，用商量的口气；当别人帮助我们的时候，真诚地道谢！

礼貌是全世界的通行证！

第三课　生活习惯　　　　总第69天

今天是 ____ 年 ____ 月 ____ 日　　星期 ____　　____ 点 ____ 分开始记录

今天的目标

今天值得记录的

我的感悟

提示：今天打卡一分钟日志了吗？　　今天做家务了吗？

曾国藩的日课十二条

毛泽东在他16岁时就通读了《曾文正公全集》，他读过的书至今还保留在韶山毛泽东纪念馆。"愚于近人，独服曾文正。"

曾国藩以一介布衣寒士，28岁时实现了许多读书人梦寐以求的"书生变蛟龙"理想，跻身翰林院，从而拿到了传统上层社会的敲门砖，打破了曾氏家族几百年"寒籍"的历史。

进入京师后，曾国藩并未如常人一般沾沾自喜，而在内心深处有着君子的伟大抱负。他认为，志向高远对个人来讲至关重要。而"自身修养"同"内圣外王"的心灵终极尚有很大差距，于是将"不为圣贤，便为禽兽；莫问收获，但问耕耘"作为座右铭。

考中进士是曾国藩政治生涯的起点，同时也是他新生活的开端。他甚至将自己的名字也改了。曾国藩本名曾子城，到京城后，首先改号"涤生"，取荡涤旧事，告别昨天之意。后得益于名师劝导，改名"国藩"，以示做国之藩篱，成为朝廷栋梁。

曾国藩平生著述颇丰，被时人奉为"立德、立言、立功"的楷模。他的著述均收入《曾文正公全集》，这部书对后世的影响之大远超过他的"政绩"，所谓"道德文章冠冕一代"，因此他被誉为中国封建统治阶级的最后一位精神偶像。

在《体育之研究》一文中，毛泽东对曾国藩锻炼身体的方法也很欣赏："曾文正行临睡洗脚、食后千步之法，得益不少。"

曾国藩虽然以捍卫传统的道统作为自己的终生追求，但他同时也是一个博学的人。他没有走入腐儒一途，反而养成了学问必须有益于国事的本领，以适应时代的需要。这就是他平生常讲的——志要立得住，还要行得通。

曾国藩制订了严格的修身计划，名曰"日课十二条"。

曾国藩修身计划"日课十二条"

序号	主题	内容
1	主敬	无事时整齐严肃，心如止水；应事时专一不杂，心无旁骛。
2	静坐	每日须静坐，体验静极生阳来复之仁心，如鼎之镇。
3	早起	黎明即起，绝不恋床。
4	读书不二	书未看完，绝不翻看其他，每日须读十页。
5	读史	每日至少读史十页，即使有事亦不间断。
6	谨言	出言谨慎，时时以"祸从口出"为念。
7	养气	气藏丹田，修身养性。
8	保身	节劳、节欲、节饮食，随时将自己当作养病之人。
9	每日记录	每日记下一篇，分为德行门、学问门、经济门、艺术门。
10	每月作诗文	每月作诗文数首，不可一味耽搁，否则最易溺心丧志。
11	作字	早饭后习字半小时，皆作为功课看待，绝不留待次日。
12	夜不出门	旷功疲神，切戒，切戒！

曾国藩的十二条正说明了勤能补拙的道理。正是凭着这股韧劲和恒心，曾国藩成就了自己的人生，成为中国近代史上一位重要的历史人物，被称为晚清"第一名臣"，成为中国传统文化的集大成者。

这里要说的是曾文正公深深影响了青年毛泽东。但毛泽东并没有停留在"独服曾文正"的阶段，而是与时俱进，接受了先进、科学的马克思主义，逐渐摆脱曾国藩的影响，成长为一名伟大的马克思主义者和杰出的无产阶级革命领袖。

各位同学，无论是这里曾文正公的日课十二条，还是我们前面学习的富兰克林自我管理十三条，以及周士渊教授的闹钟习惯提醒法，都诠释了一个共同的道理，他们正是凭着这股韧劲和恒心，成就了自己的卓越人生！

第三课　生活习惯　　　总第70天

今天是 ____ 年 ____ 月 ____ 日　星期 ____　____ 点 ____ 分开始记录

今天值得记录的

....

....

....

....

我的感悟

....

提示：今天打卡一分钟日志了吗？..................今天做家务了吗？..................

第三课　生活习惯　　　　　　　　总第71天

今天是 ____ 年 ____ 月 ____ 日　星期 ____ 　____ 点 ____ 分开始记录

今天的目标 ....

今天值得记录的 ....
....
....

我的感悟

提示：今天打卡一分钟日志了吗？............今天做家务了吗？............

教育就是培养习惯
——著名教育家叶圣陶论习惯

我国著名教育家叶圣陶先生十分重视少年儿童良好习惯的培养。他认为教育就是养成良好的行为习惯。为此，叶圣陶专门写过《习惯成自然》和《两种习惯养成不得》等文章。

养成习惯贵在躬行实践。作为一位长期从事教育工作的实践家，叶圣陶先生非常强调习惯养成中的身体力行。要养成某种好习惯，要随时随地加以注意，躬行实践，才能收到良好的效果。他在《习惯成自然》一文中写道，"要有观察的能力，必须真正用心去观察；要有劳动的能力，必须真正动手去劳动；要有读书的能力，必须真正把书本打开，认认真真去读；要有做好公民的能力，必须真正把公民应做的一切认认真真去做"，这样，我们"所知的"才能逐渐转化为我们的习惯，成为相应的能力和素质。

"习惯成自然"就是能力。

什么是"成自然"呢？叶圣陶先生认为成自然就是"不必故意费什么心，

仿佛本来就是那样的意思"。他举例说："走路和说话是我们最需要的两种基本能力。这两种能力的形成是因为我们从小就习惯了，'成自然'了；无论哪一种能力，要达到习惯成自然的地步，才算我们有了那种能力。如果不达到习惯成自然的程度，只是勉勉强强地做一做，就说明我们还不具有那种能力。"他进而指出："通常说某人能力不强，就是说某人没有养成多少习惯的意思。比如说张三记忆力不强，就是张三没有把看见的、听见的一些事物好好记住的习惯。说李四表达能力不好，就是说李四没有把自己的思想和感情说出来的习惯。因此，习惯养成得越多，那个人的能力就越强。做人做事需要种种能力，所以最要紧的是养成种种习惯。"

教育的目的就是培养习惯，增强能力。

叶圣陶认为，"我们在学校里受教育，目的在养成习惯，增强能力。我们离开了学校，仍然要从多方面受教育，并且要自我教育，其目的还是在养成习惯，增强能力。习惯越自然越好，能力越增强越好"，孔子一生"学而不厌"就说明了这个道理。

有两种坏习惯不能养成。叶圣陶认为，习惯不嫌其多，但有两种习惯养成不得，除此之外，其他的习惯多多益善。这两种习惯就是：不养成什么习惯的习惯和妨害他人的习惯。

何谓不养成什么习惯的习惯呢？

叶圣陶用日常生活中的某些习惯的养成来说明不养成什么习惯的习惯的害处。他说，"坐要端正，站要挺直，每天要洗脸漱口，每事要有头有尾，这些都是一个人起码的习惯。有了这些习惯，身体和精神就能保持起码的健康，但这些习惯不是短时间内就形成的，要逐渐养成。在没有养成的时候，多少需要一些强制功夫，自己得随时警觉，直到'习惯成自然'，就成为终身受用的习惯。可是如果没有强制与警觉，今天东，明天西，今儿这样，明儿又那样，就可能什么习惯也养不成。久而久之，这就成为一种习惯，牢牢地在身上生了根。这就是不养成什么习惯的习惯，最要不得"。这种习惯与其他种种习惯冲突，一旦养成，其他种种习惯就很难养成了。

那什么又是妨害他人的习惯呢？叶圣陶举例予以说明。他说，"走进一间屋子，'砰'的一声把门推开，喉间一口痰上来了，一口吐在地上，这些好像是无关紧要的事。但这既影响他人学习和工作，又可能传播病菌，一旦习以为常，就成为一种妨害他人的习惯"。

妨害他人的习惯是恶劣品质形成的重要根源。叶圣陶先生认为某些人的不良品质的形成，一个重要的原因在于养成了妨害他人的习惯。他说，如果一个人不明了自己与他人的密切关系，不懂得爱护他人，一切习惯偏向妨害他人的方面，就极有可能成为一个恶人。

[叶圣陶（1894—1988），中国现代著名教育家、作家。]

第三课　生活习惯　　　　总第72天

今天是 ____ 年 ____ 月 ____ 日　星期 ____　 ____ 点 ____ 分开始记录

今天值得记录的

我的感悟

提示：今天打卡一分钟日志了吗？　　　今天做家务了吗？

第三课　生活习惯　　　　　　　　总第73天

今天是 ____ 年 ____ 月 ____ 日　　星期 ____　　____ 点 ____ 分开始记录

今天的目标 ……………………………………………………………………………

今天值得记录的 …………………………………………………………………

………………………………………………………………………………………………

………………………………………………………………………………………………

我的感悟 ……………………………………………………………………………

提示：今天打卡一分钟日志了吗？……………今天做家务了吗？

第三课　生活习惯　　　　　　　　总第74天

今天是 ____ 年 ____ 月 ____ 日　　星期 ____　　____ 点 ____ 分开始记录

今天值得记录的 …………………………………………………………………

………………………………………………………………………………………………

………………………………………………………………………………………………

………………………………………………………………………………………………

我的感悟 ……………………………………………………………………………

提示：今天打卡一分钟日志了吗？……………今天做家务了吗？

第三课　生活习惯　　　　总第75天

今天是 ＿＿＿ 年 ＿＿ 月 ＿＿ 日　　星期 ＿＿＿　　＿＿ 点 ＿＿ 分开始记录

今天的目标 ＿＿＿＿＿＿＿＿＿＿＿＿＿＿＿＿＿＿＿＿＿＿＿＿＿

今天值得记录的 ＿＿＿＿＿＿＿＿＿＿＿＿＿＿＿＿＿＿＿＿＿＿

＿＿＿＿＿＿＿＿＿＿＿＿＿＿＿＿＿＿＿＿＿＿＿＿＿＿＿＿＿＿＿＿

＿＿＿＿＿＿＿＿＿＿＿＿＿＿＿＿＿＿＿＿＿＿＿＿＿＿＿＿＿＿＿＿

我的感悟 ＿＿＿＿＿＿＿＿＿＿＿＿＿＿＿＿＿＿＿＿＿＿＿＿＿＿

提示：今天打卡一分钟日志了吗？............今天做家务了吗？............

向两个坏习惯"开炮"

第一个坏习惯——迷恋电脑游戏、上网聊天。

玩游戏好玩不好玩呢？游戏太好玩了！惊心动魄，扣人心弦；上网聊天、玩游戏有没有意思？有意思，海阔天空，尽情发挥。大家都想玩。

第二个坏习惯——迷恋电视、手机、平板电脑。

电视里面有动画、连续剧……几乎什么都有，手机里也是。为什么大人可以看，我们却不能看呢？

真想从早到晚一直看。

这两件事的好处
1. 可以忘记烦恼；
2. 忘掉枯燥的学习；
……

这两件事的坏处
1. 会使人懒惰；
2. 会占用大量的学习时间；
3. 会使人贪婪；
4. 会影响视力；

5. 会影响身体；

6. 会消磨意志；

7. 会让心情沉重；

……

说真的，谁都想玩，谁也爱玩，谁都不想动脑子，坐享其成。可是想一想，有几个人是因为玩游戏、看电视而被评选为杰出青少年的呢？有几个人是因为玩得好成为社会精英的呢？答案是没有。

玩游戏诱人，上网聊天诱人，精彩的电视节目诱人，手机也诱人，这些深深地吸引着无数的人。可是时间就在这些"诱人"之中不知不觉地流逝，一去不复返。

相信所有的同学都会同意"迷恋"是不好的。如果你自己没有迷恋于此，那很好，要有意识地与这两个坏习惯保持距离。如果你根本就没有"迷恋"，我们不仅为你高兴，还要祝贺你！

可惜的是，很多同学还不知道这个道理，还陷在玩游戏、上网聊天、电视节目里不能自拔。

现在，不少学生成了"手机控""电视迷"。

放学回家，书包一放，先打开手机或者电视机，一看就没完没了。常常是家长强行关掉，他们为了电视或者手机问题，跟爸爸妈妈闹起了矛盾。

其实，电视或者手机的功用有两重性：一是娱乐性，二是应用性。许多专门为不同年龄阶段孩子录制的节目，对孩子开阔视野，增长知识，提高认识能力，提高是非判断能力非常有教育意义。收看这样的电视节目，在培养自己由电视"奴隶"成为电视"主人"的过程中，电视成为我们的帮手，而不是敌人。

电视应该看，这是肯定的。手机的使用给我们提供了方便，也是肯定的。

但这里有一个原则，那就是适可而止，必须有选择、有节制地看。

每一次看电视、看手机的时间以 0.5～1 小时为宜。有选择地看是说不能仅限于看卡通片或者娱乐节目。

自主看电视的能力，就是能自己选择节目内容，自己控制时间、次数，而且能自觉地吸收有利自身成长的信息的能力。从小学就要开始培养这种能力。看完有些节目，可以以日记、周记或观后感的形式写出自己的收获体会，在写作文或在班会发言时用上这些信息。

许多电视上的专题节目与孩子的学习有关，与学校的教育活动有关，比如学科知识讲座、科技专题节目、爱国主义影片展播等，应选择收看这些节目。

这是收看电视的有益方面，但是，看电视过度的确对人的身心发展不利。

为了不影响身体发育和健康，看电视应遵循以下要求：

1. 看电视时，保持与电视的距离等于电视机屏幕对角线长度的4～5倍。

2. 每次看电视的时间不超过1小时，不成为"电视迷"。

同理，对于手机、平板、个人电脑，它们屏幕更小，每次使用时间不应超过40分钟。

第三课　生活习惯　　总第76天

今天是 ____ 年 ___ 月 ___ 日　星期 ___　　___ 点 ___ 分开始记录

今天值得记录的

....

....

....

....

....

....

我的感悟

提示：今天打卡一分钟日志了吗？.................今天做家务了吗？..............

第三课　生活习惯　　　　　　　总第77天

今天是 ____ 年 ____ 月 ____ 日　　星期 ____　　____ 点 ____ 分开始记录

今天的目标 ....

今天值得记录的 ....

....

....

我的感悟

提示：今天打卡一分钟日志了吗？............今天做家务了吗？................

第三课　生活习惯　　　　　　　总第78天

今天是 ____ 年 ____ 月 ____ 日　　星期 ____　　____ 点 ____ 分开始记录

今天值得记录的 ....

....

....

....

我的感悟

提示：今天打卡一分钟日志了吗？............今天做家务了吗？................

第3课　生活习惯

第三课　生活习惯　　　总第79天

今天是 ____ 年 ___ 月 ___ 日　　星期 ___　　___ 点 ___ 分开始记录

今天的目标 ....

今天值得记录的 ....

....

....

我的感悟 ....

提示：今天打卡一分钟日志了吗？................今天做家务了吗？..........

安全好习惯

心理学家马斯洛提出人的五个需求层次，其中就提出了安全需求。如果安全得不到满足，人类的生理机能就无法正常运转。

安全是我们的底线，也是需求层次中最重要的一个，没有基本的安全作为保障，更不用说其他的需求。大家可以想到哪些有关安全的好习惯呢？

1. 自我保护意识。《弟子规》中说，斗闹场绝勿进，邪僻事绝勿问。孟子也说，君子不立危墙之下。就是说要有意识地保护自己，不要把自己处于危险的环境，自我保护是第一个安全好习惯。

2. 不单独行动。上学、放学、出行不单独行动。尽量不与陌生人交谈，无论如何不跟陌生人走。可能的话，学习一些基本的防身搏击术，以备特殊情况。

3. 去游泳、爬山，去没有去过的地方，必须先告知家长，尽量有家长同行。游泳不熟练的同学，下水要有救生设备或监护人员。下水救人是非常专业的行为，要求救援者有特别好的耐力、体力，尤其在室外冷水里，体力的消耗非常大，加上被救者紧张乱动或者抓住救援者，青少年救援者在水下，体力根本支撑不了多久！遇到有人落水，要首先向大人呼救。

4. **不玩火，不玩电。**携带的所有带火的工具，必须好好保存。远离漏电的设备，不要心存侥幸，水火无情，不可游戏。

5. **注意交通安全。**走路、骑行不抢道，遵守交通规则，不猛跑。交通事故的发生往往就是几秒钟，但影响可能是一辈子，十次事故九次快。大家过马路要慢点左右看一看，看好红绿灯再过。看路，不要看手机，骑车不要逆行，要靠边骑。

你的安全，是父母、老师的希望，保护好自己，就是最大的成熟。

第三课　生活习惯　　　　总第80天

今天是 ____ 年 ____ 月 ____ 日　　星期 ____ 　　 ____ 点 ____ 分开始记录

今天值得记录的

我的感悟

提示：今天打卡一分钟日志了吗？................今天做家务了吗？................

第三课　生活习惯　　　　　　　　　总第81天

今天是 ____ 年 ____ 月 ____ 日　　星期 ____ 　　____ 点 ____ 分开始记录

今天的目标 ....

今天值得记录的 ....

....

....

我的感悟 ....

提示：今天打卡一分钟日志了吗？　　　　今天做家务了吗？

第三课　生活习惯　　　　　　　　　总第82天

今天是 ____ 年 ____ 月 ____ 日　　星期 ____ 　　____ 点 ____ 分开始记录

今天值得记录的 ....

....

....

....

我的感悟 ....

提示：今天打卡一分钟日志了吗？　　　　今天做家务了吗？

第三课　生活习惯　　　　总第83天

今天是 ____ 年 ___ 月 ___ 日　　星期 ___　　___ 点 ___ 分开始记录

今天的目标 ....

今天值得记录的 ....

....

....

我的感悟 ....

提示：今天打卡一分钟日志了吗？............今天做家务了吗？

自我反省的好习惯

　　自省是中国古代儒家学者提出的重要修心方法，几千年来对人们修身养性、追求高尚的道德情操、实现内心的平和起到了巨大的作用。

　　《论语》里讲道："吾日三省吾身"，意思是每天都要反复检查、反省自己的言行，以便发现违背常理和伦理道德要求之处并及时纠正。通过每天对自己行为的反省与思考，一个人可以发现自己的不足并找到改进的方法。

　　《礼记·大学》有云："正心、修身、齐家、治国、平天下""古之欲明明德于天下者，先治其国；欲治其国者，先齐其家；欲齐其家者，先修其身；欲修其身者，先正其心"。所以说心正了身则修，身修了家则齐，家齐了国能治，国治了则天下平。可见正心才是基础，而正心必须通过对自己行为的多次自省才能实现。

　　人只有通过自省才能最终达到内心的完善与平和，实现人生的真正意义。

　　一个缺乏自省意识的人，只会浑浑噩噩度过一生，他不会认识到自身的长处与不足，不懂得从过去的失败和错误中学习和自我提升，只会在有限的生命中一而再、再而三地犯同样的错误，他们永远也不可能悟出人生通达的道理。

一个缺乏自省意识的人，不具备清晰的分辨能力，他受到自己欲望的驱使或遇到外界的诱惑时，就背离原有的信念，做出一些糊涂的选择，最终给自己留下的只有无穷的悔恨。

同样，一个缺乏自省意识的社会将是一个信仰缺失、道德观念畸形、心态失衡的社会。这样的社会即使物质高度发达，在表面纸醉金迷、歌舞升平的生活表象之下，掩藏的仍然是一个个悲哀的、在痛苦和迷惘中呻吟的灵魂。

自省是对人心灵的一种净化。自省可以让人恢复到生命最初真善美的无邪状态，自省可以让人了解自己的长处和不足，自省可以让人明善恶，辨美丑，在面临诱惑的时候做出正确的选择，自省可以净化人的心灵，让人们摆脱烦恼，实现内心的平衡与快乐。

1983年，美国哈佛大学教育研究院的心理发展学家加德纳提出了人脑的八大智能区域理论，内省智能区域就是其中之一。

内省智能是有关人自我了解、洞察内在情绪变化及引起这些变化的原因，并作为理解和指导自身行为准则的能力。

具有较好内省智能的人，会从各种回馈渠道中了解自己的优劣势，常静思以规划自己的人生目标。他们脑中的自己有一个积极、可行的有效行为模式。内省智能的培养有方法可循。

1. 反省自己对他人的言语或行为

反省你的言语或行为给别人造成了哪些影响，积极正向的还是消极被动的，乐观向上的还是悲观消沉的？你给别人施加了推力还是阻力，你所有的这些行为来源于你心中的什么心态？

2. 反省他人对自己的言语或行为

万事发生皆缘于我。别人以什么样的方式对待我，一定与我自身有关系。从别人对你的言语和行为探知自身的情况，并进行改进。另外，他人的言语行为可以帮助你了解他人，洞察他们行为背后的真实原因。

3. 反省自己受他人或外界影响的情况

你的情绪会由于外界的人或事物的影响而发生变化。你要对由外界引起的情绪变化有所警惕。当你可以察觉自己情绪的变化时，你的自省能力就已经有了巨大的提升。

从反省中产生同理心。当一个人能够了解他人行为的起因时，一种来自内心的包容感就会产生。

内省智能是人脑的一种智能，每个人通过适当的开发都可以提升内省智能，都可以通过对内省智能的修炼而使自己变得更加睿智。

切记：

每个人的人生中都会有失败，都会犯错。但是，由于我们是在不断失败的过程中成长起来的，所以即使失败，也没有必要沉浸在悔恨之中。

反省不是懊悔，不是悔恨，不是永远自责。

有个词叫"覆水难收"，意思是水一旦泼出去是无法收回的。所以，无休止地对已经发生的事情悔恨、烦恼是毫无意义的。这样下去还会引发心理疾病，甚至给自己的人生带来不幸。

虽然我们需要反省自己的错误，但反省之后就不能再为此烦恼，必须义无反顾地走向新的目标，开始新的生活，这是十分重要的。

对已经发生的问题，不能无休止地烦恼、惶恐，要用理性加以思考，并付诸新的行动，这样就能够开创人生的新局面。

第三课　生活习惯　　总第84天

今天是 ____ 年 ____ 月 ____ 日　　星期 ____ 　　____ 点 ____ 分开始记录

今天值得记录的

我的感悟

提示：今天打卡一分钟日志了吗？　　　　今天做家务了吗？

第三课　生活习惯　　　　　　总第85天

今天是 _____ 年 ___ 月 ___ 日　　星期 ___　　___ 点 ___ 分开始记录

今天的目标 ....

今天值得记录的 ....

....

....

....

我的感悟 ....

....

提示：今天打卡一分钟日志了吗？..........今天做家务了吗？..........

第三课　生活习惯　　　　　　总第86天

今天是 _____ 年 ___ 月 ___ 日　　星期 ___　　___ 点 ___ 分开始记录

今天值得记录的 ....

....

....

....

....

我的感悟 ....

....

提示：今天打卡一分钟日志了吗？..........今天做家务了吗？

第三课　生活习惯　　　　总第87天

今天是 ____ 年 ___ 月 ___ 日　　星期 ___　　___ 点 ___ 分开始记录

今天的目标 ....

今天值得记录的 ....

....

....

我的感悟 ....

提示：今天打卡一分钟日志了吗？.................今天做家务了吗？...........

你有管理时间的习惯吗？

你有管理时间的习惯吗？是不是常常效率低下，拖延怠慢，让时间大把地从你手中溜走了呢？看看下面这个故事会给你什么样的启发。

你听过死神的故事吗？

深夜，一个危重的病人进入他生命中的最后一分钟，死神如期来到了他的身边。"再给我一分钟好吗？"病人哀求着。

"你要一分钟干什么？"死神说。

"我想利用这一分钟看一看我的亲人和朋友，和他们拥抱一下。我还有几句话没有交代。"

"你的想法不错，但是我不能答应你！这一切都留了时间让你去做，你却没有像现在这样珍惜。我这里有一份清单：

在你60年的生命中，你有二分之一的时间在睡觉。

在剩下的30年里，你经常拖延时间，叹息时间过得太慢的次数达1万次，这包括你少年时期在课堂上打瞌睡、在家里看电视、上网聊天、和朋友打电话时，甚至为生活琐事和家人、朋友大发脾气。

你做事拖拖拉拉所浪费的时间，从青年到老年共计 36500 小时，折合 1520 天。其中包括你做事有头无尾、不负责任；说今天做好的事，拖来拖去也不能完成；你总是活在过去的懊悔和未来的梦想中，却从来不珍惜现在这一刻；还有……还有……"

这时，病人还没有听完就在悔恨中咽下了最后一口气。

是无悔今生，还是无尽的悔恨？不要等到那一刻才开始考虑你的人生该如何度过。

建立时间观念，不再漫无目的。可以使用定时闹钟，周士渊教授就是用手机闹钟提醒自己养成习惯的。

优秀的管理者都是时间管理的高手，预估做事的时间，不再拖拉，留出额外时间，不再手忙脚乱。

如果你在小学、中学学到了时间管理的方法，那么你在高中就会游刃有余。那么，从现在就开始管理你的时间，进入高效能管理的人生吧！

第三课　生活习惯　　总第88天

今天是 ____ 年 ___ 月 ___ 日　星期 ___ 　 ___ 点 ___ 分开始记录

今天的目标　..

今天值得记录的　..

....

....

我的感悟

提示： 今天打卡一分钟日志了吗？................ 今天做家务了吗？

第三课　生活习惯　　　　　总第89天

今天是 _____ 年 ___ 月 ___ 日　　星期 ___　　___ 点 ___ 分开始记录

今天的目标 ....

今天值得记录的 ....

....

....

我的感悟 ....

提示：今天打卡一分钟日志了吗？.................... 今天做家务了吗？....................

作业　本章总结，分享进步

　　本月最后一天，我们恭喜你本月取得的进步！你也可以和父母，亲戚，老师，同学，朋友一起分享本月的收获。

你要分享的对象是谁呢？

分享对象	你准备分享什么？

第三课　生活习惯　　　　　总第90天

今天是 ____ 年 ___ 月 ___ 日　　星期 ___　　___ 点 ___ 分开始记录

今天值得记录的

....

....

....

....

第三课，总结我的进步

....

....

....

....

我的感悟

提示：今天打卡一分钟日志了吗？

奖　　状

　　_____同学，经过 90 天的好习惯训练，你已经学习了习惯宣言、制定学习目标、生活习惯三节课程，已经成为一名优秀的青少年。

杰出青少年好习惯学校

_____年_____月_____日

　　请把这张奖状（见本书附录）贴在自己的床头。完成今天的基本任务，放松一下，痛痛快快地呼吸一下新鲜空气吧！

　　这三节课学习得很好。请继续坚持！

　　如果把这些内容积累起来，我相信，在未来的人生道路上，你会得到丰厚的回报。

　　作业：我建议你在三天内，写一封信给你最亲近的一位老师，分享你这三个月以来的感受和进步！

信心＋不懈地努力＝成功

敬爱的班主任老师：

您好！

我特别想和您分享我的进步，一次偶然的机会，爸爸妈妈给我买了一本书，让我加入"好习惯训练营"，我就听话照做，坚持不懈，不打折扣。

回望自己这90天的学习历程，心中有一份欣慰。3个月的时间如白驹过隙，但这段经历却使我受益匪浅，让我拥有了一生最珍贵的财富。

每个人都向往成功，都渴望在人生的竞赛中成为大赢家，然而事实上并不是每个人都能成功。有人说成功需要机遇，有了好的机遇便拥有了成功。通过坚持，我认识到好习惯才是成功的必要前提。

一个人是否具备良好的人生习惯是成功者与失败者的分水岭。只有拥有好的学习习惯、人生习惯，成功的大门才有可能向你敞开。但想要养成好习惯也并非易事，需要不懈地努力。

《杰出青少年好习惯养成手册》已伴我走过了90天的风风雨雨，这本手册已成为我生活中不可缺少的伙伴。每当我写日记时就会感受到一种难以用语言来形容的快乐。这是一片属于我自己的小天地，是我心中的一片乐土。

我为自己这3个月来从未间断过的努力感到自豪。观察生活、记录生活、体味生活、感悟生活已成为我生活中的一种习惯。叶圣陶老先生告诫我们：养成好习惯才是教育的根本。

良好的习惯也是由生活中许多极易完成的小事构筑而成的。因此想要收获好习惯，就必须坚持不懈地做好生活中的每一件小事。张瑞敏说过："什么叫不简单？能够把简单的事情天天做好，就叫不简单。什么叫不容易？大家公认为非常简单的事，能够非常认真地做好它，就叫不容易。"我非常认同。

制定目标是走向成功的第一步，它使我们明确了自己在最近一段时间内以及今后数年的努力方向。目标给予我们力量，让我们充满活力。制定目标并不难，但坚持不懈却不是每个人都能做到的。只要做下去，一切美好的梦想都有可能变成现实。完成一天的目标，也就意味着向成功迈近了一步。同时，我还必须做到节约时间，充分利用时间。

每天的家务劳动让我更加感受到父母的辛苦，父母做的一切是那么的不容易。父母期待的眼神让我的信念变得更加坚定，我要努力学习，学习科学文化知识，学习如何做人，我还要加强对自己的管理，培养自己多方面的才能。因为我才刚成为一名优秀的青少年。我的更高追求是做杰出的青少年，长大后，做有益于社会的杰出人才。

回想自己独自走过的这段路程，我明白了学习的真正目的：养成好习惯，做一个对社会有价值的人，做一个幸福的人。我们不应仅仅为高考而学习，学习的真正目的应是明理、做人。仅把眼光停留在分数上，眼光未免短浅，真正的成功者应是全方位的人才。

这本《杰出青少年好习惯养成手册》让我受益匪浅。它让我通过自我控制的方法成功地坚持90天。我一定会继续坚持下去，因为我知道人生的未来更加精彩。我要让好习惯伴随终身。

我要用勤奋摧毁懒惰，我要用信心驱赶怀疑，我要用真诚埋葬虚伪。我要用毅力战胜一切，在困难面前我永远不会低头。只要我坚持努力，一切艰难险阻都会迎刃而解。我会对自己负责，相信在不久的将来，我一定会以一个成功者的姿态面对世人，回报社会。

感谢您和各位老师对我们全班同学的付出！祝您身体健康，事事如意！

您的学生冀燕

第4课 学习习惯

> 教育就是培养良好的习惯。学习无非分两个方面：一个是你的学习态度，一个是你的学习方法。
>
> 教育就是将你的学习态度和学习方法转变为习惯的过程，学习方法再好，成不了习惯也是别人的，成了习惯，它才是你的。
>
> ——周士渊教授
> 清华大学"习惯学"课程导师

学习，学习，学什么？学习惯。良好的学习习惯就是把学习的内容，高速、准确地转化成自己可以应用的内容，学会彼此相关的学习方法、学习规律、学习态度等。磨刀不误砍柴工，好好培养学习习惯，学习将事半功倍。

让我们走进第四课，养成良好的学习习惯！

学 习 习 惯

恭喜你进入本章课程，完成了习惯宣言、制定目标、生活习惯90天的训练。接下来，我们要进入学习习惯的训练。

对于习惯的研究，我国很多学者已经取得了一些研究成果。

周士渊教授出版了专著《习惯学》，周教授本人养成了大大小小500多种习惯，有具体、系统的方法和策略。

孙云晓老师是中国青少年研究中心的首席专家。孙老师演讲中曾说：训子千遍，不如让他培养一个好习惯。

孙云晓老师曾经对全国148名杰出青年和115名犯罪青年的童年经历进行了对比分析研究，调查报告最后在《少年儿童研究》杂志上发表。

对比分析发现，这148名杰出青年之所以获得成功，是因为这些人在童年时代就集中展现出6个特点：**以德为先、自主自立、意志坚强、友善合作、明辨是非、选择良友**。与此相反，在对115名犯罪青年的犯罪原因进行调查研究中发现，他们在童年时代也有着6个共同的特点：<u>厌恶学习、不知礼节、好逸恶劳、亡命称霸、是非颠倒、荣辱不清。</u>

通过对比可以看出，两者最大差异就是习惯与人格的不同。

正是因为有了10年的跟踪研究，孙云晓老师才得出了为什么好习惯能够成就人生的结论，也深刻地诠释了"教育就是培养好习惯"的道理。

孙云晓老师还出版了《习惯决定孩子一生》《好习惯》《习惯养成有方法》《9个好习惯》等著作。

除了专家学者的研究，还有学校的实践成果十分显著，比如海嘉国际学校的校长王伟博士，带领全体教师实践每日打卡习惯，每日三省，修身、齐家、建功，每天打卡写日记，已经坚持了8年，效果显著。

接下来，让我们走进第四课——学习习惯。

第四课　学习习惯　　　总第91天

今天是 ____ 年 ____ 月 ____ 日　　星期 ____ 　　____ 点 ____ 分开始记录

今天值得记录的

....

....

....

....

我的感悟

....

提示：今天打卡一分钟日志了吗？..

第四课　学习习惯　　　　总第92天

今天是 ____ 年 ____ 月 ____ 日　星期 ____　____ 点 ____ 分开始记录

今天值得记录的

....

....

....

....

我的感悟 ....

提示：今天打卡一分钟日志了吗？

做作业的十个好习惯

完成作业是提高学习成绩的关键因素，按时、按质完成作业，老师高兴，家长满意，自己开心。

每天无法按时完成作业，拖拉、磨蹭，时间久了，心理就有负担，肯定不利于学习进步。下面分享十条写作业的好习惯！

1. 做完作业再去玩。早做完，早开心，早快乐。
2. 做作业时，一心一意，专心致志。
3. 做完作业后仔细检查，发现错误及时改正。
4. 做作业讲效率，不拖拉，每次作业争取在规定时间内完成。
5. 做作业时保持正确的读写姿势。
6. 用心做作业，做到"三到"：手到、眼到、心到。
7. 写字工整，书面整洁。
8. 做作业前，先把手洗干净，把桌面收拾整洁。
9. 做作业过程中不做与之无关的事，身边不放玩具、饮料和零食，中途不要听音乐、看手机、吃东西等。

10. 独立完成作业，不让老师、家长陪伴监督。遇到不会做的作业，先动脑思考，可在做完后问老师、同学、父母。

> **做完作业再去玩！**

第四课　学习习惯　　　　总第93天

今天是 ____ 年 ____ 月 ____ 日　　星期 ____ 　　____ 点 ____ 分开始记录

今天值得记录的

....

....

....

....

我的感悟

提示：今天打卡一分钟日志了吗？

第四课　学习习惯　　　　　总第94天

今天是 ____ 年 ____ 月 ____ 日　星期 ____　____ 点 ____ 分开始记录

今天值得记录的

....

....

....

....

我的感悟

....

提示：今天打卡一分钟日志了吗？...

养成认真的好习惯

你是否做事只图快，不考虑细枝末节？能做好的事，总是因为马虎而出错？做事情缺乏稳定性，有时认真，有时马虎？

如有以上情况，那么你一定要认真学习这篇文章。

我们常感叹，平时都知道的知识，考试时总是因为粗心抄错数或者计算马虎，丢了不该丢的"冤枉"分，致使考试成绩不尽如"人意"。

好像"粗心马虎"是个顽症，不知要伴随多久。从考场走出来的学生有不少想吃"后悔药"，屡屡失败，屡屡发誓，又屡屡改不了"粗心"的坏习惯。要克服这个坏习惯，养成做事认真的好习惯，这是看似简单实则艰巨的工作。

一个人能否取得成就，在于能否把每件事都做好，做认真。

提起著名剧作家、词作家阎肃老师，人们耳畔立即会响起《红梅赞》《敢问路在何方》等优美的旋律。但是，令许多人想不到的是，阎老的艺术之路却是从舞台上拉大幕起步的。

20世纪50年代，来到空政文工团的前五年，阎肃经常是一个人干七八个人的工作，拉大幕、点气灯、演反派、说相声、打快板、演双簧，哪个岗位缺人，他就往哪里顶。阎老后来说："拉大幕，我比别人拉得快；跑龙套，我比别人跑得认真；点气灯，一年演几百场，没熄过一盏灯。我把每一件交代给我的事都认真做好。"

当你养成认真做事的好习惯，你就离成功越来越近了。

认真地做好眼前的事。哪怕这个事平常、卑微、不起眼，但只要从思想上重视起来，全心全意地投入，认认真真地去做，把简单的事情做得不简单，把平凡的事情做得不平凡，就能让自己得到锻炼和提高，就能给自己带来成功和荣誉，机会自然也会悄悄来到身边。

反之，不认真做事，总是心不在焉，马虎应付，结果必定是把事情办砸，把工作弄糟，在人们眼中成为不堪重用的人。

优秀源自认真做事的习惯，辉煌来自平凡的起步。雄伟的大厦需要一砖一瓦地认真搭建，珠穆朗玛峰需要一步一步地攀登。毛主席早就说过："世界上怕就怕'认真'二字，共产党就最讲认真。"

我们做事也要向阎肃老师那样，凡事有交代，件件有落实。做一个靠谱的人、认真的人，那我们一定能成为杰出青少年，交上满意的人生答卷。

接下来，无论是生活中的事，还是学习中的事，无论小事还是大事，都必须认真对待，尽力设法做好。

原海尔集团总裁张瑞敏说：简单的事，做好了就不简单，平凡的事，做好了就不平凡。这句话讲得非常正确，任何成功都是平时积累的结果，我们要立足学校，立足家庭，立足小事，立足当前，对自己严格要求，养成做事认真的态度，直到形成习惯。

从今天开始：

1. 认真吃饭，不挑食，把饭吃干净，在家吃完饭帮助爸爸妈妈一起收拾碗筷。

2. 按时睡觉，不熬夜。睡觉前养成不戴耳机的好习惯。

3. 上课认真听讲，不做小动作。

4. 把字写工整。

....

现在开始养成做事认真的好习惯，你将受益终生。

第四课 学习习惯　　　　　　　　总第95天

今天是 ____ 年 ____ 月 ____ 日　　星期 ____　　____ 点 ____ 分开始记录

今天值得记录的

....

....

....

....

我的感悟

....

提示：今天打卡一分钟日志了吗？..

第四课 学习习惯　　　　　　　　总第96天

今天是 ____ 年 ____ 月 ____ 日　　星期 ____　　____ 点 ____ 分开始记录

今天值得记录的

....

....

....

....

我的感悟

....

提示：今天打卡一分钟日志了吗？..

学习用思维导图记笔记的好习惯

英国的大脑学家托尼·布赞发明了一种新的思维工具——思维导图,把它应用到记笔记上,不仅会让你思路清晰,而且当你复习的时候,很容易找到重点,从而极大地提高学习效率。用思维导图记笔记和传统的记笔记完全不同。通过使用"思维导图",你可以不再被动地去设法记下听到的每句话,而是积极地对里面的关键字进行加工、分析和整理。如果你一直习惯于一行行、一句句抄笔记,那么现在你就可以来个小小的革新。

思维导图是通过网状图形的方式建立起信息之间联系的一种方式。它用色彩描绘信息,用关联词来联系,信息与信息之间的联系方式很像大脑中神经节与神经节的联系方式,这也许就是它更容易记忆的原因。

如何画出思维导图呢?

1. 第一步,你需要准备几张 A4 纸,至少 5 种不同颜色的笔。先把主题画在纸的中央。主题可以用关键词或图像来表示。所谓关键词,是表达核心意思的词,可以是名词或动词。关键字应该是具体、有意义的词。这样,有助于你进行回忆。

2. 考虑次主题,也就是主题的延伸。每个从主题中引出的分支都代表了一个次主题。

3. 有了次主题后,就要罗列更为详细的要点。这个时候要注意的是,不要强迫自己用一定的顺序或结构来罗列要点。任何一个要点出现的时候,尽可以自然地将它用关键词或图形的方式表达出来,并把它和最相关的次主题连接起来。如果你希望把这些要点用一定顺序表现出来的话,你可以在完成思维导图后,用阿拉伯数字再把它们标记出来。

4. 任何一个次主题都要用一种颜色来表示。而且,如果可能的话,要尽可能用图像来表达一个关键词,这可以大大加深大脑的记忆,加快回忆的速度。

第四课　学习习惯　　　　　　　　总第97天

今天是 ____ 年 ____ 月 ____ 日　　星期 ____　　____ 点 ____ 分开始记录

今天值得记录的

....

....

....

....

我的感悟

提示：今天打卡一分钟日志了吗？

第四课　学习习惯　　　　　　　　总第98天

今天是 ____ 年 ____ 月 ____ 日　　星期 ____　　____ 点 ____ 分开始记录

今天值得记录的

....

....

....

....

我的感悟

提示：今天打卡一分钟日志了吗？

你会深度学习吗？

埃德加·戴尔教授提出"学习金字塔"理论。之后，美国缅因州国家训练实验室也通过实验发布了《"学习金字塔"报告》，报告称：人的学习分为被动学习和主动学习两个层次。

被动学习：如听讲、阅读，这些活动的学习内容平均留存率分别为5%、10%。

"学习金字塔"理论内容

学习种类	学习方式	掌握程度	学习分类
听讲	台上老师讲，台下学生听	5%	被动学习
阅读	走心阅读，记录笔记	10%	
声音图片	PPT、音频、视频	20%	
示范	手把手示范	30%	
小组讨论	同学们集体讨论	50%	主动学习
实践	实践演练	75%	
教给他人	应用复述，给别人讲懂	90%	

学习金字塔

主动学习：如讨论、实践、教授给他人，这些活动的学习内容平均留存率分别为50%、75%和90%。

只是满足输入的学习活动，这类活动的学习内容留存率很低，效率也不高。

几天之后想不起来读的是什么。盲目追求读书的数量，表面上看起来很努力，其实是低水平的勤奋，浪费宝贵的时间。

李世杰教授有一个经典的分享：一句话主义。一个学期，一个老师，记录一句话，一本书哪怕只学习一句话，去实践，就是最棒的。

所以更深一层，读完书能去实践书中的道理，哪怕有那么一两点内容让生活发生了改变，也是很了不起的，因为从这一刻开始，书本知识得到了转化。

从知道到做到是一种巨大的进步，然而自己知道或做到是一回事，让别人知道或做到又是另外一回事。

周士渊教授在清华大学有一门课非常受欢迎，那就是"知道更要做到"，后来还专门出了本书，讲的就是学习的第七层境界。

将自己知道的东西向别人清晰地陈述，你会发现这并不容易。明明心里想得挺明白，讲的时候就开始语无伦次了，当你能够把新学的知识解释清楚时，就意味着把它纳入了自己的知识体系，学习境界就更上一层楼了。

通过学习金字塔，我们知道"教"是最好的"学"，高质量地掌握知识，自己实践，然后再教给别人，这是深度学习之道。

第四课　学习习惯　　　　总第99天

今天是 ____ 年 ____ 月 ____ 日　　星期 ____　　____ 点 ____ 分开始记录

今天值得记录的

....

....

....

....

我的感悟

提示：今天打卡一分钟日志了吗？

第四课　学习习惯　　　　　　　　**总第100天**

今天是 ____ 年 ___ 月 ___ 日　星期 ___　___ 点 ___ 分开始记录

今天值得记录的 ....

....

....

....

我的感悟 ....

提示：今天打卡一分钟日志了吗？......................................

养成定期复习的好习惯

复习是记忆加固的过程。没有复习，学过的知识很快就会忘记，学习的效果就会大打折扣。

德国心理学家赫尔曼·艾宾浩斯在1885年发表的实验报告中，阐述了他对记忆遗忘规律的见解：遗忘的进程不是均衡的，在记忆的最初阶段，遗忘的速度很快，后来就逐渐减慢了，即"先快后慢"的原则。

在学习中，你会发现，学得的知识在一天内遗忘速度最快，如不抓紧复习，就只剩下原来的33%左右。随着时间的推移，遗忘的速度会逐渐减慢。

利用这一规律，有人做了一个实验：两组学生背诵英语词汇，甲组在学习后不久进行一次复习，乙组不予复习，一天后甲组记住了98%，乙组记住了56%；一周后甲组记住了83%，乙组记住了33%。数字很惊人吧，这足以看出复习对于记忆有多大的效果。

既然复习对于记忆有如此大的作用，那么，如何做到坚持复习呢？

复习监督表

复习的内容	一天复习	一周复习	一个月复习	季度复习

用法：复习监督表可以单独使用，可以在你的学科笔记中画出来，并根据你的具体情况进行细化和调整。在复习的内容一栏填写自己要复习的学科以及要点。复习巩固在后面画对勾"√"。

不要小看这张表，在各种需要记忆的内容堆积如山时，你的条理性和规划性是制胜的法宝。任何内容经过一天、一周、一个月、一个季度这四次"回炉"基本上都能达到一个很好的记忆效果。

这个复习监督表会帮你达到事半功倍的效果！

第四课　学习习惯　　总第101天

今天是 ____ 年 ____ 月 ____ 日　星期 ____ 　____ 点 ____ 分开始记录

今天值得记录的

....

....

....

....

....

我的感悟

....

提示：今天打卡一分钟日志了吗？

第四课　学习习惯　　　　　　　　**总第102天**

今天是 ____ 年 ____ 月 ____ 日　星期 ____　　____ 点 ____ 分开始记录

今天值得记录的

....

....

....

....

我的感悟

....

提示：今天打卡一分钟日志了吗？..

上课认真听讲的好习惯

　　收到了国外九所大学录取通知书的庞蕾同学，在清华作为"杰出青少年"研学营学员做演讲时谈到，她的学习秘诀，第一句居然是上课要认真听讲。

　　下面听课的同学当时有些失望，上课认真听讲，这我们谁都知道，难道这就是秘诀吗？但等听完了讲座，大家心服口服。上课认真听讲是重要的学习习惯。

　　大家试想一下，如果上课不能认真听讲，是不是下课以后要花费更多的时间弄懂书上的内容，以便完成作业呢！

　　如果课前没有一个"必须当堂掌握"的决心，会直接影响听讲的效果。如果在每节课前，你都能自觉要求自己"必须当堂掌握"，那么上课的效率一定会大大提高。实际上，有相当多的学生认为，上课听不懂没有关系，反正有书，课下可以看书。抱有这种想法的学生，上课时往往不求甚解，或者稍有障碍，就不想听课了，结果浪费了上课的宝贵时间，增加了课下的学习负担，这大概正是一部分学生学习负担重的原因。

上课听讲一定要注意力集中，厘清思路。要把老师在讲课时运用的思维形式、思维规律和思维方法理解清楚。目的是向老师学习如何科学地思考问题，以便使自己思维能力的发展建立在科学的基础上，使知识的领会进入更高级的境界。

庞蕾同学分享了五个经验。

1. 提前预习

课前预习也是学习的重要环节，预习可以扫除课堂学习的知识障碍，提高听课效率；还能够复习、巩固已学的知识，最重要的是发展自学能力，减少对老师的依赖，增强独立性；预习还可以加强课堂笔记的针对性。

2. 向老师提问题

向老师提问题是非常关键的一环。老师是非常希望你能提出问题的，因为这说明你在思考。要珍惜每一次和老师相处的机会，多提问题，提问题是最好的学习方式。

3. 和同学交流

利用好同学资源，大家互相交流，取长补短。看看别人如何思考，有哪些可以给自己启发，即使一时受挫，也不要气馁。

4. 复习不能丢

复习是非常关键的一环。最忌讳的是，有的人一直不停地学，一部分内容没有搞懂就又去学下一部分。复习是强化记忆、建立知识与知识联系的过程，切不可缺少。

5. 用思维导图记笔记

记笔记最好用思维导图，而不要采用常规的笔记法。这一点已经在前面有详细的说明，这里不再重复。

第四课　学习习惯　　　总第103天

今天是 ____ 年 ___ 月 ___ 日　　星期 ___　　___ 点 ___ 分开始记录

今天值得记录的

我的感悟

提示：今天打卡一分钟日志了吗？

第四课　学习习惯　　　总第104天

今天是 ____ 年 ___ 月 ___ 日　　星期 ___　　___ 点 ___ 分开始记录

今天值得记录的

我的感悟

提示：今天打卡一分钟日志了吗？

第四课　学习习惯　　总第105天

今天是 ____ 年 ___ 月 ___ 日　　星期 ___　　___ 点 ___ 分开始记录

今天值得记录的

....

....

....

....

我的感悟

....

提示：今天打卡一分钟日志了吗？

第四课　学习习惯　　总第106天

今天是 ____ 年 ___ 月 ___ 日　　星期 ___　　___ 点 ___ 分开始记录

今天值得记录的

....

....

....

....

我的感悟

....

提示：今天打卡一分钟日志了吗？

学会提问题，敢于质疑

我们要消除自己的畏惧心理，大胆质疑、提问。提问使我们主动思考，学会提问，才有创新。

1993年的诺贝尔生理和医学奖得主是理查德·罗伯茨，当记者采访时，他说："我鼓励所有的学生，认真听讲并积极地向老师提问，在课堂上所学到的东西并不都是正确的，要敢于和自己的老师讨论、争辩。"

犹太人很聪明。据说，犹太人父母不是关心分数有多高，而是关心这些问题："今天，你提问了吗？今天，你的好习惯坚持了吗？"

今天，我们进入了一个创新的时代，创新思维的核心是质疑和批判精神，质疑是在求知欲的驱使下，带着问题从不同角度看待事物，敢于独立思考，敢于批判，敢于挑战权威，敢于追求真理的思维习惯。

亚里士多德从17岁起就跟随其师柏拉图学习，时间长达20年之久。对亚里士多德来说，柏拉图既是他崇敬的恩师还是他的挚友，正所谓"良师益友"。亚里士多德学识渊博，在许多领域都取得了巨大的成就。

然而，在探究真理的道路上，亚里士多德表现出极大的勇气，他不畏权威、不畏传统，他毫不掩饰自己与老师不同的想法。虽然他很尊重他的老师，但他不为权威所困，坚持真理，毫不留情地批评自己恩师的错误。这自然引来一些人的不解。亚里士多德对此回答道："吾爱吾师，吾更爱真理！"

世界著名学府哈佛大学的校训是"与柏拉图为友，与亚里士多德为友，更要与真理为友"。其意义就在于让学生破除迷信，探求真理。校训发扬"吾爱吾师，吾更爱真理"这一理念，鼓励学生向权威提出质疑，所以哈佛培养的许多学生做出了影响世界的贡献。

学会提问，学会质疑，学会探讨，并在这些过程中强化探究意识，提升对未知领域的浓厚兴趣，最大限度地保护好奇的天性。

今天，我提问了吗？把提问当成自己今后的人生习惯。

> 爱因斯坦说：我最喜欢的是刨根问底提问题，学会提问题，有时候比解决问题更重要。

第四课　学习习惯　　　　　　　　**总第107天**

今天是 ____ 年 ____ 月 ____ 日　　星期 ____　　____ 点 ____ 分开始记录

今天值得记录的

我的感悟

提示：今天打卡一分钟日志了吗？

第四课　学习习惯　　　　　　　　**总第108天**

今天是 ____ 年 ____ 月 ____ 日　　星期 ____　　____ 点 ____ 分开始记录

今天值得记录的

我的感悟

提示：今天打卡一分钟日志了吗？

第四课　学习习惯　　　　　总第109天

今天是 ＿＿年 ＿＿月 ＿＿日　　星期 ＿＿　　＿＿点 ＿＿分开始记录

今天值得记录的

我的感悟

提示：今天打卡一分钟日志了吗？

第四课　学习习惯　　　　　总第110天

今天是 ＿＿年 ＿＿月 ＿＿日　　星期 ＿＿　　＿＿点 ＿＿分开始记录

今天值得记录的

我的感悟

提示：今天打卡一分钟日志了吗？

清华研究生的学习秘籍

苑明顺是一名清华研究生,他在本专业是以总成绩第一名考进清华的。按照思考的逻辑,我以为苑明顺如果不是江南才子,至少也是出自书香门第。

后来得知,苑明顺既非江南才子,也非出自书香门第,而是山东农村的一个学生。他在武汉一所普通大学读的本科。

苑明顺是怎样取得好成绩的呢?怀着好奇,我去采访了他。苑明顺告诉我,他有三个秘诀。

第一个是养成好习惯。苑明顺说他上什么课都会十分专注,十分认真。而有的同学就不是这样,有的找借口说老师有口音,有的会找借口说老师长相不好看,会用种种借口原谅自己的不认真、不专心。

上课专心了,认真钻研了,知识弄懂了,作业就能很快完成。这样就有了很多业余时间去看课外书,甚至能很开心地玩。如果不能及时弄懂,时间久了,心理压力大,就会厌学,和其他同学的差距会越拉越大。

第二个是合理安排时间。因为苑明顺清楚,自己的英语不好,怎么办呢?只有合理地安排英语的学习时间。正好当时有英语广播,每天准时收听,雷打不动。

第三个是注重学习方法。每一门课,学期开始就问老师,这门课应该怎样学更高效。苑明顺发现,掌握了正确的学习方法,可以事半功倍。

第四课　学习习惯　　　　　总第111天

今天是 ____ 年 ___ 月 ___ 日　　星期 ___　　___ 点 ___ 分开始记录

今天值得记录的

....
....
....
....
....

我的感悟

提示：今天打卡一分钟日志了吗？..

第四课　学习习惯　　　　　总第112天

今天是 ____ 年 ___ 月 ___ 日　　星期 ___　　___ 点 ___ 分开始记录

今天值得记录的

....
....
....
....
....

我的感悟

提示：今天打卡一分钟日志了吗？..

魏老师谈养成十二个习惯，成为好学生

魏书生老师的《这样教出好学生》谈到，好学生要养成十二个良好的习惯。

1. 记忆的习惯

一分钟记忆法。计划一分钟写多少字、读多少字、记多少字，当时间明确的时候，注意力一定好。一定要把学习任务和时间联系起来。

2. 演讲的习惯

学会梳理、表达自己的思想，演讲是现代人应该具有的能力。每天留3～5分钟时间大声地说，可以对各个方面的人和事发表自己的看法，可以随随便便，颠三倒四也没关系，着力培养自信心。

3. 阅读的习惯

读中外名著或伟人传记，与高层次的思想对话。每天阅读有好处，伟人的感染力、教育力，远远超过父母和老师。与大师、伟人为伍的时候，很多教育尽在不言中。一旦形成习惯，我们会终生受益。

4. 写作的习惯

写日记，有话则长，无话则短。通过日记，可以看出一个人有没有思想，有没有一以贯之的品质。一分钟写三五十个字，坚持写下去，这就是恒心。

5. 订计划的习惯

凡事预则立，不预则废。惰性大的学生，毛病都出在计划性不强上，而优秀学生的长处就在于明白自己想要干什么。学会制订以学年、学期、月、日为周期的学习计划和具体行动计划。一开始的要求不能太高，先做起来，后面慢慢地不断提高。

6. 从小事去做的好习惯

有些同学，大的目标够不着，小事不愿意做，这是坏习惯。人生最可怕的就是大事做不来，小事不肯做，高不成，低不就。后进生别盲目攀比。大的目标够不着，赶快制定小的目标。难题做不了，挑适合你的容易做的题去做。

7. 适应老师的习惯

一个学生同时面对各学科教师，水平不齐在所难免。不同层次的老师，学生用眼睛向内、提高自我的方式去适应，与老师共同进步。长大了则要适应社会，不要稍不如意就埋怨环境。

8. 预习的习惯

提前预习可以发现问题，解决问题，让学生找到学习的快乐，提升探索

的能力。

9. 给自己留作业的习惯

除了老师留的作业以外，学生要有根据自己的实际情况给自己留作业的习惯。老师留的作业不一定适合所有的学生。

10. 整理错题集的习惯

每次考试之后，考 90 多分、50 多分、30 多分的学生，如何整理错题？搞清失分原因很重要，这次 30 分，下次 40 分，这就是伟大的成绩。整理错题集是很多学生公认的好习惯。

11. 自己出考题的习惯

自己给自己出考题学生就会觉得考试不那么神秘，高中的学生应该试着出高考的试题，初中的学生应该试着出中考的试题。

12. 筛选资料的习惯

学生要会根据自己实际，筛选学习资料。

以上十二个习惯，不要求你齐头并进。我们常说以学习为快乐，这快乐要建立在养成这些良好习惯的基础上。

第四课　学习习惯　　　　总第113天

今天是 ____ 年 ___ 月 ___ 日　　星期 ___　　___ 点 ___ 分开始记录

今天值得记录的

....
....
....
....

我的感悟

....

提示：今天打卡一分钟日志了吗？..............................

第四课　学习习惯　　　　　总第114天

今天是 ____ 年 ___ 月 ___ 日　　星期 ___　　___ 点 ___ 分开始记录

今天值得记录的

我的感悟

提示：今天打卡一分钟日志了吗？

第四课　学习习惯　　　　　总第115天

今天是 ____ 年 ___ 月 ___ 日　　星期 ___　　___ 点 ___ 分开始记录

今天值得记录的

我的感悟

提示：今天打卡一分钟日志了吗？

第四课　学习习惯　　　总第116天

今天是 ____ 年 ____ 月 ____ 日　　星期 ____　　____ 点 ____ 分开始记录

今天值得记录的

....
....
....
....

我的感悟

提示：今天打卡一分钟日志了吗？..................................

第四课　学习习惯　　　总第117天

今天是 ____ 年 ____ 月 ____ 日　　星期 ____　　____ 点 ____ 分开始记录

今天值得记录的

....
....
....
....

我的感悟

提示：今天打卡一分钟日志了吗？..................................

第四课　学习习惯　　　　总第118天

今天是＿＿年＿＿月＿＿日　　星期＿＿　　＿＿点＿＿分开始记录

今天值得记录的

我的感悟

提示：今天打卡一分钟日志了吗？

写好字的好习惯

写字潦草是很多学生头疼的问题。有的同学看到这个标题，感觉这还用说吗？我们一年级就知道了。

有的同学也许会说，写的字别人能认识就行了，写好字还有什么用处？

可以说，写一手好字对你将来有好处，对你当下的成绩也会有帮助。

据调查，学习差的同学，字迹大都比较潦草，这些同学在考试的时候很可能吃亏，因为老师看不清他们到底写的是什么，怎么给高分呢？

写好字会为你赢得好朋友。谁不羡慕能写得一手好字的人呢？汉字是非常优美的，在一横一竖一撇一捺中蕴藏了中国几千年灿烂的文化。谁都愿意与一个有文化底蕴的人成为朋友。

一幅好的字就是一件艺术品。人们一直把书法作品看成是美不胜收的艺术品，收藏家把字画作为高雅的艺术品珍藏，拍卖行把名家作品视为无价之宝，商家把牌匾题字作为门脸……

写好字是对性格的培养。见字如见人，一个人的性格往往可以从他的字中有所体现。我们身边做事认真、沉稳的人，大多字写得不差。

从今天开始，写字要认真，不在于写多快，而是要写好。力求把字写得工整、美观。

第四课　学习习惯　　　　　　总第119天

今天是 ____ 年 ___ 月 ___ 日　　星期 ___　　___ 点 ___ 分开始记录

今天值得记录的

....

....

....

....

我的感悟

提示：今天打卡一分钟日志了吗？..

如果我们养成了好的习惯，它将成为取之不尽的利息；如果我们养成了坏的习惯，它将成为难以偿还的债务。

——俄罗斯著名教育家　乌申斯基

什么叫作不简单？能够把简单的事情天天做好，就叫不简单。什么叫不容易？大家公认非常容易的事，能够非常认真地做好它，就叫不容易。

——原海尔集团总裁　张瑞敏

🌱 作业　本章总结，分享进步

本月最后一天，我们恭喜你本月取得的进步！你也可以和父母，亲戚，老师，同学，朋友一起分享本月的收获。

你要分享的对象是谁呢？

分享对象	你准备分享什么？

第四课　学习习惯　　　　总第120天

今天是 ____ 年 ____ 月 ____ 日　星期 ____ 　____ 点 ____ 分开始记录

今天值得记录的

....

....

....

....

第四课，总结我的进步

....

....

....

....

我的感悟

提示：今天打卡一分钟日志了吗？

拥有毅力，所向披靡

邱天龙

九月初我获得了一本《杰出青少年好习惯养成手册》，我不敢忘记我曾经在操场上振臂高呼的场景，我决心坚持完成。

暑假过后，我升上了高中。处身于竞争激烈的奥赛班，无论平时功课有多重，我还是每天抽出一点时间，在手册的日记中写写我的感受。

我的志愿是考上复旦大学。上复旦并不比上清华、北大容易，它们都是一流的大学！上复旦是我三年的目标，但是光有远大的理想，没有短期计划也是行不通的。我试着在手册中记录学习中的困惑和订立短期目标，我相信，经过我的努力，三年后跨入复旦的校门是完全可以实现的！

三个月过去了，我看到自己正在发生一些可喜的变化：学习更有成效，生活更充实。《杰出青少年好习惯养成手册》对我而言，不仅是良师，更是益友。它与我分享成功的喜悦和失败的伤悲。

在竞争激烈的奥赛班，我不免会被考试的失利打击得遍体鳞伤，是手册教会了我自信，从容面对失败和挫折。我知道，从现在开始，更激烈的竞争会接踵而来，暂时的失败对于我而言是一笔难得的财富。在今后的日子里，我愿以我的毅力，不断地战胜困难，走向成功！

诚然，一天记录一点自己的感受，在短期内还难以取得立竿见影的成效，但是可能半年后甚至一年后，显著的改变就会发生在我们身上。

培养习惯总是需要毅力的，只要我们持之以恒，就必见成效。

最后，我想借用个人宣言书里的一句话来结尾："只有毅力才是无所不能、所向披靡的！"

第5课 上进心

> 天行健，君子以自强不息。
>
> ——《周易》

上进心是杰出青少年的心灵品质。一个有上进心的青少年会有很强的自驱力。自己定目标，自觉记录日记，主动学习、锻炼身体、热衷于各种优秀习惯的培养。

而一个没有上进心的人，生活会懒散，百无聊赖，生活中稍遇挫折便会心灰意懒、悲观失望，对生活感到索然无味。

让我们走进第五课，拥有上进心，自动自发，自我教育，自我管理，自我超越。

上 进 心

恭喜大家！经过前面4个月的学习和训练，我们完成了习惯宣言、制定目标、生活习惯、学习习惯，从这一课开始，我们进入心灵习惯的修习。

《易经》，这本书被誉为诸经之首、大道之源，是中华传统文化的总纲领，蕴含着朴素深刻的自然法则与和谐辨证思想，是中华民族五千年智慧的结晶。

地球有昼夜更替、四季变化，才能有江河奔腾、万物生长。我们的祖先就是观察到这种变化和规律，将其演绎成《周易》。生活在地球上的人类应该学习地球的这种精神内涵，即自强不息，厚德载物。

这句话同样来自《易经》：天行健，君子以自强不息；地势坤，君子以厚德载物。

这也是清华大学的校训，也训诫优秀的学子们要自强不息，厚德载物。

我们这一节讲的上进心蕴含着天地乾坤之德，即自强不息，同时又有厚德承重，这些是中华文明之根，是自然宇宙存在的正道。

青少年学生时代，几岁到二十几岁，十多年的时间，是普遍在学校学习的年龄，在这个年龄，你要立志向。

你的志向是什么？

志向可大可小。大到普渡众生，为全人类谋福祉，为人们减少病痛；小到改变自己的命运，让父母过上好的生活。

一个有清晰志向的人，会有很强的动力；一个没有上进心的人，生活会懒散、百无聊赖，生活中稍遇挫折，他便会心灰意懒、悲观失望，对生活感到索然无味。

上进心顺应了天地之道，所以一个有上进心人就会自强不息，持续进步。

另外，上进心不是把别人比下去，尽管我们需要排行榜，但真正的上进心是自己的不断提升和进步。

人类的发展史就是不断学习、不断进步的过程，不断学习才有了人类今天的文明。

上进心是人们要求进步、不甘落后的心理意愿，是人们勇于开拓、不断前进的内在动力，是人们坚持理想的信念，是引领人们不断谋求发展的精神导向与动力源泉，所以生活要有上进心。

下面我们进入第五课——如何培养自己的上进心。

第五课　上进心　　　总第121天

今天是 ____ 年 ____ 月 ____ 日　星期 ____　____ 点 ____ 分开始记录

今天值得记录的

我的感悟

提示：今天打卡一分钟日志了吗？

第五课　上进心　　　　　总第122天

今天是 ____ 年 ___ 月 ___ 日　星期 ___　 ___ 点 ___ 分开始记录

今天值得记录的

....

....

....

....

我的感悟

....

提示：今天打卡一分钟日志了吗？

有上进心的表现

有上进心的人，具体有什么表现呢？

一、有目标，知道自己要什么

如果在大海里游泳，眼前一片苍茫，好像永远游不到边，这是非常绝望的，游泳者就会迷失方向。如果在小河里游泳，从一头游到另一头，目标清晰，游泳者就会鼓起动力，愿意坚持。

二、和优秀者为伍

能区分谁是优秀者，和优秀者在一起也很重要。和优秀的人在一起，你会变得越来越优秀。正所谓："近朱者赤，近墨者黑。"

三、不满足于现状

有上进心的人会不断地追求进步，追求更大的价值。

一个人如果总是满足现状，日子久了，就没有了上进心，可能对人生中更伟大、更美好的东西会毫无兴趣！当一个人满足于现有的生活和工作，满足于现有的思想和梦想，满足于现有的性情和追求时，就表明他已经开始退化了。

有进取心才会促使我们改变现状,有永不满足的激情才会激励我们努力,这就是人类进步的动力。如果你有上进心,再加上积极的努力,你就可以把事情做得很好。

四、三日不见,刮目相看

在《资治通鉴·孙权劝学》中记载,孙权对吕蒙说:"你现在当权掌握重要事务,不可以不学习!"吕蒙以军中事务繁多为理由推辞。孙权说:"你说你军务繁忙,哪能比得上我的事务多呢?我常常读书,自认为有很大益处。"于是吕蒙开始学习。当鲁肃来到寻阳的时候,与吕蒙议论,鲁肃(听到吕蒙的见解后)十分惊奇地说:"你今天的才干和谋略,再也不是那个我所认识的阿蒙了!"正是士别三日,当刮目相看。

五、有上进心,更加自信

有上进心的人会更容易获得自信。有上进心的人会不断地学习,不断地达成目标,不断地得到肯定,从而建立起自信,会觉得人生是成功而快乐的。

让我们一起看看建立自信的原理:

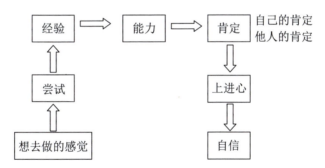

从图中你应该发现一个奥秘:自信是源于有了上进心,而上进心又源于得到肯定,其中包括自己对自己的肯定以及别人对自己的肯定。而肯定源于做事的能力,能力源于曾经的经验,经验源于尝试,尝试源于想去做的感觉!那么,我们就会得出提升自信的根本法则:

1. 尝试去做;
2. 多做,得到经验;
3. 能力得到提升;
4. 因为有能力而得到肯定;
5. 因为有了肯定,上进心受到鼓舞;
6. 因为受到鼓舞,从而获得自信。

学生时代,要善于保护自己的上进心,增强自己的上进心。

第五课　上进心　　　　　总第123天

今天是 ____ 年 ____ 月 ____ 日　　星期 ____　　____ 点 ____ 分开始记录

今天值得记录的

....

....

....

....

我的感悟

....

提示：今天打卡一分钟日志了吗？...

第五课　上进心　　　　　总第124天

今天是 ____ 年 ____ 月 ____ 日　　星期 ____　　____ 点 ____ 分开始记录

今天值得记录的

....

....

....

....

我的感悟

....

提示：今天打卡一分钟日志了吗？...

第五课　上进心　　　　总第125天

今天是 ____ 年 ____ 月 ____ 日　　星期 ____　　____ 点 ____ 分开始记录

今天值得记录的

....

....

....

....

我的感悟

....

提示：今天打卡一分钟日志了吗？

第五课　上进心　　　　总第126天

今天是 ____ 年 ____ 月 ____ 日　　星期 ____　　____ 点 ____ 分开始记录

今天值得记录的

....

....

....

....

我的感悟

....

提示：今天打卡一分钟日志了吗？

培养自己的爱好专长

培养自己的一门爱好，使自己成为同龄人的"爱好博士"。

一个人可以自我培养的方面有很多，比如围棋、钢琴、游泳、足球、武术、画画……或者学科方面的天文、地理、音乐、美术，可以从小开始学习，并参加比赛，这些兴趣爱好不光丰富了我们的业余文化生活，陶冶了情操，还让我们在同学中建立起威信。

大家发现没有，有兴趣特长的同学相对来说更自信，更有上进心。

培养自己为"爱好博士"，是培养自己上进心的一个很好的方法。

在学生时代就培养一门爱好和特长，加以长时间的努力，就会成为你自信的来源。

兴趣爱好不一定需要许多钱，关键看自己对哪方面感兴趣、注意力可以专注在哪方面，学校也有很多的课外兴趣活动可以参加。

可以自我培养的方面很多，比如天文、地理、音乐、美术等。根据自己的能力和特点，选择一项适合自己的爱好，使自己拥有"绝活"。

我上学的那个年代，在农村，没有其他条件可以培养爱好。我最喜欢的就是读历史书，零花钱舍不得花，存下来就去买各种历史书，遇到喜欢的就读了一遍又读一遍，后来也尤其喜欢文史哲方面相关书籍和课程。

我家孩子，5岁的时候开始学围棋，后来他一直特别喜欢下棋，从少儿组15级一直考到1级，现在已经进入段位赛，围棋这个爱好让他特别自信，他很有上进心，数学相关科目成绩好和这个兴趣爱好有关系。

兴趣爱好可能出自父母的帮助，也可能就是自己喜欢。这些同学在学习兴趣爱好的过程中，锻炼了大脑，提升了技能，磨炼了意志。

所以，在学生时代就培养一个兴趣爱好吧！

下面列举两个"爱好专长"的例子。

1. 例如你愿意在环保方面培养自己的"爱好专长"。那你就在环保方面努力，从书籍、网络中，搜集各种信息，去调查、研究、交流。将知识变成自己的，要深刻理解它，并且能讲给别人。讲给别人并让别人明白，这才说明你真的理解了。然后还要去实践，从实践中丰富自己的理论。

举例来说，你需要研究以下话题：

（1）地球受伤了，地球主要的伤痛有哪些？

（2）你认为保护地球需要做哪些工作？
（3）你知道是什么原因引起的大气污染吗？
（4）你关注过生态平衡吗？为此你做过哪些努力？
（5）你将采取什么措施节约能源？

2. 例如你愿意在写作方面培养自己为"爱好博士"。

（1）开始坚持记日记。
（2）开始定期去图书馆。
（3）开始定期给家里人以及朋友讲故事。
（4）列表记录你的重要读物，并做笔记。
（5）开始列出你所喜爱的作者，并和父母一起关注。
（6）开始投稿，争取发表。
（7）开始仔细观察你周围的事物，并定题目进行研究。
（8）有可能的话采访本地区有名的人士并整理成文章。

第五课　上进心　　总第127天

今天是 ____ 年 ____ 月 ____ 日　　星期 ____　　____ 点 ____ 分开始记录

今天值得记录的

我的感悟

提示：今天打卡一分钟日志了吗？

第五课　上进心　　　　总第128天

今天是 ____ 年 ____ 月 ____ 日　　星期 ____　　____ 点 ____ 分开始记录

今天值得记录的

....

....

....

....

我的感悟

....

提示：今天打卡一分钟日志了吗？..

第五课　上进心　　　　总第129天

今天是 ____ 年 ____ 月 ____ 日　　星期 ____　　____ 点 ____ 分开始记录

今天值得记录的

....

....

....

....

我的感悟

....

提示：今天打卡一分钟日志了吗？..

第五课　上进心　　　　总第130天

今天是 ____ 年 ____ 月 ____ 日　星期 ____ 　 ____ 点 ____ 分开始记录

今天值得记录的

....
....
....
....

我的感悟

....

提示：今天打卡一分钟日志了吗？..................................

上进心与读历史

中国历史几千年，有太多的历史故事。读历史，可以了解我们祖辈的事迹，不光非常有趣，也有利于增加我们的见识，洞察生命的真相。所以唐太宗说："以史为镜，可以知兴替。"意思是用历史当镜子，可以知道国家兴亡的原因。

学历史不是死记硬背，不只是为了通过考试。历史记载那些曾和我们一样真正生活过的人物，记载他们发生过的故事，让我们学会和人相处的仁义之心，体会做一番事业的英雄情结。历史也是培养人们分析能力和判断能力最好的材料。

如何读历史？

怎样读历史呢？带着问题去读。好奇心往往是同创造力、想象力联系在一起的。敢于怀疑，敢于挑战，不耻下问，敢于虚心向别人请教，刨根问底是杰出青少年必备的素质。下面我们列出的这些问题，你可以作为参考，在今后的学习或生活中，去思考，去探索。

1. 秦始皇为什么能够统一六国？然而秦国为什么很快就灭亡了？

2. 中国 1800—1949 年的 150 年里，都有哪些屈辱史？

3. 清王朝是从什么时候走向衰落的？

4. 为什么中国共产党能取得革命的胜利？

对你来说，有点难度吧？但不要怕，挑选一个你最感兴趣的问题，今后花时间去研究它。认真研究之后，你周围的人会对你的历史知识刮目相看。

这里还有一些好方法供你参照。

1. 买一些相关话题的图书，用于学习和研究。

2. 向周围历史知识渊博的人请教。

3. 把你的感想、认识、质疑写下来，以后可以回顾。

第五课　上进心　　　　总第131天

今天是 ____ 年 ____ 月 ____ 日　星期 ____ 　____ 点 ____ 分开始记录

今天值得记录的

我的感悟

提示：今天打卡一分钟日志了吗？

第五课　上进心　　　　　总第132天

今天是 ____ 年 ____ 月 ____ 日　　星期 ____　　____ 点 ____ 分开始记录

今天值得记录的

....
....
....
....

我的感悟

提示：今天打卡一分钟日志了吗？..

第五课　上进心　　　　　总第133天

今天是 ____ 年 ____ 月 ____ 日　　星期 ____　　____ 点 ____ 分开始记录

今天值得记录的

....
....
....
....

我的感悟

提示：今天打卡一分钟日志了吗？..

第五课　上进心　　　　　总第134天

今天是 ____ 年 ____ 月 ____ 日　　星期 ____　　____ 点 ____ 分开始记录

今天值得记录的 ....
....
....
....
....

我的感悟 ....

提示：今天打卡一分钟日志了吗？..

上进心和读好书

书有好坏，读好书让人奋进，读坏书让人堕落。那么应该读什么样的书呢？

首先，上学期间，应该读好自己所学习的书，这是基础。

如果自己文化课都学不好，读其他书也进步不大，你说对吗？

其次，根据自己的年龄，选择图书。

古人云：非圣书屏勿视。 应该读那些健康的、积极的、正向的各种书，读那些结合学习内容的科学著作，读那些有助于培养自己兴趣的书，要尽量回避那些情爱、颓废、引人误入歧途的书。

好书读多了，对烂书就没兴趣了。多给自己创造和好书接触的机会，去图书馆、新华书店、学校的阅览室，在那里静静地度过你的闲暇时光，也是人生的乐趣。

这个世界太大，也有太多的事我们触摸不到，更有太多的未解之谜还在等待着人类去探索。读书可以让我们探索未知的世界，见到从古到今的伟人，可以让我们找寻他们成功的足迹，可以让我们从书中找到智慧，找到力量。

读一本好书，就是和许多高尚的人谈话，倾听那些伟大的人物向我们讲述人生的道理，可以在书中看世间的真善美，书可以成为你的好朋友，引领你找到心灵的平静。

你的至交永远在书架上等待你，不会反驳你，不会背叛你，宠辱不惊，永远默默地陪伴你，和它交朋友是一种运气，和它在一起是一种享受……

发奋识遍天下字，立志读尽人间书。——苏轼
为中华之崛起而读书。——周恩来
饭可以一日不吃，觉可以一日不睡，书不可以一日不读。——毛泽东
读一本好书，就是和许多高尚的人谈话。——歌德
书籍是人类进步的阶梯。——高尔基
理想的书籍是智慧的钥匙。——托尔斯泰

第五课　上进心　　　总第135天

今天是 ____ 年 ____ 月 ____ 日　　星期 ____　　____ 点 ____ 分开始记录

今天值得记录的

....

....

....

....

我的感悟

....

提示：今天打卡一分钟日志了吗？

第五课　上进心　　　　　　　　　总第136天

今天是 ____ 年 ___ 月 ___ 日　　星期 ___　　___ 点 ___ 分开始记录

今天值得记录的

....

....

....

....

....

我的感悟

提示：今天打卡一分钟日志了吗？..

第五课　上进心　　　　　　　　　总第137天

今天是 ____ 年 ___ 月 ___ 日　　星期 ___　　___ 点 ___ 分开始记录

今天值得记录的

....

....

....

....

....

我的感悟

提示：今天打卡一分钟日志了吗？..

第五课　上进心　　　总第138天

今天是 ＿＿年 ＿＿月 ＿＿日　星期 ＿＿　＿＿点 ＿＿分开始记录

今天值得记录的

....
....
....
....

我的感悟

....

提示：今天打卡一分钟日志了吗？

寻找继承人

（这是一位亿万富翁突然得了急病，临终前留给董事会的遗书）

我有万贯家产，事业横跨欧亚大陆。现在我要离开人间了，需要寻找优秀的合伙人继承我的事业。我提出了 8 项要求，并加了注解，以帮助理解。

继承的含义不是顺延，如果是顺延，让我的子孙继承好了，但是我要的是能让我的事业不断发展壮大的人。

我需要的是一个能够进行自我管理，具有合作精神的人。

只有能够自我教育、自我管理、具有良好习惯的人才能委以重任。在我多年的经营中，我力图创造一个宽松的环境和积极的团队，与更多的人公平地合作。

要挑选的人，应该有以下几个特点：

一、要有远大的目标。 人类已经进入 21 世纪，最大的危机是没有危机感，最大的陷阱是满足。这个人顺境时能为自己找个退路，逆境时懂得为自己找出路。他有钢铁般的意志，不达目的绝不甘心。

二、具有良好的习惯。 习惯改变性格，性格造就未来。从他开始懂事，知道习惯重要性的那一天起，他就开始严格要求自己，并养成良好的习惯。因为领导即是楷模，是人们学习的榜样，而良好的习惯是榜样的基础。

三、上进心强。 他能终身学习。学历只能代表过去，学习力掌握将来。他能懂得从任何的细节、所有的人身上学习，并且能举一反三。只有谦卑的人才真正学到东西。大海之所以成为大海，是因为它比所有的河流姿态都低。他至少要掌握两门语言。

四、具有浓厚的爱心。 一个没有爱心的人，不可能做出成就。要想杰出，一定得先付出。斤斤计较的人不会得到人们的爱戴。没有点奉献精神的人是不可能创业和继承事业的。只知道索取，不知道奉献的人不可取。

五、责任心强。 面临大事，比如经济不景气、被竞争对手超越等，能够挑起重振企业的大旗。遇到事情选择逃避，不敢承担责任，做事情不认真，没有责任心的人，别指望其一生能做出什么成绩。一个富有责任心的人才可以委以重任。

六、身心健康。 他有健康的身体、良好的心态。只要青山在，不怕没柴烧。身体是革命的本钱，无论多大的困难，谁也夺不走身心健康。即使他被冤枉送进了监狱，他也能从爬行的蚂蚁中找到乐趣，从监狱的窗户看到希望，对未来永远充满信心。

七、具有解决问题的能力，行动力强。 自己解决问题，并且能付诸行动。只有行动才会有结果。行动不一样，结果才不一样。知道不去做，等于不知道；做了没有结果，等于没有做。不犯错误，一定会错，因为不犯错误的人一定没有尝试。错了不要紧，一定要善于总结，然后再做，一直到正确的结果出来为止。

八、高尚的道德情操。身临高处，会面临很多诱惑。 比如名气、财富、美色。在追求财富的同时，他能够控制自己的欲望，知道这一切都是身外之物，能做到"宁静以致远，淡泊以明志"。

我希望继承人的这八个特点，跟年龄、性别、相貌、体重、学历、出身、背景、能力、国籍都没有太大的关系。因为人和人的最大不同，并不在于以上因素，而在于对人、对事、对己的不同态度。

这位亿万富翁寻找的，不正是想成为杰出青少年的你吗？

第五课　上进心　　　总第139天

今天是 ____ 年 ____ 月 ____ 日　　星期 ____　　____ 点 ____ 分开始记录

今天值得记录的

我的感悟

提示：今天打卡一分钟日志了吗？

第五课　上进心　　　总第140天

今天是 ____ 年 ____ 月 ____ 日　　星期 ____　　____ 点 ____ 分开始记录

今天值得记录的

我的感悟

提示：今天打卡一分钟日志了吗？

第五课　上进心　　　　　　　总第141天

今天是 ____ 年 ____ 月 ____ 日　　星期 ____　　____ 点 ____ 分开始记录

今天值得记录的

....

....

....

....

我的感悟

....

提示：今天打卡一分钟日志了吗？

第五课　上进心　　　　　　　总第142天

今天是 ____ 年 ____ 月 ____ 日　　星期 ____　　____ 点 ____ 分开始记录

今天值得记录的

....

....

....

....

我的感悟

....

提示：今天打卡一分钟日志了吗？

终身学习与上进心

终身学习是一种心态。正如曾经的世界首富比尔·盖茨所说的：你可以拒绝学校，但不可以拒绝学习！

小学、初中、高中、大学，这是一般人认为要经历的几个学习阶段，那么从学校出来以后呢？就不再需要学习了吗？

杰出青少年应该懂得学习不止在学校，学习的内容也不止课本上、考试上那些，学习是一辈子的事，学习无处不在，我们在日常生活中也可以学习。

对于拥有终身学习心态的人来说，人生是一件不断雕琢和提升的艺术品，他们终其一生完善技能水平。人生是追求真知，追求真善美的过程。

有终身学习心态的人，会永远保持努力上进的激情，会永远在完善和改变之中，并充满了生命的活力。

世界著名管理学大师彼得·圣吉在他所著的《第五项修炼》中，提到一种"高度自我超越的状态"，我觉得与终身学习如出一辙。

"高度自我超越的人永远不会停止学习。但是自我超越不是你所拥有的某些能力，它是一个过程、一种终身的修炼。高度自我超越的人会敏锐地察觉到自己的无知、力量不足和成长极限，但这却绝不会动摇他们高度的自信。"

这种高度自我超越的人在生活的很多方面都会表现出一种求知欲，从而在不断的学习过程中丰富自己的人生。

日常生活是学习的源泉，一个真正懂得感悟生活的人会发现生活处处皆学问。从生活中学习，其乐无穷，从各种食材的搭配中，你会发现生活原来有各种各样的色泽和味道；从炖菜火候的掌握中，你发现做事也要懂得轻重缓急；从回答小孩子的问题中体会人生的哲学……

拥有终身学习心态的人，是乐观、积极、向上的人，这样的人无论做什么都会有成就，终身学习是杰出人生必须具备的心态。

第五课　上进心　　　　　　　总第143天

今天是 ____ 年 ___ 月 ___ 日　　星期 ___　　___ 点 ___ 分开始记录

今天值得记录的

....

....

....

....

我的感悟

提示：今天打卡一分钟日志了吗？

第五课　上进心　　　　　　　总第144天

今天是 ____ 年 ___ 月 ___ 日　　星期 ___　　___ 点 ___ 分开始记录

今天值得记录的

....

....

....

....

我的感悟

提示：今天打卡一分钟日志了吗？

上进心，每天进步一点点

每天进步一点点，听起来似乎简单，但坚持不懈地做下去，一定会产生惊天动地的效果。因为，每天进步一点点是一股巨大的力量。

人生的胜负是以一生为长度来衡量的。最重要的是每天都要去做，刮风下雨，雷打不动，每天都在坚持，每天都向前挪一小步。

也许你不是最聪明的，也不是最有天分的，但你一直傻傻地坚持，傻傻地努力，日复一日，春去秋来，你再看看周围，那些聪明的小子不见了，那些有天分的人不再坚持，可是你还在继续。

一步登天做不到，但一步一个脚印能做到；一鸣惊人做不到，但一股劲做好一件事能做到；一下子成为天才不可能，但每天进步一点点有可能。

从量变到质变，有一天你都被自己取得的成绩吓了一跳。不允许自己每天一点点的懒惰，只要每天进步一点点，日积月累，成功就会来找你。

第五课　上进心　　　　　总第145天

今天是 ____ 年 ____ 月 ____ 日　　星期 ____ 　　____ 点 ____ 分开始记录

今天值得记录的

....

....

....

....

我的感悟

....

提示：今天打卡一分钟日志了吗？........................

第五课　上进心　　　总第146天

今天是 ____ 年 ___ 月 ___ 日　星期 ___　___ 点 ___ 分开始记录

今天值得记录的

我的感悟

提示：今天打卡一分钟日志了吗？

上进心与平常心

请让我拥有一颗上进心，可以改变自己，不断追求上进！
请让我拥有一颗平常心，可以接受自己，接纳我不能改变的！
请让我拥有一颗智慧的心，可以区分前两者！

　　你已经拥有了一颗上进的心，这非常好，今后在生活中会不断进取，追求卓越，但生活不是一帆风顺的，有顺境，也有逆境。因此还应该拥有一颗平常心来调节自己！让自己更有智慧！

　　一个人只有懂得什么时候改变自己，什么时候接受自己，才能够不断地完善和提高自己。这是人生的大智慧！

　　接受自己，就是**接受一些既定事实**。你的许多自身状况不能改变，比如说你的相貌、身高、出身等，那么你就要坦然地接受这一切。**人不能选择自己的外貌、身高，人也不能选择谁是自己的父母，但人可以选择自己的生活方式。**

　　你的考试成绩想进入全班前10名，结果成绩下来只排第20名，怎么办？首先接受事实，不必懊悔。其次分析原因，再接再厉！

为什么要为你不能改变的事情而烦恼呢？无论你的现状如何，只有你完全接受这些，你才能摆脱烦恼，把你的全部力量用到追求人生目标上，用到实现梦想上，最后你会发现，你的成就都是来自那些你能够改变的生活，而不是那些不可以改变的。

如果人们内心能多一分平常心，他们的人生之路也许会更通达，他们的内心会少几分抑郁，多几分敞亮。

拥有平常心的人，可以发自内心地体谅别人，宽容地对待别人，以平和的心态对待所有人，努力与周围的环境保持和谐。他们活得和谐，活得平安。

拥有平常心的人就能适应顺境和逆境的变化，坦然地应对各种突发的事情，化解得意或失意的心情，他们能很快地让自己从失败的阴影中走出来，鼓起勇气迎接下一次挑战。

第五课　上进心　　总第147天

今天是 ____ 年 ___ 月 ___ 日　星期 ___ 　___ 点 ___ 分开始记录

今天值得记录的

我的感悟

提示：今天打卡一分钟日志了吗？

第五课　上进心　　　　总第148天

今天是 ____ 年 ___ 月 ___ 日　　星期 ___　　___ 点 ___ 分开始记录

今天值得记录的

....
....
....
....
....

我的感悟

....

提示：今天打卡一分钟日志了吗？..

第五课　上进心　　　　总第149天

今天是 ____ 年 ___ 月 ___ 日　　星期 ___　　___ 点 ___ 分开始记录

今天值得记录的

....
....
....
....
....

我的感悟

....

提示：今天打卡一分钟日志了吗？..

有关上进心的格言：

1. 敏而好学，不耻下问。
2. 业精于勤，荒于嬉；行成于思，毁于随。
3. 学而不思则罔，思而不学则殆。
4. 知之者不如好之者，好之者不如乐之者。
5. 三人行，必有我师焉。择其善者而从之，其不善者而改之。
6. 读书破万卷，下笔如有神。
7. 黑发不知勤学早，白首方悔读书迟。
8. 莫等闲，白了少年头，空悲切。

作业 本章总结，分享进步

本月最后一天，我们恭喜你本月取得的进步！你也可以和父母，亲戚，老师，同学，朋友一起分享本月的收获。

你要分享的对象是谁呢？

分享对象	你准备分享什么？

第五课　上进心　　　　　　　总第150天

今天是 ____ 年 ___ 月 ___ 日　　星期 ___　　___ 点 ___ 分开始记录

今天值得记录的

....
....
....
....

第五课，总结我的进步

....
....
....
....

我的感悟

提示： 今天打卡一分钟日志了吗？..

真的很不错。恭喜你！你已经坚持到150天，已经完成了本书大部分的内容。自己认真填写一遍生命树吧！后面的章节更精彩！也会让你的生活更精彩！

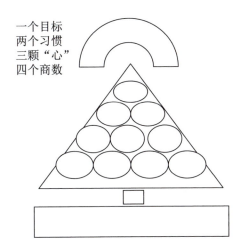

坚持不懈，走向成功

张发润

经过365天的训练，我从中悟出这样一个道理：无论做什么事，都不要轻言放弃，即使受到了伤害，也没有什么，赶快从忧伤中站起来。碰壁以后，千万不要泄气，因为我们离光明的前途又近了一步。

人生要有理想，一个人没有理想，生活就没有光彩。但是，只有理想还不够，还要努力实现理想，而实现理想就需要毅力了，否则，理想将成为空想。

谁都知道，实现理想的道路不是一帆风顺的。有些人缺乏毅力，遇到困难就绕道而行，到头来，一事无成。他们不懂得，困难是理想的绊脚石，毅力好比推土机，只要有了毅力，才能排除困难，使理想变成现实。古往今来，哪个成就大业者不是靠顽强的毅力战胜困难的！

史学家司马迁立志写一部通史，以"穷天人之际，通古今之变，成一家之言"。然而就在他草创未就之时，为李陵事件惨遭宫刑，这对一个人来说是无法忍受的耻辱。他几次想引身自绝，然而，凭着顽强的毅力，他在逆境中抬起头来，并完成《史记》一书。同样，波兰女科学家居里夫人，在极差的实验条件下，凭着顽强的毅力，从堆积如山的矿物中发现并提取了镭。我最佩服、最敬佩的苏联作家奥斯特洛夫斯基，在双目失明、全身瘫痪的情况下，也是凭着顽强的毅力，写出了《钢铁是怎样炼成的》这部著作。

自学一些知识，来充实以前的不足，来补充以前的不足，补齐后再学更深的东西。总之，人要"活到老，学到老"。现在我常常体会到：理想好比人们心灵中辉煌瑰丽的殿堂,毅力就是通往这殿堂的扶梯。没有"毅力"的扶梯,是登不上"理想"这座殿堂的。

然而,坚韧的毅力并不是每个人天生就有的,它源于坚定的信念。一个人,要想成为有毅力的人、能够在困难面前不屈不挠的人,就要对自己所从事的事业充满信心,你一定会成功的。

人生不如意事常八九,而聪明人只在乎一二,所以不要自卑,要有信心,因为挫折是培养毅力的必要前提。巴尔扎克曾经说过:"挫折是块磨刀石。"再锋利的刀一直不用,也会变得钝。这时,就需要"挫折"这块磨刀石使它重新锋利起来。人生之所以精彩,就是因为它包含了酸甜苦辣咸,没有离别的伤感,又怎能有重逢的喜悦呢?

要想一步登天,那是不可能的——许多志士仁人也是在挫折中锻炼了自己,考验了自己,使其成为千古人物。不要以为当作家写一本书是件很容易的事情,这个过程中会有挫折和困难等着你去迎接。例如,马克思写《资本论》用了40年,李时珍写《本草纲目》花了30年时间,司马迁编《史记》历时20多年……古今中外,有谁能够一步登天呢?

毅力需要坚持,同时也需要毅然的决断,正所谓"当断不断,反受其害"。有毅力的人面对严峻的考验是能做到果断的,而这种果断又非常有利于持之以恒。

在坚持的同时,生活还要有规律。提倡毅力并不是主张一味蛮干,是毅力和节律并行,两者都不容忽视。节律过快,频率过高,要一直坚持下去,是十分困难的。生活犹如长跑,刚开跑就冲在前面,并不一定就能夺标。相反,如果保持适中的节律,就能取得好成绩。

为什么说毅力是成功之本呢?你想想,如果没有顽强的毅力,又怎样克服前进道路中的种种困难呢?这样就永远不会成功;反之,顽强的毅力是通向成功的捷径。

成功者前进的每一步也许是小步子的,但他一直前进着,永不停滞,积累一年、十年、几十年,那效果就十分惊人。忽冷、忽热、忽松、忽紧,说不上毅力。如果"三天打鱼,两天晒网",其毅力何在?

所以我们一定要坚持,坚持,再坚持!你会在坚持中发现惊人的变化!

只有在童年时代拥有爱心的善良人
长大之后才有仁慈的品质
才能成为
富有道德情感的正直公民

爱心是杰出青少年的心灵品质。

爱师长，爱父母，爱同学，爱大千世界，爱自己，爱祖国，爱所有的人。

爱不需要回报，爱就是付出，爱就是传递，在舍与得的选择中，成全自我的价值；在奉献与索取的交织中，释放生命的意义！

让我们走进第六课——爱心，培养自己的爱心习惯！

心中有爱，人生最美

爱是天地的光芒，照耀着岁月的悠长。

爱是人性的善良，滋润着生命的高尚。

爱是对他人真诚的祝福，没有私利，不求回报。

爱是为他人的喜悦而喜悦，真诚地祝愿他人的成绩。

爱是中立的，是理解和接受，没有依恋，没有贪心。

爱是真实，不虚假、不欺骗，如清水透底，直视可见。

爱是解毒剂，有爱的地方百毒不侵，有爱的地方疗愈迅速。

爱是慈悲，见不得他人受苦，真诚地愿他人的苦痛减轻。

爱是敏捷，爱可以快速地化解敌意，对手可以握手言和。

爱是波动，爱可以传递，爱可以变成密的线网，无边无界，大爱无疆。

爱是柔软，不坚硬，如丝绸顺滑，不留结节，再坚硬的东西也无法奈何。

爱是天地的光，有爱的地方就有光明，爱如明灯照彻心房，有爱的地方黑暗就会消失。

心里有爱，眼里就有光，灵魂就能飞翔，温暖四方。

我们每个人都生活在爱与被爱之间,人生就是在爱与被爱的时光里,体会生活的味道;在舍与得的选择中,成全自我的价值;在奉献与索取的交织中,释放生命的意义!万千人生,百味世界,心向至爱,大爱无疆!

父母的爱之所以至高无上,不仅出自血浓于水的生命本能,更是出自父母无私的舍弃和付出。

就是这份舍弃,就是这份付出,才让我们感受到被爱的幸福。

人,就是以爱的方式,无限地从血缘里延续着这份至纯至真的亲情。

人,也是以舍的境界,无限地从友情中传递着这份至善至美的真意!

爱是生命的符号,与岁月一起刻在时空里;爱是人生的路标,与生活一起记录在年华中。爱是流淌在血液里的情分,像阳光,给万物温暖;爱是亘古在时间里的真情,似月色,给大地以柔美。

爱总是因舍而得到,爱总是因得到而溢美!人只有懂得爱,才会去爱,人只有珍重爱,才能得到爱。

电影《把爱传出去》感动了无数观众,主人公托尼是一位13岁的学生,他的老师给全班学生布置了一道作业题:**做一件可以改变世界的事情**。托尼很认真地思考了这道题,最后托尼在纸上画了一个图,从一个点出发到三个点,再从三个点出发到九个点,最终到无数个点。最开始的那个点代表托尼,而下面的每个点代表一个可以帮助的人。这就是托尼的计划:**从帮助一个人开始,帮助世界上所有人。**

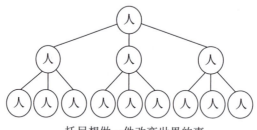

托尼想做一件改变世界的事

托尼先是把流浪汉从荒郊野外接回家里,给他吃饭、洗澡。流浪汉平生第一次感到被尊重,被爱。流浪汉被这个小男孩真诚的行为感染了,终于告别了以往麻木的人生,打算重新开始自己的生活。

流浪汉看到桥上一个要轻生的女人,他立刻奔跑过去,大声劝阻女人。女人先是吃惊,然后是发自内心的感动。她发现在这个世界上还有人关心自己,还有人会奔跑过来,告诉自己生命的可贵。女人感受到流浪汉对于自己这样一个陌生人的爱,她改变了主意。

托尼的行为最终感染了母亲，母亲终于原谅了祖母多年前对自己的伤害，和祖母和好如初。当祖母接受了女儿深情拥抱的时候，白发苍苍的老人流下了两行浊泪，她终于感受到了女儿对自己的爱。

就这样，**这个普通男孩的爱就像一支小小的蜡烛，点燃了无数人的盏盏心灯。让人们相信人与人之间可以不论年龄，不问职业，不问性别，而只是真诚地相互付出和相互关爱。**

传递爱不需要轰轰烈烈的行为，你的一个祝福、一个眼神、一个动作、一句话，都能让别人感受到你心中的爱。

乘车时给老人让一个座，是在传递爱；当别人有急事，给个方便，就是在传递爱；给别人一个微笑，向别人展现你积极乐观的态度，就是传递爱；给疲惫的人一个关爱的眼神，就是传递爱；说出亲切的言辞，让人感到温馨与舒适，就是传递爱；下雨时，为别人撑起一把伞，让别人可以暂时躲避，就是传递爱。还需要找什么高尚、复杂的方式去传递爱吗？在小事中就足以表达你的爱心了。

世界因有爱而真诚，人生因有爱而丰盈，生活因有爱而多彩，岁月因有爱而美丽！"爱，是生命的火焰，没有它，一切将变成黑夜。"

爱就是充实了的生命，愿人间真正的爱都能来自心底的舍得，愿人间真正的爱都能在生命中光芒四射。

爱是有力量的，心中有爱的人就有强大的内心力量。

由于爱，我们变得包容，我们容得下别人的缺点和错误；

由于爱，我们变得满足，我们感恩生活的赋予，不再为无节制的欲望所苦；

由于爱，我们变得快乐，我们给予别人爱，同时也接受别人的爱，我们的内心一直被爱滋润着；

由于爱，我们变得无比强大，我们用爱感染身边的每一个人，爱让我们的身边有无数朋友，爱让我们的内心无比充实。

仁慈是受人尊崇的，爱更是受人敬仰的。而那些真正的仁慈与爱人的心则一定是建立在一个无私的境界中。

愿心有大爱，朴实无华，岁月流逝，此心光明。
愿大爱无疆，明亮当空，照耀万物，利益众生。

让我们开始第六课，进行爱的训练吧！

第六课　爱　心　　　　　　　　总第151天

今天是 ____ 年 ___ 月 ___ 日　　星期 ___　　___ 点 ___ 分开始记录

今天值得记录的

....

....

....

....

我的感悟

....

提示：今天打卡一分钟日志了吗？.................................

第六课　爱　心　　　　　　　　总第152天

今天是 ____ 年 ___ 月 ___ 日　　星期 ___　　___ 点 ___ 分开始记录

今天值得记录的

....

....

....

....

我的感悟

....

提示：今天打卡一分钟日志了吗？.................................

爱心宣言：朗读

我要做一个有爱心的人，因为爱是光明。

无论我的穿着漂不漂亮，我的长相好看不好看，我的家庭富裕还是贫穷，只要我有爱心，我身上就带着光，爱心可以让我更有光彩。

我要做一个有爱心的人，因为爱可以传递。

无论我的学习成绩好不好，是否善于交流，有没有可以表现的特长，只要有爱心，我就能给别人温暖。

我要做一个有爱心的人，因为爱心可以让我快乐。

无论我有没有耐心，无论我是否经常因小事发脾气，只要有爱心，我就能理解和包容他人，善待其他生命，我就可以快乐。

我要做一个有爱心的人，因为所有充满爱心的人都会受人喜欢和尊重。

我爱自己，因为自己存在，才有能力爱别人；

我爱父母，因为他们给了我生命；

我爱老师，因为他们让我知书明理；

我爱同学，因为他们是我成长的伙伴；

我爱所有给我提供帮助的人，因为有他们，社会才温暖；

我爱家乡，因为家乡的水土养育了我；

我爱祖国，因为祖国是我成长强大的后盾；

我爱大自然，因为大自然能滋润万物；

我爱各种动物，因为它们让这个世界丰富多彩；

我爱地球，因为地球只有一个，是我们赖以生存的家园。

让我们一起用爱来温暖这个世界！

第六课　爱　心　　　总第153天

今天是 ____ 年 ____ 月 ____ 日　　星期 ____　　____ 点 ____ 分开始记录

今天值得记录的

我的感悟

提示：今天打卡一分钟日志了吗？

第六课　爱　心　　　总第154天

今天是 ____ 年 ____ 月 ____ 日　　星期 ____　　____ 点 ____ 分开始记录

今天值得记录的

我的感悟

提示：今天打卡一分钟日志了吗？

爱的因果定律

我们都渴望拥有美好的人生，那美好的人生从哪里来呢？

今天我们来学习宇宙的运行规律之一：因果定律。

因果，确切地说是因缘果报，又称之为"因果律""业因果报""因果报应"。因，就是原因，也叫因缘；果，就是结果，也叫果报；业，就是所作所为，包括一切生理活动、心理活动和物质变化；"报"就是反馈，即由主体活动和事物运动所产生的后果。

为什么要称作因果定律呢？因为它是宇宙本有的物理运动现象之一，是不随人的意志而改变的客观规律。整个宇宙就是相互运转的载体，包括宇宙自身在内的万物都建立在因果律基础上，因果律是宇宙的定律，是万物遵守的共同规律。就是说，宇宙万物的产生、发展、变化和灭亡都是众因缘和合而促成的。宇宙间没有任何偶然或者巧合的事情，万事都有其产生的因缘。

因果律是指所有事物之间最重要、最直接的关系。宇宙本身就是由能量构成的，万物都是同频相吸的。你发出什么样的频率，就会吸引什么样频率的人、事、物来到自己的身边。也就是我们常说的：想什么就来什么，越怕什么就越发生什么。

任何一种现象或事物都必然有其原因，即"物有本末，事有终始""种瓜得瓜，种豆得豆""栽什么树苗，结什么果""善有善报，恶有恶报"之意。

前事之因成为后事之果，此果又成此因，而达于彼事之果。因果循环，永不停息。圣人畏因，凡人畏果！

爱是因果循环，想得到爱，就必须付出爱！

第六课　爱　心　　　　　　　　　总第155天

今天是 ____ 年 ____ 月 ____ 日　　星期 ____　　____ 点 ____ 分开始记录

今天值得记录的

....

....

....

....

我的感悟 ....

提示：今天打卡一分钟日志了吗？ ....

第六课　爱　心　　　　　　　　　总第156天

今天是 ____ 年 ____ 月 ____ 日　　星期 ____　　____ 点 ____ 分开始记录

今天值得记录的

....

....

....

....

我的感悟 ....

提示：今天打卡一分钟日志了吗？ ....

爱 的 力 量

世界上最强大的力量不是武器的力量,是爱的力量。

南斯拉夫爆发内战时,有一位修女为了营救战区里面众多可怜的女人和小孩子,独自一人进入战区,亲自去带领他们。交战双方听说了这个消息后,立刻停火,直到她把女人和小孩子带出战区。

这位能让交战双方停火的修女名叫特蕾莎,1979年诺贝尔和平奖的获得者。

有一次,特蕾莎在街上遇到一个人,他浑身都是脓包、伤口。特蕾莎内心痛苦极了,她下定决心要给这些孤苦无依的人找一个地方,哪怕是可以让他们安静面对死亡的地方,至少可以使他们在生命的最后一刻感受到被需要、被照顾与被爱。就这样,特蕾莎创办了"死者之家",专门收容垂死的人。

后来她又创办了"弃婴之家",专门收容被丢弃在路上、警察局门口、垃圾桶里的婴儿和流浪的孩子。

特蕾莎没有属于自己的财产,没有属于自己的屋舍,甚至她死的时候也没有穿一双鞋,但是特蕾莎带领着4000多个修会的修女、超过10万的义工,还有123个国家中的610个慈善机构,让无数的穷苦人感受到尊严和爱。

《不管怎样》

特雷莎修女

人们经常不讲道理
没有逻辑和自我中心
不管怎样,你要原谅他们

你是友善的
人们可能还是会说你自私自利和动机不良
不管怎样,你还是要友善

当你有一天功成名就

你周围有很多虚假的朋友和一些真实的敌人
不管怎样,你要取得成功

你是诚实、率直的
但人们可能还是会欺骗你
不管怎样,还是要诚实,还是要率直

你多年来营造的一切
可能有人在一夜之间将它摧毁
不管怎样,你还得去营造它

你找到了平静和幸福
他们可能会嫉妒你
不管怎样,你还是要平静、幸福和快乐

你今天做的善事,人们往往明天就会忘记
不管怎样,你还是要做善事
即使把你最好的东西给了这个世界
也许这些东西永远都不够
不管怎样,还是要把你最好的东西献给这个世界

第六课　爱　心　　　　总第157天

今天是 ____ 年 ____ 月 ____ 日　　星期 ____　　____ 点 ____ 分开始记录

今天值得记录的

我的感悟

提示：今天打卡一分钟日志了吗？

第六课　爱　心　　　　总第158天

今天是 ____ 年 ____ 月 ____ 日　　星期 ____　　____ 点 ____ 分开始记录

今天值得记录的

我的感悟

提示：今天打卡一分钟日志了吗？

热 爱 祖 国

有机会去博物馆，翻看19世纪中国的老照片，照片上弱小、消瘦、目光呆滞的中国人，你是否会为之惊诧，这就是一百多年前的国人，我们的祖辈？

不可否认，我们的祖辈就生活在这样一个赤贫、落后、愚昧的旧中国。

这一百多年以来，我们的祖辈经历的苦难太多。

1900年，八国联军侵略中国，历历在目，之后军阀混战，民不聊生。之后日本侵略中国，烧杀抢掠，带来了巨痛。

我们经过了多少艰苦卓绝的斗争，经历了多少次挫折和失败，克服了多少次艰难险阻，才最终取得了革命的胜利，创建了新中国。

把一个黑暗的旧中国，变成一个光明的新中国。

把一个四分五裂、内乱不已、匪患不绝、民不聊生的旧中国，变成一个强大的、人民安居乐业的、各民族和睦相处的新中国。

尤其是1978年改革开放之后，我们的生活每一天都发生着变化。周围的平房小巷变成现代化高楼；自行车上班族变成小轿车上班族；中国人开始讲究饮食结构、绿色原生态；边远的山区全部通上了自来水，看上电视，连上了互联网，学生可以免费接受九年义务教育。

中国逐步与国际接轨，从一个贫穷落后的国家进入中等发展中国家。更重要的是，我们是和平崛起。

中国加入了WTO，成功举办了2008年奥运会，我们的支付方式方便十亿人，我们已经完成了14亿人的脱贫攻坚。

我们的高铁，我们的桥梁，我们的5G，我们的航天……

电影《厉害了，我的国》通过镜头，将我国在改革开放和社会主义现代化建设上所取得的历史性成就，进行了全方位、多层次的展现。大规模的航拍镜头记录下祖国的壮美山河，镜头中特别展现了中建一局建造的超级工程的珍贵影像。除此之外，还用细腻温情的视角讲述了"大国"与"小家"之间密不可分的深切情意，以"小家"之兴，充分展现了中国人民在全面建设小康社会征程上的伟大成果。

2020、2021年我们成功抗击了新冠病毒，完成了超大规模的疫苗接种。

作为一个中国人，我们怎能不骄傲，在面对重大事件时，我们的动员力和行动力震撼了世界……

中国历史几千年，爱国主义是一条粗重的红线贯穿其中。没有爱国主义，就没有中华民族的过去、今天和未来。"天下兴亡，匹夫有责""精忠报国""为中华之崛起而读书"本来就是中华民族之魂。纵观历史，众多的志士仁人都有深厚的爱国主义情感，有远大的报国志向。

升国旗的时候，行注目礼，严肃庄重，两眼盯着国旗，表现出对国旗的尊重，对国家的尊重。

在学校里，我们要好好学习，天天向上，争取长大成为国家的栋梁，为国家的发展贡献一分力量。

在家里，我们做父母的小帮手，关心父母，体谅父母，不让父母操心。同时我们也要关爱他人，尊敬长辈。

把分内之事做好，就是爱国主义的一部分。

请永远铭记：强大的祖国是我们坚强的后盾。

第六课　爱　心　　　总第159天

今天是 ____ 年 ____ 月 ____ 日　　星期 ____　　____ 点 ____ 分开始记录

今天值得记录的

我的感悟

提示：今天打卡一分钟日志了吗？

第六课　爱　心　　　　　　　总第160天

今天是 ____ 年 ____ 月 ____ 日　星期 ____　 ____ 点 ____ 分开始记录

今天值得记录的 ....

....

....

....

我的感悟 ....

提示： 今天打卡一分钟日志了吗？...

爱　父　母

父母对我们的爱是不求回报的。现在我们也许体会不到这句话的含义。

父母永远爱自己的孩子，也许他们不说什么，却会用行动来表达。不论自己的孩子是什么样子：健康的还是残疾的，活泼的还是自闭的，胖的还是瘦的，有能力的还是没能力的，成功的还是平庸的，父母都会全心全意来爱这个孩子。

父母是我们的桥，他们甘愿让自己遍体鳞伤，只为让我们可以踩在他们肩膀上，迈向比他们更高的人生阶梯。我们的每一寸身高，每一次进步，每一个人生的幸福时刻，都与父母的付出有关，当我们感受到这一点时，我们的内心就会充满爱与感恩。

我们怎样表达对父母的爱呢？

首先是学会和父母沟通。 爸爸妈妈很多的唠叨是出于对我们的关心，他们希望我们可以更好，也许你觉得他们说得不对、他们不懂你的心。你要知道他们也会做错事情，毕竟他们也没有学习过要如何当父母，也许他们的喜怒哀乐会表现出来，也许他们的教育方式并不一定恰当，让我们不舒服了，我们要学会和他们沟通，学会体谅，学会宽容。把内心的不愉快和他们交流，不要闷在心里，和他们大吵、胡乱发泄也都是不对的。

其实，父母是非常希望孩子可以和他们沟通交流的。

其次，提升自理能力。 在家里做一些力所能及的家务，自己的事情自己做，自己的内衣、袜子自己洗，书包自己收拾好，帮助洗菜、刷碗筷、扫地、擦桌子、倒垃圾……如果可能，星期天早起，掌勺给爸爸妈妈做早餐，让父母享受家有儿女的幸福。

最后，关心父母的生活起居，体谅父母。 给父母效劳一下也是相当温馨的事情。当爸爸妈妈休息的时候，轻轻关门；吃饭的时候，给他们夹菜；主动为爸爸妈妈倒杯水、捶捶背、揉揉肩也是温馨时刻。

父母给孩子的爱是孩子一生都感激不完的，不要等到他们永远离开了你，再去悔恨自己，不要等到自己衰老孤苦的那一天，才体会到父母的温暖。

现在就去感恩你的父母吧，讲出来，做出来，让他们知道！

1. 爸爸妈妈有哪些优点？（仔细想想啊，不可能没有的）

　　爸爸：＿＿＿＿＿＿＿＿＿＿＿＿＿＿＿＿＿＿＿＿＿＿＿＿＿＿＿

　　妈妈：＿＿＿＿＿＿＿＿＿＿＿＿＿＿＿＿＿＿＿＿＿＿＿＿＿＿＿

2. 爸爸妈妈曾经为你做过哪些事情？（在你的学习上、生活里发生的都可以写。比如：为你做饭、买新衣服等）

　　爸爸：＿＿＿＿＿＿＿＿＿＿＿＿＿＿＿＿＿＿＿＿＿＿＿＿＿＿＿

　　妈妈：＿＿＿＿＿＿＿＿＿＿＿＿＿＿＿＿＿＿＿＿＿＿＿＿＿＿＿

3. 爸爸妈妈经常批评你的是什么呢？你改正了吗？

　　爸爸：＿＿＿＿＿＿＿＿＿＿＿＿＿＿＿＿＿＿＿＿＿＿＿＿＿＿＿

　　妈妈：＿＿＿＿＿＿＿＿＿＿＿＿＿＿＿＿＿＿＿＿＿＿＿＿＿＿＿

4. 你曾经为爸爸妈妈做过哪些事，让他们感到很开心？（比如：给爸爸妈妈倒杯水、捶捶背、揉揉肩、给爸爸妈妈做早餐等）

　　爸爸：＿＿＿＿＿＿＿＿＿＿＿＿＿＿＿＿＿＿＿＿＿＿＿＿＿＿＿

　　妈妈：＿＿＿＿＿＿＿＿＿＿＿＿＿＿＿＿＿＿＿＿＿＿＿＿＿＿＿

5. 爸爸妈妈的生日是哪一天？在他们生日的时候，你将为他们做些什么？

　　爸爸：＿＿＿＿＿＿＿＿＿＿＿＿＿＿＿＿＿＿＿＿＿＿＿＿＿＿＿

　　妈妈：＿＿＿＿＿＿＿＿＿＿＿＿＿＿＿＿＿＿＿＿＿＿＿＿＿＿＿

第六课　爱　心　　　　　　　总第161天

今天是 ____ 年 ___ 月 ___ 日　　星期 ___　　___ 点 ___ 分开始记录

今天值得记录的

....
....
....
....
....

我的感悟

提示：今天打卡一分钟日志了吗？

第六课　爱　心　　　　　　　总第162天

今天是 ____ 年 ___ 月 ___ 日　　星期 ___　　___ 点 ___ 分开始记录

今天值得记录的

....
....
....
....
....

我的感悟

提示：今天打卡一分钟日志了吗？

爱 老 师

生我者父母，教我者老师。尊师重教是我国的传统美德。

教师是人类灵魂的工程师，一代代教师的传业解惑，培养一代代人才，社会才得以进步和发展。古人云：一日为师，终身为父。可见古人对老师的尊重。

每一个成功的人都可能会遇到几位好老师。

这位老师人品端正，师德高尚，让我们敬畏。

这位老师学识渊博，让我们在知识的大海里前行。

这位老师风趣幽默，让味同嚼蜡的教科书成了妙趣横生的幽默小品。

这位老师可能热心体贴，在我们生活中遇到困难时，拉了我们一把。

这位老师可能机智果断，在我们走上迷途时，引导我们回到正途。

无论你遇到了哪位老师，都请你深深感恩，人生中能遇上一位好老师是多么大的福分！

我就遇到了很多好老师。我上高中的时候，物理老师齐国华每周给大家读一篇《读者》好文，让我记忆深刻。我工作以后遇到了周士渊老师，我每每去他家看望，他都把他的习惯研究方面的成果倾囊相授。老师真是把他人生中最好的东西给他自己的学生，老师们真的是太伟大了。

师者，传道受业解惑也。世界上最想你走上正路、有成就的，除了你的父母之外，就是你的老师。难道我们不应该发自内心地感谢老师，爱我们的老师吗？

尊重不仅是礼貌上的尊重，还有注意听讲，尊重老师的劳动成果，也是尊重老师的重要内容。

当然，在我们的人生旅途中，有些安排是我们无法选择的，也许你会遇到脾气暴躁的老师，也许你会遇到性格内向的老师，也许有的老师教育方法并不适合你。但是，你遇到了这样的老师，也不要立刻就不喜欢这位老师，也请你学会理性思考和分析，看看自己是否有需要改进的地方，如果确实是老师做得不对，你也可以平静地给老师提出建议。

珍惜你人生中的每一位老师，尊敬老师，理解老师，善待你的老师。

第六课　爱　心　　　　　总第163天

今天是 ____ 年 ___ 月 ___ 日　　星期 ___　　___ 点 ___ 分开始记录

今天值得记录的

我的感悟

提示：今天打卡一分钟日志了吗？

第六课　爱　心　　　　　总第164天

今天是 ____ 年 ___ 月 ___ 日　　星期 ___　　___ 点 ___ 分开始记录

今天值得记录的

我的感悟

提示：今天打卡一分钟日志了吗？

爱 同 学

同学是我们生活的同路人，班级是我们学习人际交往的"实验田"，学校是我们走向社会的一个"实验基地"，校园是我们成长的土壤之一。

同学之间共同拥有相同的老师，接受相同的教育，是阶段性一起成长的伙伴。在青春年少的时候，共同体验学习的乐趣、成长的烦恼和进步的快乐，是很珍贵的机缘。每位同学都应当珍惜同学情谊。

同学之间应该怎样相处，给大家几条建议。

1. 真诚地祝贺

看到别人取得成绩，给予真诚的祝贺。

2. 看到别人的优点，不要宣扬别人的缺点

物有所短，人有所长。每个都有自己的优缺点。不要恶意宣扬别人的缺点。你不愿意自己的短处被别人说长道短，别人也一样，己所不欲，勿施于人。不可以擅自传播。这是尊重同学的表现之一。

3. 君子三劝

如果你的朋友明显有一些不良行为和习惯，你可以劝一劝他，如果你劝他三次，他也不悔改，那你就应当远离了，道不同，不相为谋，你们的价值观不同，就不要相处，以免给自己添麻烦。

交友要尤为慎重，近朱者赤，近墨者黑，不要因为是朋友，就误入歧途。

4. 富有同情心，不忍见人苦

富有同情心，不忍见别人痛苦，能帮助别人的地方就去帮助，是有爱心的表现。同学之间，在校园里无论什么原因欺负别的同学，都是不对的。无论有多么大的矛盾，多年之后同学相见，也是一笑泯恩仇。

5. 助人为乐

同学之间的情感是非常真挚的。帮助那些比自己成绩差的同学，也可以为他们解答疑问，这样可以梳理学习知识，锻炼自己的思维逻辑能力，是一个很好的提高自己学习方法的途径。另外，根据自己的能力帮助那些家境困难的同学。

二十年后再回首，同学情谊似海深！将来离开学校走上社会，同学之谊还在，甚至在事业上继续合作和互相关照，共同铸造人生的辉煌。

第六课　爱　心　　　　总第165天

今天是 ____ 年 ____ 月 ____ 日　　星期 ____　　____ 点 ____ 分开始记录

今天值得记录的

我的感悟

提示：今天打卡一分钟日志了吗？

第六课　爱　心　　　　总第166天

今天是 ____ 年 ____ 月 ____ 日　　星期 ____　　____ 点 ____ 分开始记录

今天值得记录的

我的感悟

提示：今天打卡一分钟日志了吗？

大 爱 无 疆

大爱无疆,我要用全身心的爱来迎接今天!
我们爱比我们小的孩子,因为他们纯真、可爱;
我们爱成功的人,因为他们值得我们学习;
我们爱富人,因为他们用智慧换取财富;
我们爱长者,因为他们阅历丰富;
我们爱穷人,因为世界上穷人太多了;
我们爱残疾人,因为他们有颗宁静的心;
我们爱失败的人,因为他们给我们教训;
即使我们才疏学浅,也会用爱心获得成功。

第六课 爱 心   总第167天

今天是 ____ 年 ____ 月 ____ 日   星期 ____   ____ 点 ____ 分开始记录

今天值得记录的

我的感悟

提示:今天打卡一分钟日志了吗?

第六课　爱　心　　　　　　　总第168天

今天是 ____ 年 ____ 月 ____ 日　　星期 ____　　 ____ 点 ____ 分开始记录

今天值得记录的

....
....
....
....

我的感悟

提示：今天打卡一分钟日志了吗？..

第六课　爱　心　　　　　　　总第169天

今天是 ____ 年 ____ 月 ____ 日　　星期 ____　　 ____ 点 ____ 分开始记录

今天值得记录的

....
....
....
....

我的感悟

提示：今天打卡一分钟日志了吗？..

爱大千世界

我们在大自然中孕育，天地之间有个人，我们与世界密不可分。

首先，我们要爱这个我们赖以生存的地球。

放眼宇宙，大小星球无数，又有哪个可以和地球相比？宇航员在高空看地球的时候，悬在太空中的地球更像一个孤岛，而更重要的是，截至目前，它是唯一存在人类文明的地方。他们共同的心声是，保护和拯救地球家园是如此重要。

正因为如此，我们要很好地爱护我们的地球，爱护地球就是爱护人类自己。

其次，我们要爱护大自然。

我们来到宇宙间仅有的生存空间，很偶然，也很幸运，大自然滋养了我们很多很多，我们爱这个丰富多彩的世界，爱这个和谐统一的大自然。只有对大自然充满热爱的人，才会对人生充满希望，充满热情。

语文书上有旭日朝晖，晚霞夕照；地理书里有山川河流；自然书中有风雨雷电。从大自然中，我们会挖掘出创作的源泉……

以下是培养热爱大自然兴趣的几种方法：

1. 不论身处何地，都可以观察自然。看看地上的蚂蚁有多勤劳，观察社区里种植的春桃翠柳、鲜花开放。

2. 种点植物，看它们发芽生长。观察它们在生长过程中不同阶段的变化。

3. 在晴朗的夜空中看星星。仔细观察它们，还可以和爸爸妈妈商量能不能把自己卧室里的天花板画成夜空星辰。做成自己的天文馆。

4. 阅读有关自然的书籍。参观自然博物馆、动物园、植物园，多参加一些春游、秋游、夏令营的活动。带上笔记本进行记录。

最后，让我们爱护动物。

今天，因为人类的贪欲环境被破坏、许多动物濒临灭绝，野生动物越来越少。动物在伤害来临时也会感觉疼。我们作为食物链的顶端，作为更有智慧的人类，我们不应该去伤害那些低等的动物，更不能以虐待动物为乐，那是非常残忍的行为。

你能列举出，动物身上有哪些优点，或者它们的长处是我们人类不具备的吗？

第六课　爱　心　　　　　总第170天

今天是 ____ 年 ___ 月 ___ 日　　星期 ___　　___ 点 ___ 分开始记录

今天值得记录的

....
....
....
....

我的感悟

....

提示：今天打卡一分钟日志了吗？

第六课　爱　心　　　　　总第171天

今天是 ____ 年 ___ 月 ___ 日　　星期 ___　　___ 点 ___ 分开始记录

今天值得记录的

....
....
....
....

我的感悟

....

提示：今天打卡一分钟日志了吗？

王阳明心学：致良知

　　王阳明，又名王守仁，是明代最著名的思想家、文学家、哲学家和军事家。王阳明不但精通儒家、佛家、道家，而且能够统军征战，是中国历史上罕见的全能大儒。他不仅是宋明心学的集大成者，一生也是战功赫赫，故称之为"真三不朽"。立德，立功，立言，虽久不废，此之谓三不朽。

　　王阳明的心学思想有两大命题，即"知行合一"和"致良知"。

　　"知行合一"意即思想和行为一致。人的道德实践应是天理良知的自然展现，任何不符合天理良知的行为都应摒除。知之真切笃实处，既是行；行之明觉精察处，即是知。知行一体，本不可离。

　　"致良知"是在伦理道德的基础上，赋予了超伦理、超道德的理解，明确了人生不只是庸俗地活在物质世界，而是追求更高层次的自我修养和自我实现。

　　王阳明曾说："致良知是学问大头脑，是圣人教人第一义。吾平生讲学，只是致良知三字。"可知，致良知既是阳明心学思想最重要的组成部分，也是阳明心学思想的逻辑终点。王阳明的"致良知"思想与孟子所说的"凡有四端"（恻隐之心、羞恶之心、辞让之心、是非之心，分别为仁、义、礼、智的四端）极为相近。

　　王阳明自身卓越的政治才能、军事才能，正是得益于"知行合一""致良知"。倘若他终生埋头读书，或许只是个大学者。

　　因此，"致良知"的本意，即通过实践的修行和时间的砥砺，不断地把自己修养成一个心地善良，言行合乎伦理道德，并一定程度富有"敬天爱人，自利利他"思想的人。

　　用稻盛和夫的话来概括，那就是，人的一生不管做什么行业，最终来讲，都是为了把自己的灵魂磨炼得更加高尚。

　　阳明心学远播于中华大地之外，深刻影响了日本、韩国等地。

　　阳明心学不仅是中国人的精神财富，也为整个人类文明的进步贡献了智慧。阳明心学的最大特点就是简易朴实，便于学习掌握，易于实践，在人类这个大家庭里，不分种族，不分老幼，都能理解和实践阳明的良知之学。

第六课　爱　心　　　　总第172天

今天是 ____ 年 ___ 月 ___ 日　　星期 ___　　___ 点 ___ 分开始记录

今天值得记录的

我的感悟

提示：今天打卡一分钟日志了吗？

第六课　爱　心　　　　总第173天

今天是 ____ 年 ___ 月 ___ 日　　星期 ___　　___ 点 ___ 分开始记录

今天值得记录的

我的感悟

提示：今天打卡一分钟日志了吗？

大爱张桂梅：爱洒人间

2021年6月29日，"七一勋章"颁授仪式在人民大会堂隆重举行，张桂梅受邀走进人民大会堂，接受习近平总书记的表彰。

瘦削的身影，浑身是病的女校长，把《感恩的心》当校歌，坚持12年，把1800多个山里女孩送进大学殿堂，改变了上千家庭的命运，影响了无数人。

"**培养一个女孩，最少可以影响三代人！**"这是张桂梅常挂在嘴边的话。

17岁那年，张桂梅跟随姐姐从黑龙江来到云南，后与丈夫同在大理市喜州镇任教。1996年，丈夫不幸去世，黯然神伤的她申请从大理调出，到丽江市华坪县民族中学任教。

不料刚过了几个月，她被查出子宫内有一个很大的肌瘤，生死悬于一线。由于给丈夫治病，张桂梅几乎没有积蓄。张桂梅回忆说："当时我在想，我没为华坪做过一点点贡献，却给大家添了大麻烦。他们把我救活了，我活着要干什么？"手术后仅24天，她又站上了讲台。信仰、感恩与坚持，从此成为十来年伴随她的关键词。

不久，张桂梅发现陆续有女生辍学，通过一次次家访得知，女生辍学几乎无一例外是由于家境困难，而且重男轻女的观念依然很重。"我把那些姑娘一个个往回捞，哪怕我自己出钱，也一定让她们读书！否则十几岁外出打工，早早出嫁换取彩礼补贴家用，是大山里大多数女孩的共同命运。"

不能让他们一代一代再贫困下去，要让山里的女孩受教育，全免费上高中。

张桂梅要办一所免费的女子中学，谈何容易！

从 2002 年起，张桂梅就为这个近乎"疯狂"的美好愿望四处奔走，募捐筹款，四处碰壁，继续四处求助，她的故事"可以让石头流泪"。省、市、县党委政府领导再次站到她身旁，丽江市和华坪县各拿出 100 万元办校，学校建设由教育局负责。

办学之初，女子高中没有食堂，甚至连像样的厕所都没有，条件极差，坚持了一个月就相继有 9 名教师离开。最后，张桂梅找到 6 位党员教师，重新宣誓，大家起模范带头作用。"用命在拼"的张桂梅，3 年后，把原本基础较差的 69 个女娃子送上本科线，综合上线率达 100%。

黄付燕是华坪女子高中首届毕业生，如今在贵州当小学教师。"12 年前，在女子高中，不努力，你会觉得对不起世界。"她告诉记者，走出大山，才知道外面的世界有多大。

张桂梅骂醒孩子的话，其中有一段：**比你优秀的人不可怕，可怕的是比你优秀的人，比你还努力。你天资一般，成绩一般，家境一般，你凭什么不努力？**

从 2011 年起，华坪女子高中连续 10 年高考综合上线率 100%，排名丽江市第一。但就在年年的喝彩和点赞声中，张桂梅的健康每况愈下，肺气肿、肺纤维化、骨瘤、小脑萎缩……近 20 种疾病缠身，数次病危抢救。

张桂梅没有积蓄，没有孩子，孩子叫她老妈、张妈妈；在华坪，女子高中和福利院是她的家，而属于她的，仅有三楼一间女生宿舍靠门的一个床铺；她对自己和亲友"抠门"，却把得到的奖金、工资全部用在了学校和孩子们身上。

张桂梅代表勋章获得者发言，在开场白中，她自称只是一名普通的人民教师："只要还有一口气，我就要站在讲台上，倾尽全力，奉献所有，死亦无悔！"

大爱无疆，向张桂梅致以崇高的敬意！

第六课　爱　心　　　　总第174天

今天是 ____ 年 ___ 月 ___ 日　　星期 ___　　___ 点 ___ 分开始记录

今天值得记录的

我的感悟

提示：今天打卡一分钟日志了吗？

第六课　爱　心　　　　总第175天

今天是 ____ 年 ___ 月 ___ 日　　星期 ___　　___ 点 ___ 分开始记录

今天值得记录的

我的感悟

提示：今天打卡一分钟日志了吗？

日行一善，随时随地做好事

所有充满爱心的人都会受人喜欢和尊重。

我们经常得到别人爱心的同时，也别忘了付出我们的爱心。

你也许会说，现在能付出爱心的人越来越少了。其实付出爱心的人不少，是你发现得少。无论别人怎样，我们都要首先让自己做一个充满爱心的人。

只有在少年时代拥有一颗善良的爱心，长大之后，才能有仁慈的品质，才能成为善良、正直的公民。

那么今后该怎样做呢？

我给大家提出一个目标：日行一善，随时随地去做一件好事。

比如：为老年人让座位；给班上成绩差的同学讲题；捡起别人扔的垃圾，放进垃圾桶；上下楼靠右走留出左边；和父母一起去敬老院做义工……

从今天就尝试着开始行动吧！日行一善，你准备做什么呢？

_____

_____

最后，再告诉你两条爱心奉献的原则：

1. 你付出的爱心，有时候会得不到任何回报，甚至可能招致别人的误解，但是，要记住，奉献爱心不是为了得到回报。走你的爱心路，让别人说去吧！

2. 不要去做超过自己能力的好事。自己办不到的就不要强求自己去做，也不要为了标新立异刻意去做。正如孔子所云，"穷则独善其身"。没有能力去办的，就先把自己管好。

第六课 爱 心   总第176天

今天是 ____年 ___月 ___日   星期 ___   ___点 ___分开始记录

今天值得记录的

....
....
....
....

我的感悟

....

提示：今天打卡一分钟日志了吗？..

第六课 爱 心   总第177天

今天是 ____年 ___月 ___日   星期 ___   ___点 ___分开始记录

今天值得记录的

....
....
....
....

我的感悟

....

提示：今天打卡一分钟日志了吗？..

第六课　爱　心　　　　　总第178天

今天是 ____ 年 ___ 月 ___ 日　　星期 ___　　___ 点 ___ 分开始记录

今天值得记录的

....

....

....

....

....

我的感悟

提示：今天打卡一分钟日志了吗？

第六课　爱　心　　　　　总第179天

今天是 ____ 年 ___ 月 ___ 日　　星期 ___　　___ 点 ___ 分开始记录

今天值得记录的

....

....

....

....

....

我的感悟

提示：今天打卡一分钟日志了吗？

爱 自 己

今天让我们来谈一个非常重要的话题：爱自己。

人降临到这个世界上，生命只有一次，因此你要爱自己。

每一个降临到这个世界上的人都非常珍贵。无论皮肤是什么颜色，住在哪个国家的哪个地方，处在社会的哪个阶层，还有相貌、身材、言谈举止，世上不会有一模一样的人，每一个人都是独一无二的。现在没有，将来也没有。

黄金昂贵，世界上还有；钻石无价，还可以挖掘；而人不可重生。

因此你要珍惜自己的身体，有了这个身体，你才可以在世间存活，寻找生命的真谛，明白人生的真理。你不可以伤害自己的身体，因为没有身体，你就失去了知道真理的珍贵机会。因此你要学会照顾自己。

如果有人伤害、虐待你的身体，无论这个人是父母、老师、同学或是你遇到的其他人，你都要勇敢地站出来，要勇敢地让伤害你的人知道他／她做错了。如果你的人身受到威胁，你要勇敢地向他人求救，向社会求救，不可以委曲求全。

要珍惜自己的语言和行为，污言秽语不会让你强大，只会让人看不起你，龌龊的行为不会让你得到真正的好处，只会让人们远离你。你要爱自己，要用清洁和节制来爱护自己的身体。

要珍惜自己的行为，要使自己的行为高雅，魅力无穷。

正像一首歌《好好爱自己》中唱的：为了父母朋友姐妹兄弟，所以我要你学会爱自己，因为这个世界爱最了不起。

就在今天，找出自己的 5 个优点：

_____

_____

作业 本章总结，分享进步

本月最后一天，我们恭喜你本月取得的进步！你也可以和父母，亲戚，老师，同学，朋友一起分享本月的收获。

你要分享的对象是谁呢？

分享对象	你准备分享什么？

第六课　爱　心　　　　　　　　总第180天

今天是 ____ 年 ____ 月 ____ 日　　星期 ____　　____ 点 ____ 分开始记录

今天值得记录的

....
....
....
....

第六课，总结我的进步

....
....
....
....

我的感悟

....

提示：今天打卡一分钟日志了吗？..................................

请把你的个人宣言书大声朗读一遍，然后领取奖状。

奖　状

　　_____同学坚持了180天的好习惯训练，学习了习惯宣言、制定目标、生活习惯、学习习惯、上进心、爱心这六堂课。

　　现已经成为一位了不起的青少年。

杰出青少年好习惯学校
____年____月____日

改变与超越

宋一楠

这是一本精美的手册，字里行间充满活力、热情四射，洋溢着青春的美丽，几个大字"杰出青少年"使我感到自信。

但我喜爱它是因为其中一页页记录着我的心路历程，全程展现了365天我一点一滴的变化。

当我第一天见到它的时候，非常兴奋。妈妈说我做不到两个月，就会把它扔一边。我向妈妈保证，我一定要做到。

其实，妈妈也不是无缘无故说我，以前我记日记总是断断续续，半途而废，可这次我成功地坚持了365天，这都与《杰出青少年好习惯养成手册》中新颖的内容、有趣的表格、富有哲理的小文章和每一页耐心的提示分不开。

365天课程的学习使我收获颇多。

翻开第一个课程的学习，发现了我在这平凡的日子里自我管理有所成长。

下面我就摘录其中任意两天的内容和大家分享。

第一课　习惯宣言：总第30天

今天值得记录的：

时间一天一天流逝，想不到已经过了30天。

这30天中我学会了：

1. 反思——解决、处理棘手问题的能力。

2. 抓紧时间，仍须坚持与努力——增强自己的抗干扰能力。

3. 总结方法——归类总结能力。

4. 注重细节——从小处着手。

我的感悟：

到今天，我不可思议地坚持了30天。回顾开始那天坚定的断言，我又多了几分自信。这30天来，自我管理日记记录着我每天的成绩、缺点！Work hard！加油！加油！

提示：今天打卡一分钟日志了吗？（Yes！）

当我每日朗读"个人宣言"时，就像有一个永不消失的声音在空中飘荡，这个声音敲击我的心灵，使我更富有激情，更富有朝气，在我和同学的交往中，使我更具有感染力，朋友们都说："宋一楠你比以前更加真诚、热情了。"

但是，只有坚定的毅力还不够，正如第二课"目标宣言"所言：一艘在大海中航行的船，无论有多大的动力，无论装载多少食物，无论有多么好的舵手，如果漫无目标地航行，永远也不能到达理想的彼岸。

下面分享我的第二篇日记。

第二课　制定目标　总第 53 天

今天值得记录的：

别样眼光看世界：有这样一篇文章，写了对 6 种事物截然不同的两种看法。作者分别用积极乐观和低沉尖锐的两种人生态度去对待百物。

我的感悟：

其实，你看一样事物，它的好坏取决于你的态度。拥有一颗积极向上的心吧！

提示：今天打卡一分钟日志了吗？ Yes！

翻到了"习惯宣言书"这一章，又一次提醒我：

当我播下一个行动，便会收获一种习惯；

当我播下一种习惯，便会收获一种性格；

当我播下一种性格，便会收获一种命运。

自从上了这一课，我开始自己打扫房间，自己叠被子，自己洗袜子，我的自理能力提高了。

在人际交往中，我的态度、口吻更加礼貌了，脸上也充满了笑容。拾回了"谢谢""请""别客气"——这些美丽的语言。我的生活变得阳光了，同时也照亮了他人的生活。

从《杰出青少年好习惯养成手册》中，我看到了自己的变化，它成为我认识事物的阶梯，它是联结我和昨天的纽带，是我未来的延伸。

我要一直坚持下去，永不放弃！

杰出青少年
好习惯养成手册

黄泰山 ◎ 著

清华大学出版社
北 京

本书封面贴有清华大学出版社防伪标签，无标签者不得销售。

版权所有，侵权必究。举报：010-62782989，beiqinquan@tup.tsinghua.edu.cn。

图书在版编目 (CIP) 数据

杰出青少年好习惯养成手册 / 黄泰山著 . —北京：清华大学出版社，2021.12（2023.9重印）
ISBN 978-7-302-59668-4

Ⅰ . ①杰… Ⅱ . ①黄… Ⅲ . ①习惯性－能力培养－青少年读物 Ⅳ . ① B842.6-49

中国版本图书馆 CIP 数据核字 (2021) 第 255112 号

责任编辑：顾　强
封面设计：汉风唐韵
版式设计：方加青
责任校对：王荣静
责任印制：杨　艳

出版发行：清华大学出版社
　　　　　网　　址：http://www.tup.com.cn，http://www.wqbook.com
　　　　　地　　址：北京清华大学学研大厦 A 座　　邮　　编：100084
　　　　　社 总 机：010-83470000　　邮　　购：010-62786544
　　　　　投稿与读者服务：010-62776969，c-service@tup.tsinghua.edu.cn
　　　　　质 量 反 馈：010-62772015，zhiliang@tup.tsinghua.edu.cn
印 装 者：大厂回族自治县彩虹印刷有限公司
经　　销：全国新华书店
开　　本：170mm×240mm　　印　张：27.25　插　页：5　字　数：471 千字
版　　次：2022 年 1 月第 1 版　　印　次：2023 年 9 月第 2 次印刷
定　　价：128.00 元（全二册）

产品编号：093802-02

第七课　责任心（一分钟打卡日志）

第几天	181	182	183	184	185	186	187	188	189	190	191	192	193	194	195
完成															
第几天	196	197	198	199	200	201	202	203	204	205	206	207	208	209	210
完成															

每天写完日志，请在表格对应的天数下面，画对勾"√"。

本月要养成的 3 个微习惯如下。

微习惯 1：_____

微习惯 2：_____

微习惯 3：_____

养成的习惯要满足 5 点要求：明确、具体、数字化、可衡量、正能量。

每课学完第 30 天，请在下面表格中评价（自我评价或请家长、老师评价均可）。

	表现反馈
第七课	

第八课　健商（一分钟打卡日志）

第几天	211	212	213	214	215	216	217	218	219	220	221	222	223	224	225
完成															
第几天	226	227	228	229	230	231	232	233	234	235	236	237	238	239	240
完成															

每天写完日志，请在表格对应的天数下面，画对勾"√"。

本月要养成的 3 个微习惯如下。

微习惯 1：_____

微习惯 2：_____

微习惯 3：_____

养成的习惯要满足 5 点要求：明确、具体、数字化、可衡量、正能量。

每课学完第 30 天，请在下面表格中评价（自我评价或请家长、老师评价均可）。

	表现反馈
第八课	_____ _____ _____ _____

第九课　情商（一分钟打卡日志）

第几天	241	242	243	244	245	246	247	248	249	250	251	252	253	254	255
完成															
第几天	256	257	258	259	260	261	262	263	264	265	266	267	268	269	270
完成															

每天写完日志，请在表格对应的天数下面，画对勾"√"。

本月要养成的 3 个微习惯如下。

微习惯 1：_____

微习惯 2：_____

微习惯 3：_____

养成的习惯要满足 5 点要求：明确、具体、数字化、可衡量、正能量。

每课学完第 30 天，请在下面表格中评价（自我评价或请家长、老师评价均可）。

	表现反馈
第九课	

第十课　逆商（一分钟打卡日志）

第几天	271	272	273	274	275	276	277	278	279	280	281	282	283	284	285
完成															
第几天	286	287	288	289	290	291	292	293	294	295	296	297	298	299	300
完成															

每天写完日志，请在表格对应的天数下面，画对勾"√"。

本月要养成的 3 个微习惯如下。

微习惯 1：_____

微习惯 2：_____

微习惯 3：_____

养成的习惯要满足 5 点要求：明确、具体、数字化、可衡量、正能量。

每课学完第 30 天，请在下面表格中评价（自我评价或请家长、老师评价均可）。

	表现反馈
第十课	

第十一课　财商（一分钟打卡日志）

第几天	301	302	303	304	305	306	307	308	309	310	311	312	313	314	315
完成															
第几天	316	317	318	319	320	321	322	323	324	325	326	327	328	329	330
完成															

每天写完日志，请在表格对应的天数下面，画对勾"√"。

本月要养成的 3 个微习惯如下。

微习惯 1：_____

微习惯 2：_____

微习惯 3：_____

养成的习惯要满足 5 点要求：明确、具体、数字化、可衡量、正能量。

每课学完第 30 天，请在下面表格中评价（自我评价或请家长、老师评价均可）。

	表现反馈
第十一课	

第十二课　幸福课（一分钟打卡日志）

第几天	331	332	333	334	335	336	337	338	339	340	341	342	343	344	345
完成															
第几天	346	347	348	349	350	351	352	353	354	355	356	357	358	359	360
完成															
第几天	361	362	363	364	365										
完成															

每天写完日志，请在表格对应的天数下面，画对勾"√"。

本月要养成的 3 个微习惯如下。

微习惯 1：_____

微习惯 2：_____

微习惯 3：_____

养成的习惯要满足 5 点要求：明确、具体、数字化、可衡量、正能量。

每课学完第 30 天，请在下面表格中评价（自我评价或请家长、老师评价均可）。

	表现反馈
第十二课	

总目录

第 1 课　习惯宣言　/　1

第 2 课　制定目标　/　37

第 3 课　生活习惯　/　69

第 4 课　学习习惯　/　106

第 5 课　上进心　/　136

第 6 课　爱心　/　165

第 7 课　责任心　/　201

第 8 课　健商　/　229

第 9 课　情商　/　261

第 10 课　逆商　/　292

第 11 课　财商　/　325

第 12 课　幸福课　/　351

下册目录

07 第 7 课 责任心

责任心 / 201
对自己负责任 / 205
负责任的小男子汉 / 209
做错事情勇于承担责任 / 212
把交代给你的事做好 / 215
写好中国字 / 218
上好体育课，做好课间操 / 220
自己的事情自己办！ / 222
不要推卸责任 / 224
这一年我长大了 / 227

08 第 8 课 健商

什么是健商（HQ） / 233
每天锻炼一小时 / 236
身体健康与人际关系 / 239
健康格言 / 242
中小学生当前面临的五大健康问题 / 248
钟南山院士谈健康秘诀 / 250
预防近视的好习惯 / 252

中华武德 / 256

坚持365篇日记是人生一次修炼 / 258

09 第9课 情商

什么是情商 / 261

高情商青少年的十个好习惯和自律十条 / 266

青少年自律十条 / 267

《论语》中的情商 / 269

情商测试 / 272

栅栏上的钉子 / 276

相信自己的20条理由 / 280

情绪对身体的影响 / 283

懂得自控的人更容易成功 / 286

路是脚踏出来的，历史是人写出来的 / 290

10 第10课 逆商

什么是逆商 / 292

海伦·凯勒的逆境人生 / 295

逆境——一道扩大能力圈的人生考题 / 297

暂时的失败不等于人生的失败 / 299

苦难英雄任正非 / 302

认识逆境 / 307

一个人没有胳膊、没有腿，还能做什么 / 309

逆境测试 / 311

穿过逆境的6条秘诀 / 313

逆境成就了李维斯 / 316

逆境格言 / 321

杰出青少年，美丽新世界 / 323

11 第11课
财商

什么是财商 / 325

建立你的理财计划 / 330

改变对金钱的负面看法 / 334

十三条重要的金钱理念 / 337

勤俭节约的好习惯 / 340

各国青少年财商学习的情况 / 343

巴比伦富翁的理财秘诀 / 346

杰出青少年，生命绽放的绚丽 / 350

12 第12课
幸福课

幸福学：哈佛大学一门受欢迎的课程 / 351

幸福是奋斗出来的 / 356

六个给予会让我们更幸福 / 359

幸福是每次进步一点点 / 362

常怀感恩之心的人是幸福的 / 365

接受自己是幸福的基础 / 368

智者说幸福吉祥 / 372

能自控的人是幸福的 / 376

和智者、有德者交往是幸福的 / 377

没想到，我坚持了365天 / 379

附录一　全国杰出青少年征文比赛 / 386

附录二　以学校为单位养成好习惯建立学习型组织课题实施方案 / 387

第7课 责任心

> 一个人若是不带着责任心去做事，他将一事无成。
> ——列夫·托尔斯泰

生活中，谁敢把重要的事交给不负责任的人？

责任心就是一个人自觉地把分内的事情做好。如果没有做好，果断承担没有做好的过失。

责任心是杰出青少年的心灵品质，它关系到一个人将来的命运，决定人生成就的大小。你有多大的责任心，就能承担多大的事。

让我们走进第七课——责任心。

责 任 心

著名的咨询公司麦肯锡做过一个调查，一个成功的经理人应具备什么样的素质？结果有近90%的人选择了要敢于承担责任。敢于承担责任是领导者应具备的基本素质。如果你不敢或不愿担负责任，你就不可能成为一名优秀的领导。

"学会负责任"已成为共识，是走向全世界的通行证。

在学校里，常见的不负责任的表现：

- 上课不认真听讲，做作业马虎、拖拉、不认真，写字潦草；
- 遇事推卸责任，与某同学发生争吵，影响到其他同学正常休息，而被老师问到时，则把责任全部推给别人；
- 值日时，扫地马马虎虎，甚至逃避劳动，比如轮到教室值日，放学后没扫地就偷偷跑了，不愿意打扫清洁区，看着其他同学干得热火朝天，自己却在一旁站着看或玩耍；
- 不注意环境卫生，吃完零食后将包装袋随手乱扔；
- 以自我为中心，唯我独尊、自私自利，不关心他人。

这些不良行为都是缺乏责任心的表现。
还有哪些是在学校缺乏责任心的表现？

_____

_____

在家里，不负责任的表现：
把爸爸妈妈交代的事抛在脑后；
损坏了东西，想掩盖，说谎，不承认错误；
干力所能及的家务活时，敷衍了事，抱怨；
偷拿家里的钱买东西吃；
考试没考好，对家里人说谎；
在外边做错事，每次都让爸爸妈妈承担。
还有哪些是在家缺乏责任心的表现？

_____

_____

其实，通过前六课，你已经有意识地、不知不觉地在培育自己的责任心了，这很好。让我们加油！

什么是责任心呢？

所谓责任心，是指一个人对其所属群体的共同活动、行为规范以及他所承担任务的自觉和负责的态度。它主要包括责任认识、责任感和责任行为三个方面。

简洁描述责任心就是一个人自觉地把分内的事情做好。如果没有做好，果断承担没有做好的过失。

高度的责任心是优秀品质的重要组成部分，它关系到一个人将来的命运，决定一个人成就的大小。你有多大的责任心，就能承担多大的事。

我们现在是青少年，承担着把书读好的责任；
我们将来长大了，承担着把工作做好的责任；
我们将来要组建家庭，承担着照顾家庭成员的责任；

我们将来是社会中的一分子，承担着对社会的责任；

天下兴亡，匹夫有责，每一人承担着对国家的责任。

想想看，我们现在是青少年，责任是什么？是不是要把自己的学习学好，努力完善自己的人格，锻炼出强健的体魄，提升自己的综合素质？

在人生的任何阶段，责任心都非常重要。一个人责任心强，做任何事情都非常认真，负责任，就能赢得别人的信任，做事情也就容易成功。

杰出青少年是怎样培养自己的责任心的呢？

其实，你已经通过不少事情在培养自己的责任心，比如做家务，不仅是在帮助爸爸妈妈分担劳动，因为你也是这个家庭的一员，在你做家务的时候，你已经开始尽责任了。

上课认真听讲，下课认真做题，写日记，把字写工整，就是履行你做学生的本分，是负责任的一种表现。你已经不知不觉在培育自己的责任心了，这很好。

总结一下：你还有哪些行为是有责任心的表现呢？

_____
_____
_____

第七课　责任心　　总第181天

今天是 ____年 ___月 ___日　星期___　　___点___分开始记录

今天值得记录的

....
....
....
....

我的感悟

....

提示：今天打卡一分钟日志了吗？

第七课　责任心　　　总第182天

今天是 ____ 年 ____ 月 ____ 日　　星期 ____　　____ 点 ____ 分开始记录

今天值得记录的

....
....
....
....
....

我的感悟

....

提示：今天打卡一分钟日志了吗？..

第七课　责任心　　　总第183天

今天是 ____ 年 ____ 月 ____ 日　　星期 ____　　____ 点 ____ 分开始记录

今天值得记录的

....
....
....
....
....

我的感悟

....

提示：今天打卡一分钟日志了吗？..

第七课　责任心　　　　总第184天

今天是 ____ 年 ___ 月 ___ 日　　星期 ___　　___ 点 ___ 分开始记录

今天值得记录的 ....
....
....
....

我的感悟 ....

提示：今天打卡一分钟日志了吗？..

对自己负责任

对自己负责任是一切负责任的基础，一个人首先要学会对自己负责任。

古人有句话："三思而后行"，一个人要多思考然后再行动，除了做事要谨慎以外，还强调对自己的行为负责任，对自己负责任是成长的基础！

一生中有几个重要的决定，考什么学校算一个，做什么职业算一个，建立家庭算一个，做这些重要决定的时候，都要对自己负责任。

负责任的习惯要从幼年培养，要从小承担责任，将来才能抗得住生活的风风雨雨。

我们一起来看一个父亲在女儿16岁生日时写给女儿的信。

我的女儿：

今天是你的生日，爸爸辗转反侧，最终决定写这封信。爸爸希望可以通过这封信，来说一说"责任"这个话题，你一定要认真地看完这封信。

说实话，爸爸人生中遇到许多打击，从单位下岗，公司合伙人拿着钱跑了，给我留下一大堆外债，和你妈妈离婚，因肺病切除肺叶的三分之一，这些人生经历让爸爸对责任心有了较深的认识。

一直以来，爸爸总以为你永远都还是那个天真可爱的小娃娃，永远长不大。

你是个可爱的孩子，每次我出差回来，你总是像小猫咪一样到爸爸身边腻歪，问这问那，总是不给爸爸一刻空闲。

还记得你上小学时那次歌咏比赛吗？你在台上摔倒了，自己站起来继续把歌唱完了。知道当时爸爸有多么骄傲吗？爸爸第一次发现自己的小女儿是个不服输的小家伙。

你在爸爸心里一直是一个懂事的孩子。爸爸大部分时间都在外边跑，家里全靠你自己照顾自己。别人家的孩子上学、放学都有大人来接送，可你却从来都是一个人走。你11岁那年冬天，爸爸生病住院了，你妈妈不肯来医院看爸爸，是你煮饭、洗衣服，来医院照顾爸爸。每次看到你来医院给爸爸送饭，一张小脸冻得通红，爸爸的心里既高兴又难受，医院里的叔叔阿姨都说你是个好孩子。

很久以来，爸爸几乎没有过问过你的生活，你在和哪些人交往，每天在想些什么。有一天，爸爸突然发现，你开始在家和某个男同学打电话，上网聊天，还无意间发现男同学给你写的纸条。

直到昨天，你一夜未归。我打电话，你轻描淡写地说，过生日住在同学家，然后就说手机快没电了，关机，我整夜都没有合眼。

爸爸很愧疚，这么多年来，爸爸给你的关心和爱都不够。你妈妈离开以后，你变得很少讲话。爸爸由于工作太累，很少能和你说上几句话。你这个年龄，可能会对男生产生朦朦胧胧的喜爱，爸爸不想责怪你，爸爸只是不希望你受到任何伤害。

爸爸想把自己从痛苦的人生经历中悟出的道理告诉你：

维系人们感情生活的基础是责任。人不是单独地活在世上，人是活在社会中，是社会的一分子，首先就要对自己负责。

真正的爱不是建立在金钱、地位、外貌、性的基础上，真正的爱是建立在责任的基础之上。如果没有责任作为基础，其他外表、物质上的东西都会如过眼云烟，转瞬即逝。

我的女儿，你是爸爸生命中最美好的部分。今天你16岁了，你的生命中将会有很多美好的事情等着你去经历，认真对待自己，学会保护自己。要对自己负责任，对自己的人生负责任。

爸爸，等你放学回家。

永远爱你的爸爸

点评：

在这封信里，我们读出了爸爸对于女儿的关心，希望孩子不受伤害，幸福快乐，但愿每一个孩子都能早一些懂事，早一些知道为自己的人生负责任。

第七课　责任心　　总第185天

今天是 ____ 年 ___ 月 ___ 日　　星期 ___　　___ 点 ___ 分开始记录

今天值得记录的

....

....

....

....

....

我的感悟

提示：今天打卡一分钟日志了吗？

第七课　责任心　　　　　　总第186天

今天是 ____ 年 ____ 月 ____ 日　　星期 ____　　____ 点 ____ 分开始记录

今天值得记录的

....

....

....

....

我的感悟

提示：今天打卡一分钟日志了吗？

第七课　责任心　　　　　　总第187天

今天是 ____ 年 ____ 月 ____ 日　　星期 ____　　____ 点 ____ 分开始记录

今天值得记录的

....

....

....

....

我的感悟

提示：今天打卡一分钟日志了吗？

第七课　责任心　　　总第188天

今天是 ____ 年 ____ 月 ____ 日　　星期 ____　　____ 点 ____ 分开始记录

今天值得记录的

....

....

....

....

我的感悟

....

提示：今天打卡一分钟日志了吗？

负责任的小男子汉

亚伯拉罕·林肯是美国的第16任总统，他之所以能够成为一位优秀的总统，和他从小培养的责任心有很大关系。

林肯小时候，家里很穷，父母没有经济能力给小林肯买书来看，但这丝毫没有影响他对于书本和学习的渴求。

他经常到鲍里斯医生家里干活，这样可以为贫困的家庭分担一些。有一天，他发现一本《华盛顿传》，所以他大胆地向鲍里斯医生借书。鲍里斯医生也是刚刚得到这本书，实在舍不得借给他看。于是问小林肯："你真的想看这本书吗？""是的，求求你了。""你能保证保管好这本书吗？"鲍里斯医生不忍心伤害孩子的心。"我保证。"小林肯高兴极了。

鲍里斯医生将这本书借给了小林肯，他回家后津津有味地看了起来。一直到夜里两点。在母亲的多次催促下，他才将书搁在桌子上，回屋睡了。

半夜里，小林肯被雷声惊醒了，原来已经下雨了。突然他想到鲍里斯医生的书，睁眼一看，糟糕，房子都漏了，糟糕的是那本书也被雨水淋湿了。

母亲知道了对他说:"孩子,书已经湿了,你答应过鲍里斯医生好好保管这本书的,那你就自己负起责任来,不能怪天气,只能怪自己没有保管好,明天去鲍里斯医生家里赔罪,请求他对你的原谅。"

"可是,万一鲍里斯医生让我赔偿怎么办呢?"

"孩子,你是一个很有责任心的男子汉,对不对,我相信你有能力自己解决这个问题。"

第二天,小林肯只好带着书去见鲍里斯医生,十分内疚地把这件事情原原本本告诉了鲍里斯医生,希望能得到他的原谅。鲍里斯医生看见这本已经皱巴巴的书,有点生气地说:"你不是说可以保管好它的吗?""对不起,我不知道晚上会下雨,但我知道不能怪天气,只能怪我没有把书放在安全的地方,而是随手放在桌子上面。请你原谅我。我可以为你工作,我用工作的钱来赔你。好吗?""好吧!"鲍里斯医生原谅了小林肯。他为鲍里斯医生工作了三天,鲍里斯医生被他的精神感动,最后将这本书送给了他。

这篇文章告诉我们,将来可堪大任的人,从小就要懂得对小事负责。

第七课　责任心　　　总第189天

今天是 ____ 年 ____ 月 ____ 日　　星期 ____ 　　____ 点 ____ 分开始记录

今天值得记录的

....

....

....

....

我的感悟　...

提示:今天打卡一分钟日志了吗?

第七课　责任心　　　　　　　总第190天

今天是 ____ 年 ____ 月 ____ 日　　星期 ____　　____ 点 ____ 分开始记录

今天值得记录的

....
....
....
....

我的感悟

....

提示：今天打卡一分钟日志了吗？..

第七课　责任心　　　　　　　总第191天

今天是 ____ 年 ____ 月 ____ 日　　星期 ____　　____ 点 ____ 分开始记录

今天值得记录的

....
....
....
....

我的感悟

....

提示：今天打卡一分钟日志了吗？..

第七课　责任心　　　　　总第192天

今天是 ____ 年 ___ 月 ___ 日　　星期 ___　　___ 点 ___ 分开始记录

今天值得记录的
....
....
....
....

我的感悟
....

提示：今天打卡一分钟日志了吗？

做错事情勇于承担责任

　　金无足赤，人无完人，谁也不可能避免出现错误，关键要看出现错误以后的态度和改进的措施。

　　有的同学做错事情，强词夺理，拒不承认。有些脾气暴躁的同学，动不动就要动武；认为自己有理，就得理不饶人。做错事情敢于承担自己的责任，并向别人道歉，这不是让人难堪的事，如果损害了别人的东西敢于承担责任并负责赔偿，这是应该的，这也不是什么丢人的事。

　　有一位留学生，到德国的第三年，才买了一辆新车，第二天晚上从电影院出来时，发现自己的汽车被别人撞了。他心里想，这回可坏了。但随行的美国同学告诉他，别着急，再找找看。结果他在前面挡风玻璃上发现贴了一张纸条。"非常对不起，不小心撞了你的汽车，由于我有急事，先走了，修车的费用和误工的费用全部由我来承担。我的名字叫汤姆，我的电话是87642895，请随时和我联系，对于给你造成的不便表示歉意。"车的后座挡风玻璃上也有同样的纸条。原来是这位撞车的人害怕他发现不了纸条，写了两张。

别人对我们做错事情，我们希望有人能来承担责任；同样的道理，我们做错事情，也要有承担责任的勇气。

做错事情，不敢承担责任，不要以为你可以忘记、可以逃避、可以掩饰，因为没有人可以逃避内心的谴责。错了，就错了，对自己的行为负责任，不找借口，不逃避，勇敢地面对，勇敢地承担责任，你的内心才能得到真正的力量。

其实，承认错误带来的并不是负面的影响，而是一种进步。一次错误并不会毁掉你今后的道路。真正会阻碍的，是那不愿承担责任，不愿改正错误的态度。一个有责任心的人，一定会对自己负责、对他人负责、对社会负责。

不怕犯错误，人人都会犯错误，犯错误也是个让我们学着承担责任的机会。

做错了事情一定要勇于承担，去寻找解决方法，而不是以逃避责任、推卸过错的方式来对待错误，只有那些敢于对错误承担责任的人，才能够从中获得成长。

一个杰出的青少年就是要敢于负责任，敢于承担责任，从小就训练自己拥有负责任的习惯，为将来做好准备！

第七课　责任心　　　　　　　总第193天

今天是 ＿＿＿ 年 ＿＿ 月 ＿＿ 日　　星期 ＿＿＿　　＿＿ 点 ＿＿ 分开始记录

今天值得记录的

....

....

....

....

我的感悟

提示：今天打卡一分钟日志了吗？

第七课　责任心　　　　　　　　总第194天

今天是 ____ 年 ____ 月 ____ 日　　星期 ____　　____ 点 ____ 分开始记录

今天值得记录的

....
....
....
....

我的感悟

....

提示：今天打卡一分钟日志了吗？..

第七课　责任心　　　　　　　　总第195天

今天是 ____ 年 ____ 月 ____ 日　　星期 ____　　____ 点 ____ 分开始记录

今天值得记录的

....
....
....
....

我的感悟

....

提示：今天打卡一分钟日志了吗？..

第七课　责任心　　　　　　　总第196天

今天是 ____ 年 ___ 月 ___ 日　　星期 ___　　___ 点 ___ 分开始记录

今天值得记录的

....

....

....

....

我的感悟

....

提示：今天打卡一分钟日志了吗？..

把交代给你的事做好

有一个真实的故事在全世界流传。

在一次美国与古巴的战争中，美国必须和西班牙首领加西亚联系。加西亚在古巴的丛林中，没有人知道他的确切地点，所以无法带信给他。而美国总统必须和他合作。这时，有人推荐了一个叫罗文的人，说他应该有办法找到加西亚将军。罗文也不认识加西亚，也没到过古巴。但罗文拿到信3个星期以后，便来到了古巴。

我们要强调的重点是：罗文接到信的那一刻，并没有说："我不知道他在什么地方。我不认识他，怎么才能送到信呢？"

罗文克服了种种困难，最后把信送到了加西亚手中，出色地完成了任务。我们钦佩那些不论是否有监督都会自我管理的人，不会提出任何质疑，也不会随手把信扔掉，而是不顾一切地把信送到。

我们需要的是一种敬业精神。对接受的托付，立即行动，克服困难，全心全意地完成任务。这种人永远不会被社会解雇，也永远不会失业。

将交代给你的事情，你答应的事情，你作出承诺的事情，努力把它做好，这是你敬业的表现。在班集体里也是一样。

将自己的责任心融入集体之中。班集体应是一个"模拟社会"，每个学生都是这个模拟社会的主人、班级社会的"公民"。你要积极参与班级民主管理，为班级建设献计献策。同时你还要积极参加环境保护活动，对公益事业负责，从而增强自己的社会责任感、使命感和义务感。

你大多数时间是生活在班级里，积极参与班级管理，为班级尽自己的力量，把交代给你的事情和你答应的事做好，就是你责任心的最好体现。

第七课　责任心　　　　总第197天

今天是 ____ 年 ____ 月 ____ 日　星期 ____ 　____ 点 ____ 分开始记录

今天值得记录的

我的感悟

提示：今天打卡一分钟日志了吗？

第七课　责任心　　　　　总第198天

今天是 ____ 年 ____ 月 ____ 日　　星期 ___　　___ 点 ___ 分开始记录

今天值得记录的

....
....
....
....

我的感悟

提示：今天打卡一分钟日志了吗？..

第七课　责任心　　　　　总第199天

今天是 ____ 年 ____ 月 ____ 日　　星期 ___　　___ 点 ___ 分开始记录

今天值得记录的

....
....
....
....

我的感悟

提示：今天打卡一分钟日志了吗？..

第七课　责任心　　　　总第200天

今天是 ____ 年 ___ 月 ___ 日　星期 ___　___ 点 ___ 分开始记录

今天值得记录的

....

....

....

....

我的感悟

....

提示：今天打卡一分钟日志了吗？..............................

写好中国字

中国人写好中国字，写好中国字是这一代青少年的必修课。

中国字是象形文字，从甲骨文、小篆、隶书到楷书、草书、行书，从毛笔到钢笔、水笔、铅笔，有几千年的历史。中国的汉字，就像一幅画，本是书画同源，起承转合，行云流水。**字有真气留纸张，人有精神佑中华。**

把字写得清清楚楚，认认真真，是责任心的表现。

写字歪歪扭扭、结构松散、大小不一、书写出格、笔画不清、涂改不洁、潦草难认，老师看了头痛，家长看了抓狂。先别说对考试成绩有什么影响，就从责任心上就不合格。凡是学习成绩差的孩子，字迹大都比较乱，潦草，这说明是平时学习态度有问题。

写字要有态度，就是对每一个字负责任，不辜负每一个字，认认真真写好每一个字。

对于写字不好的同学，只要改掉"心浮气躁""随意书写"的不良习惯，他们就能快速地把字写好、写规范。如果这个习惯已经影响了自己的学习成绩，那么就要加强练习。写字要慢，心静则专，静思则通。不在于写多快，而是要写好。**给大家的一个练字秘诀就是——慢，看一眼，写一笔，要努力写的和字帖上的字越像越好，在脑子里留下这个字的结构的印象，反复多写，直到可以写的和字帖上一模一样。**

写字，是心手合一、纸笔结合的运动，而运动都有各自的节奏，记住了节奏，一切就会变得简单、美好。你有没有发现有那么多书法家，都是把写书法当成一种享受呢！

实践证明，只要认真，写字矫正30天，字就可以大有改观，再通过一定时间和一定量的矫正训练，他们就能快速地把字写好、写规范。

字如其人，写好字，就是对人生的一种负责任。

把书法练习纳入本月日记。

从今天开始，让我们对书写的每一个字负起责任，改掉不良的书写习惯，让我们收获自信，收获更多信赖和人生的乐趣。

第七课　责任心　　　　总第201天

今天是 ____ 年 ____ 月 ____ 日　　星期 ____　　____ 点 ____ 分开始记录

今天值得记录的

我的感悟

提示：今天打卡一分钟日志了吗？

上好体育课，做好课间操

如果你现在是在假期里，也要每天坚持锻炼身体；如果你现在正在学校，上好体育课，做好课间操。

课间操动作整齐划一，通过班级完整度来培养每个人的集体主义精神。

课间操可以全面锻炼身体每个部位，消除学习中的疲劳，防止身体畸形，保护视力，丰富文化生活，对提升学习效率、促进身心健康发展起到重要作用。

如果坐没坐相，站无站相，敷衍了事，随随便便，懒懒散散，不顾忌个人形象，久而久之，懒散、邋遢的习惯就养成了。

今后无论什么时候做课间操，都争取让自己的动作标准，重视队伍的整齐。

心到，眼到，身体动作到。

我们要举止文雅，气度非凡，动作优雅到位，做新时代杰出青少年。

第七课　责任心　　　总第202天

今天是 ____ 年 ____ 月 ____ 日　　星期 ____ 　　____ 点 ____ 分开始记录

今天值得记录的

我的感悟

提示：今天打卡一分钟日志了吗？

第七课　责任心　　　　　总第203天

今天是 ____ 年 ____ 月 ____ 日　　星期 ____ 　　____ 点 ____ 分开始记录

今天值得记录的 ....

....

....

....

我的感悟 ....

提示：今天打卡一分钟日志了吗？..

第七课　责任心　　　　　总第204天

今天是 ____ 年 ____ 月 ____ 日　　星期 ____ 　　____ 点 ____ 分开始记录

今天值得记录的 ....

....

....

....

我的感悟 ....

提示：今天打卡一分钟日志了吗？..

自己的事情自己办！

自己的事情自己办，靠天，靠地，靠父母，不算真好汉！

不给老师和父母添麻烦，不给父母增加负担。

在生活上，自己整理房间，收拾书包，穿衣叠被自己来。如果爸爸妈妈心疼我们而事事包办，不必烦躁，谢谢爸爸妈妈，然后告诉他们，我要通过自己的劳动增强自己的责任心。

如果你想成为有责任感的人，就应明白：上学是自己的事，父母没有义务替你包办一切。每天早晨闹钟一响，自觉起床，再困也要起，准时去上学。遇到刮风或雨雪的天气，应该早一点起床。如果迟到了，自己应该对此负责，而不能依赖爸爸妈妈，把责任推给爸爸妈妈。

请铭记：我是家庭的一员，做力所能及的事情是我的责任！

第七课　责任心　　　　　　**总第205天**

今天是 ____ 年 ___ 月 ___ 日　星期 ___　　___ 点 ___ 分开始记录

今天值得记录的

....

....

....

....

我的感悟

....

提示：今天打卡一分钟日志了吗？

第七课　责任心　　　　　总第206天

今天是 ____ 年 ___ 月 ___ 日　　星期 ___　　___ 点 ___ 分开始记录

今天值得记录的

....
....
....
....

我的感悟

....

提示：今天打卡一分钟日志了吗？..

第七课　责任心　　　　　总第207天

今天是 ____ 年 ___ 月 ___ 日　　星期 ___　　___ 点 ___ 分开始记录

今天值得记录的

....
....
....
....

我的感悟

....

提示：今天打卡一分钟日志了吗？..

第七课　责任心　　　　　总第208天

今天是 ____ 年 ____ 月 ____ 日　星期 ____　____ 点 ____ 分开始记录

今天值得记录的
....
....
....
....

我的感悟
....

提示：今天打卡一分钟日志了吗？..

不要推卸责任

永远不要因承认错误而感到羞耻，因为承认错误意味着进步的开始。

犯错误乃是取得进步所必须交付的学费，犯错误不可怕，可怕的是明知犯错误了还不改。

在日常生活中，每个人都难免出现失误，但是，当问题发生后，只知道一味地怪罪别人，就是不负责任的表现。不要出现问题马上找出许多借口为自己辩解，并且说得振振有词，头头是道。"人非圣贤，孰能无过"，人不可能不犯错误。如果在有错误发生时，其中的部分原因是因自己而起，就应该努力承担，并弥补错误，这样可以给人一种负责任的印象，要想赢得别人的信任，成为一个敢于负责任的人，就必须改掉推脱责任的坏习惯。

每个人都有错，但只有愚者才会执迷不悟。

因此，承担责任从本质上说是一种与生俱来的使命，责任就是对自己所负使命的忠诚和信守，责任是人性的升华，只有那些敢于承担责任的人，才能出色地完成工作，才有可能被赋予更多的使命！

第七课　责任心　　　　总第209天

今天是 ____ 年 ____ 月 ____ 日　星期 ____　____ 点 ____ 分开始记录

今天值得记录的

....

....

....

....

我的感悟

....

提示：今天打卡一分钟日志了吗？

作业　本章总结，分享进步

本月最后一天，我们恭喜你本月取得的进步！你也可以和父母，亲戚，老师，同学，朋友一起分享本月的收获。

你要分享的对象是谁呢？

分享对象	你准备分享什么？

第七课 责任心   总第210天

今天是 ____ 年 ____ 月 ____ 日   星期 ____   ____ 点 ____ 分开始记录

今天值得记录的

....
....
....
....

第七课，总结我的进步

....
....
....
....

我的感悟

....

提示：今天打卡一分钟日志了吗？

天下兴亡

匹夫有责

责任心的四个方面

凡事有交代，件件有着落

做事有始有终

信守承诺，说到做到

敢于承担，堪当大任

你真的很棒，屈指算来，你已经坚持了210天，离杰出的青少年越来越近了。

今后的路上，带上这三颗心，将使你受益无穷！拥有这三颗心，我保证你在人生的旅途中，不仅会成功，还会备受关注，讨人喜欢。

这一年我长大了

徐琛

夏天，真的是没有让人高兴的事，比如说一到夏天，我就要小学毕业了；一到夏天，我就要被蚊子咬得浑身是包；一到夏天，我就会闷热得难受……但是今年夏天，终于有了一件令我高兴的事，就是我在365天杰出青少年好习惯训练营学校毕业了，经过努力，我已经成为一名杰出的青少年。

一年过去了，我顺利地毕业了。这一本《杰出青少年好习惯养成手册》里记录着我一年的酸甜苦辣，奇事、乐事比比皆是。真的，在这12个月里，也许不是每篇都写得好，但是我学到了不少东西，比如说我学会了制定目标，养成了良好的生活习惯、人生习惯，学习了上进心、爱心、责任心三大课程，也掌握了如何培养情商、智商、财商的方法。

我认为这本书是精品，我写的日记更是精品。

这本书不光让我学到了东西，还让我加快了写作的速度，提高了写作水平。在班上我变了，变得跟书上要求得一样，我变得比以前大有进步。经过一年的练习，我的写作水平有了明显的提高，更受老师和同学们的喜爱。所以这样一来，我一天比一天自信！

在这一年里，我真的认识到了写日记的重要性。我天天练习，可以让我写作文从来不发愁。我认为，《杰出青少年好习惯养成手册》让我学到的不仅是一种做人、做事的大道理，更重要的是让我一步一步实践，增强了我的自信心，练就了顽强的意志！

对于美好的未来，我不是没有想过，我经常想，天天想，也许这样的宏大志愿让人听起来很吃惊，但是我十分相信自己，只要我敢想，再加上努力，就一定能成为一名人群中的佼佼者！现在就来听一听我想要的未来是什么样的吧！

三年后的夏天，我收到了一封信，打开信封一看，原来是清华大学医学院给我寄来的录取通知书，上面写着：徐琛同学以700分被我校录取，请于本年8月30号之前赶赴我校报到！我马上收拾好行装向清华进发。

两年后，我去哈佛大学留学并获得了全额奖学金。我依然学习我最喜爱的医学专业，三年研究生之后，又经过了四年，我成为博士，学成归来，很多家医院争先恐后地邀请我，我选择了一家条件很好的医院，当上了口腔科医生，为更多的人做贡献！

一年时间真是太快了，我真希望这一本书上的内容可以陪我上中学、大学，一直到美好的未来！

父母评价：在这一年的时间里，孩子的自信心、抗挫折能力以及上进心、责任心方面，进步是明显的，这很大程度上得益于这本手册，因为我们家长并没怎么管教她，基本上是她自己照着手册上的内容自我成长。这本手册真好！

老师评价：徐琛，喜欢你的理由有很多。首先是你的善良和做事坚持不懈的好习惯。人生路漫漫，踏稳每一步，就会迎来一个精彩的人生。

同学评价：愿你当上我们学习的好榜样，少先队大队长的你好可爱！

外公评价：从小到大你就是一个"三不停"（嘴不停、手不停、脚不停），也是一个健康、快乐、上进的孩子，你不仅是外公的乖孙女，也是外公的好朋友！

自我评价：我的进步是明显的，我要继续努力！

第8课 健商

> 只有身体好才能学习好、工作好，才能均衡地发展。
> ——周恩来

表面上看，健商可能意味着每天锻炼身体，改变你的饮食习惯，发现对付压力的新技巧。实际上，它的意义远不止于此。

"强国梦有我们"是当代杰出青少年的庄严承诺。凭什么来实现我们的誓言？杰出青少年首先拥有高健商，然后是高情商、高智商、高逆商、高财商等，是德、智、体、美、劳全面发展的强国青少年。

有健康的身体、健康的心理才有条件创造美好生活，也是健全人格培养的基石。让我们走进第八课——健商习惯培养。

恭喜你经过210天的坚持，进入人生商数的课程，相信你完成365天的训练，一定可以成为一名杰出的青少年。

首先，我们来学习人生重要的五大商数。

人生重要的五大商数

HQ——（Health Quotient）健康商数，简称"健商"，是指一个人的身心健康程度及对健康的态度。

IQ——（Intelligence Quotient）智慧商数，简称"智商"，是指个人对科学知识理解掌握的程度和具有智慧的多少。包括观察力、记忆力、想象力、分析判断能力、思维能力、应变能力等。

EQ——（Emotional Quotient）情绪商数，简称"情商"，是指一个人对环境和个人情绪的掌控能力，以及对团队关系的运作能力。

AQ——（Adversity Quotient）逆境商数，简称"逆商"，是指一个人面对逆境时减除自己的压力，渡过难关的能力。

FQ——(Financial Quotient) 财富商数，简称"财商"，是指认识、创造和管理财富的能力。

由于篇幅有限，另外同学们在学校，主要训练的就是关于智商的内容，本书就不作主要论述了，只对智商作如下简要介绍。

智商最早是由心理学家施特恩在1912年提出的，著名的比奈·西蒙智力量表在一百多年前就开始使用，一直沿用至今。经过智力量表测量，人们通常对智力水平高低进行下列分类。

- 高智商：智商在140分以上的人只占0.5%。
- 较高智商：智商115～140分。
- 正常的智力范围：95%的人，智力水平都在85～115分之间，在这个范围之内，大家的智力表现没有太大的差别。

智力量表测量，70～80分为临界正常，25分以下者为智力低下。

智力受先天遗传和后天环境的共同影响。先天的问题我们无法改变，但是后天通过人为的努力，也是可以改变和提升智力程度的。关于智商，人们往往将智商高低和学历、学习成绩、文凭挂钩，但事实上，智商远不止学习分数和成绩。

下面我们列举了18项提升大脑潜能、提升智商的方法，供参考。

1. 锻炼发散思维让你更聪明。大脑是一台超级计算机，它是身体运行的命令和控制中心，它几乎涉及你所做的每一件事。你的大脑决定你如何思考、如何感觉、如何行动以及如何与他人相处，大脑比我们可以想象到的任何计算机都要复杂。你的大脑里有一千亿个神经细胞，每个细胞相互间都有联系。

2. 研究表明，身体得到足够运动的人，其大脑运作会更好。做适度的肢体运动，可以增加心肺功能，促进全身血液循环。

3. 锻炼你的思维。用新奇的方式思考和观察世界有助于改善大脑功能。随着我们长大变成熟，许多人开始抑制或否认自己天生的好奇心。锻炼好奇心最好的方式就是问"为什么？"让一天至少问十个"为什么"成为你的习惯吧！好奇心的锻炼，你也会惊讶地发现你的生活充满无穷的乐趣。

4. 科学家告诉我们微笑有益大脑健康，它可以促进体内释放内啡肽及其他有积极力量的化学物质。笑可以帮助我们减压。

5. 研究表明，营养均衡也能让脑力提升，这不仅在于它帮助循环系统向大脑输送氧气，它还可以改善大脑细胞的细胞膜功能。也许这可以解释为什么营养均衡的人不容易有抑郁、智力衰退、注意力紊乱的问题。

青少年时期，按照"中国居民膳食标准"进行饮食配比，酌情按照青少年的口味来调整。

6. 控制体重有帮助于提升大脑运转能力，脂肪会减少富氧血液流向大脑，同时还会降低葡萄糖的新陈代谢，而糖类是大脑的食物。

7. 规律的生活起居。睡眠充足，劳逸结合，保持开心愉悦。越聪明的人，越懂得休息的重要性，学会科学地休息。在空闲时间做些可以活动大脑的方法，并且使你的大脑保持良好的工作状态。

科学休息可以有效调整人体的生物钟，让身体保持良好的状态。

8. 听莫扎特、贝多芬、巴赫的音乐，其陶冶情操、抚慰心灵的作用会逐渐显现出来。

9. 学习左右手协调的乐器，如钢琴、古琴、古筝、琵琶等。用双手弹奏的乐器有利于提升智力。

10. 改善你做事情的技能，只要你想拓展自己的能力和知识，一些重复的脑力刺激也未尝不可。一般的行动如种植、缝纫、养护动物、绘画、唱歌、学习一种新的绘画技巧、做更难的纵横字谜游戏，可以把你的大脑推向新的高度，以使它健康。

11. 及时调整，不要长时间有感性的烦恼。如果长时间心情不好，甚至抑郁，你的记忆力和反应时间都在衰退。

12. 科学地玩。找时间玩，打牌、下棋、参加拔河比赛。科学地玩，有节制地玩，这对你的精神和大脑都有好处。这给了你的大脑进行战略思考的机会，同时让它能够保持运行。这让你有一个更放松的状态提升脑力！

13. 全神贯注地做事可以提高脑力，这是显而易见的。没有全身心投入，你做不了伟大的工作。全力以赴，愉悦自己或者你愉悦世界。把所有精力放在你最喜欢的事情上面。这是你通向天才、通向天赋的途径。达·芬奇、爱迪生、爱因斯坦和毕加索都热爱活动，热爱探索。

14. 每天闭眼静修5分钟，你可以在你思维"最清醒"的时候，把精力集中在闭眼静修5分钟的思维活动上。这有助于提升你大脑的运转能力。

15. 读和写有助于提升大脑活力，写日记是捕捉思考和想法的好办法，对写作肯定有巨大价值。我们发现，平时的读写结合对我们激活大脑很有益处。写作的最大益处就是它可以扩充你的脑容量。

16. 建立对大脑的挑战，让大脑忙起来。让你的身体充满激情和自信，自我激励并激发创造力。要记住，无论你处在什么年纪、你的职位是什么，你的大脑都需要持续的挑战才能表现最佳。如果你不想让你的大脑像垃圾场的汽车一样锈蚀，就让它忙起来吧，无论是做逻辑拼图，还是学习一项新技能。

17. 终身学习，活到老，学到老。终身学习和实践有利于智力发展。我们的智力终身都可以发生变化，经过智力训练，智商可以发生很大的变化，研究表明，一直从事智力活动的大脑可以大大减少老年痴呆的发生。所以，智力开发，永远不晚。

18. 刻意练习以下7种能力，也有助于提升智力。

可练习的7种能力

序号	能力	解析	方法
1	观察力	对事物的观察能力	找不同
2	注意力	集中于某种事物的能力	出入息训练
3	记忆力	识记、保持、再现的能力	数字、词组、文章、扑克
4	分析判断力	剖析、分辨、研究等能力	列计划
5	思维力	概括的能力	分类、归纳、概括练习
6	想象力	创造出新形象的能力	阅读、写作
7	应变力	对变化事物的快速反应	即兴练习

另外我想说明，智商与成绩没有必然的直接关系，智商只是反映一个人智力水平的高低，而智力水平仅仅是学习成绩好的一个必要但不充分条件，也就是说：智商高的孩子也不一定学习成绩好。

现实生活中也有这样的例子，他们的智商并不见得有多高，但却能够在自己擅长的领域做出巨大贡献。比如曾国藩小时候被认为很笨，发明家爱迪生曾经被学校当作"低能儿"劝退。

接下来让我们学习健商。

什么是健商（HQ）

健商是由谢华真教授于2000年首先提出来的。"健商"是健康商数（Health Quotient）的缩写，代表一个人的健康智慧及其对健康的态度。健商不仅把健康定义为没有患病，而且更广义地指一个人的良好状态。

中国的传统文化强调身心合一，也符合健商的本义。真正的幸福、真正的成功、真正的富足、真正的健康就是身心合一。

健商的提出，不是对智商、情商的简单模仿，而是谢教授在对现代西方主流医学和保健思想反思和批评的基础上，提出的一个崭新的健康理念。健商的提出非常有价值，健康不仅是没有疾病，健商的提出是全面的。健康状况涉及一个人存在的所有方面，不仅包括生理、心理、情感、精神、环境和社会的种种因素，还包括人的生活质量。

健商包括四大范围：生理（躯体）健康、心理（精神）健康、社会（人际关系正常）健康和道德健康。四大范围一个都不能少。

表面上看，健商可能意味着每天锻炼身体，改变饮食习惯，发现对付压力的新技巧。实际上，它的意义还远不止于此。

了解健商，提高健商，可以通过简便易行的个人健商评估法，了解自己的健康状况，做出明智的健康决策，描绘自己的健康蓝图，制定一个适合自己的改善生活和健康的行动计划，从而大大提高生活质量，健康快乐。

身体是革命的本钱。创造幸福需要拥有健康的身体，然后才有可能去创造美好的生活。

第八课　健　商　　　　　　　　　总第211天

今天是 ____ 年 ___ 月 ___ 日　　星期 ___　　___ 点 ___ 分开始记录

今天值得记录的　..

....

....

....

我的感悟　..

提示：今天打卡一分钟日志了吗？..

第八课　健　商　　　　　　　　　总第212天

今天是 ____ 年 ___ 月 ___ 日　　星期 ___　　___ 点 ___ 分开始记录

今天值得记录的　..

....

....

....

我的感悟　..

提示：今天打卡一分钟日志了吗？..

第八课　健　商　　　总第213天

今天是 ____ 年 ____ 月 ____ 日　　星期 ____　　____ 点 ____ 分开始记录

今天值得记录的

....

....

....

....

我的感悟

....

提示：今天打卡一分钟日志了吗？................................

第八课　健　商　　　总第214天

今天是 ____ 年 ____ 月 ____ 日　　星期 ____　　____ 点 ____ 分开始记录

今天值得记录的

....

....

....

....

我的感悟

....

提示：今天打卡一分钟日志了吗？................................

每天锻炼一小时

教育部早在2007年提出了"每天锻炼一小时，健康工作五十年，幸福生活一辈子"的口号，希望广大青少年以此激励自己，努力锻炼身体，强健体魄。

这句话明确提出了，每天坚持锻炼一个小时的目标，我们要努力在青少年时代养成每天锻炼一小时的习惯。生命在于运动，每天锻炼一小时，养成每天运动的好习惯，为未来学习、工作提供了很好的身体基础，可使人终身受益。

国家提倡体育运动，可是很多学生和父母担心运动多了会耽误学习，研究事实表明，运动有助于激活大脑。

锻炼身体可以坚强一个人的意志。男孩子要有阳光之气、浩然之气。我的大儿子从小就学习武术，后来专门上的武术类院校。我的一大感受就是，从小锻炼体魄的孩子，超负荷的体力练习让他们的心智非常成熟，不会轻易闹脾气，生活比较独立，因为体力上的承受能力强，心理上也相对稳定。

锻炼身体可以让我们心情开朗，不钻牛角尖。再想不开的事情，去运动一下，出出汗，排排毒，也就想开了。锻炼身体，在治疗心情不好方面真的有奇效，要比吃零食、乱购物、参加不良的娱乐等，对身心有益多了。

养成每天锻炼一小时的习惯要趁早。越早越受益，越晚越有难度，你们可以了解父母的运动情况。即便他们的运动习惯是从小养成的，长成大人以后想要坚持一项运动也非常困难，当然，你养成了每天运动一小时的习惯对他们也是一种促进作用。

好了，现在我们来讲一讲，你最喜欢什么体育运动？

我最喜爱的体育运动要属跑步。慢跑的时候，我感到宁静、充实。

在清晨，与朝阳齐步，聆听大自然的声音；或在傍晚，享受夕阳余晖，感受工作后的柔和；或在夏季挥汗如雨，斗三伏酷暑；或在冬季挑战严寒，感受生命极限的战栗。

坚持跑步的习惯，是一种享受！

每个同学选择自己力所能及的，适合自身的1～2项体育活动，你可以打篮球、乒乓球、羽毛球、网球，你也可以慢跑、快走、散步，你也可以选择武术、跆拳道、搏击、游泳。总之，在上学期间要养成终身锻炼的习惯，把锻炼身体作为自己的生活方式，以此促进自己的身心健康，德、智、体、美、劳全面发展。

生命在于运动，成功在于拼搏。

让我们走出寝室，走出教室，走出卧室，离开网络，走向运动场，迈开双腿，打开双手，挥洒汗水，和你的好伙伴一起奔跑。

但切记，听从体育老师和家长的指导，不要做过度危险的动作，不参加过度危险的活动，尤其游泳、探险必须和大人在一起。

让我们"每天至少锻炼一小时"，记录下自己坚持的日日夜夜，书写属于自己的成长篇章，成就自己美丽的人生，传递青春正能量！

写下来，你最喜欢的体育运动是：＿＿＿＿＿＿＿＿＿＿＿＿＿＿＿＿＿＿＿

本月你将养成什么样的健康运动习惯：

＿＿＿＿＿＿＿＿＿＿＿＿＿＿＿＿＿＿＿＿＿＿＿＿＿＿＿＿＿＿＿＿＿＿＿

每天锻炼一小时
健康工作五十年
幸福生活一辈子

第八课　健　商　　　总第215天

今天是 ＿＿ 年 ＿＿ 月 ＿＿ 日　星期 ＿＿　＿＿ 点 ＿＿ 分开始记录

今天值得记录的

我的感悟

提示：今天打卡一分钟日志了吗？

第八课　健　商　　　　　总第216天

今天是 ____ 年 ____ 月 ____ 日　　星期 ____　　____ 点 ____ 分开始记录

今天值得记录的

....

....

....

....

我的感悟

提示：今天打卡一分钟日志了吗？..

第八课　健　商　　　　　总第217天

今天是 ____ 年 ____ 月 ____ 日　　星期 ____　　____ 点 ____ 分开始记录

今天值得记录的

....

....

....

....

我的感悟

提示：今天打卡一分钟日志了吗？..

第八课　健　商　　　　　总第218天

今天是 ____ 年 ___ 月 ___ 日　　星期 ___　　___ 点 ___ 分开始记录

今天值得记录的

....

....

....

....

我的感悟

....

提示：今天打卡一分钟日志了吗？

身体健康与人际关系

哈佛大学有一项持续 75 年的研究，人生中，是什么让我们保持健康和幸福？这是有史以来持续时间最长的生活研究之一。主持这个研究的罗伯特·瓦尔丁格提出这样一个问题：如果你现在开始着手规划未来的人生，你会把时间和精力花在哪里？

75 年间，研究共追踪了 724 位男性。研究者年复一年地询问他们的工作、家庭生活、健康状况，在最早的 724 名男性中，大约有 60 位还在世，并继续参与这项研究，他们绝大多数已经超过 90 岁了。

那么研究得到了什么？

第一条：事实证明，和家庭、朋友和周围人群连结更紧密的人更健康，他们也比连结不甚紧密的人活得更长。

第二条：起决定作用的不是拥有的朋友数量，不是你是否在一段稳定的亲密关系中，而是你的亲密关系的质量。

第三条：良好的关系不仅保护我们的身体，也能保护我们的大脑。

很多年轻人认为声望、财富是他们追求的目标。但随着时间的流逝，在这75年间，研究显示：发展得最好的人是那些把精力投入关系，尤其是和家人、朋友和周围人群关系中的人。

从这项长达75年的研究中，我们得到的最清晰的信息是：良好的关系让人们更快乐，更健康。

结论几乎完全无关财富、名声或者拼命工作。

第八课　健　商　　总第219天

今天是 ____ 年 ___ 月 ___ 日　星期 ___　　___ 点 ___ 分开始记录

今天值得记录的

我的感悟

提示：今天打卡一分钟日志了吗？

第八课　健　商　　　　总第220天

今天是 ____ 年 ___ 月 ___ 日　　星期 ___　　___ 点 ___ 分开始记录

今天值得记录的

我的感悟

提示：今天打卡一分钟日志了吗？

第八课　健　商　　　　总第221天

今天是 ____ 年 ___ 月 ___ 日　　星期 ___　　___ 点 ___ 分开始记录

今天值得记录的

我的感悟

提示：今天打卡一分钟日志了吗？

第八课　健　商　　　　　　总第222天

今天是 ____ 年 ___ 月 ___ 日　星期 ___　　___ 点 ___ 分开始记录

今天值得记录的

....

....

....

....

我的感悟

....

提示： 今天打卡一分钟日志了吗？................................

健 康 格 言

1. 你有改变命运的一万种可能，甚至可以征服世界，你没有健康，只能是空谈。

2. 一个人最蠢的事，莫过于忽视健康。

3. 体弱病欺人，体强人无病。

4. 千保健，万保健，心态平衡是关键。

5. 身体是智能的载体，是事业的本钱。

6. 活动就像灵芝草，不必苦把仙方找。天天蹦蹦跳，医生永不找。

7. 若要健，天天练，健康是长寿的伴侣，运动是健康的源泉。

8. 人生最大的资本是健康，人生最大的幸福是快乐，人生最大的幸运是平安！

9. 物质是健康的基础，精神是健康的支柱，运动是健康的源泉，科学是健康的法宝，拥有健商是健康的保证。

10. 有规律的生活是健康与长寿的秘诀。

11. 不要用外在的物质装饰自己,要用健康武装身体。

12. 要活好,心别小,善制怒,寿无数。笑口开,病不来,心烦恼,病来了。

13. 生气四害:血压变高,血脂变稠,血色变紫,血管变细。引发脑塞,心肌梗死!

14. 对待别人不生气,别跟自己过不去。病来身上心放宽,战胜疾病须乐观。

第八课 健 商   总第223天

今天是 ____ 年 ____ 月 ____ 日   星期 ____   ____ 点 ____ 分开始记录

今天值得记录的

我的感悟

提示:今天打卡一分钟日志了吗?

第八课　健　商　　　　总第224天

今天是 _____ 年 ____ 月 ____ 日　　星期 ____　　____ 点 ____ 分开始记录

> 今天值得记录的

....
....
....
....
....

> 我的感悟

....

提示：今天打卡一分钟日志了吗？................................

第八课　健　商　　　　总第225天

今天是 _____ 年 ____ 月 ____ 日　　星期 ____　　____ 点 ____ 分开始记录

> 今天值得记录的

....
....
....
....
....

> 我的感悟

....

提示：今天打卡一分钟日志了吗？................................

第八课　健　商　　　　　　总第226天

今天是 ____ 年 ____ 月 ____ 日　　星期 ____　　____ 点 ____ 分开始记录

今天值得记录的

....

....

....

....

....

....

我的感悟

....

提示：今天打卡一分钟日志了吗？..

第八课　健　商　　　总第227天

今天是 ____ 年 ___ 月 ___ 日　　星期 ___　　___ 点 ___ 分开始记录

今天值得记录的

我的感悟

提示：今天打卡一分钟日志了吗?

第八课　健　商　　　总第228天

今天是 ____ 年 ___ 月 ___ 日　　星期 ___　　___ 点 ___ 分开始记录

今天值得记录的

我的感悟

提示：今天打卡一分钟日志了吗?

第八课　健　商　　　　　　　　总第229天

今天是 ____ 年 ___ 月 ___ 日　　星期 ___　　___ 点 ___ 分开始记录

今天值得记录的

....

....

....

....

我的感悟

....

提示：今天打卡一分钟日志了吗？..

第八课　健　商　　　　　　　　总第230天

今天是 ____ 年 ___ 月 ___ 日　　星期 ___　　___ 点 ___ 分开始记录

今天值得记录的

....

....

....

....

我的感悟

....

提示：今天打卡一分钟日志了吗？..

中小学生当前面临的五大健康问题

北京大学儿童青少年卫生研究所的季成叶教授指出，目前儿童青少年中存在着五大健康问题，而这些疾病大多源于一些不良习惯。

1. 近视

1998 年，我国中小学生中，近视患病率居世界第四；而 1999 年，这一数值中国已跃居世界第二，仅次于日本。在城市中，儿童近视率居高不下，还在继续增长，农村则明显上升。课业负担重、用眼时间过长是造成青少年近视的主要原因。而且近视的年龄段提前了，过去防止近视的重点放在 9 岁以后，现在家长和学校应在孩子上幼儿园和一入小学阶段就开始防范近视。同时，在减轻课业负担后，家长应注意让孩子在家中不要过度用眼，看电视、玩游戏的时间过长都会对眼睛造成伤害。

2. 营养不良和肥胖

在中小学生中，营养不良和肥胖问题同时并存，由于这两类人群数量都不少，因此这一状况被专家称为"双峰现象"。

在全国范围内，儿童营养不良总是相对集中在西部，但在北京 6～18 岁的中小学生中，营养不良的孩子也占到 6%～7%。造成这部分青少年营养不良的原因不同于西部的热量、蛋白质摄入不足，而是偏食、挑食、吃零食过多，为追求模特身材而过度节食等。

与营养不良相比，更严重的问题是肥胖。近两年肥胖儿的增长速度惊人，北京市的中小学生中，肥胖儿大约占 15%，这一数字比 10 年前翻了一倍，因此，遏制青少年肥胖已是刻不容缓。肥胖对青少年的身心发展都有影响，儿童肥胖会导致成年肥胖，而成年肥胖又可导致高血压、冠心病、糖尿病等疾病。目前这些疾病已经呈现低龄化趋势。

3. 龋齿

我国中小学生的龋齿发病率与世界水平相比并不高，但是有了蛀牙不及时修补的问题突出。有些孩子小小年纪牙就坏掉。有了蛀牙应及时修补，即使是乳牙也要修补，因为乳牙如果过多脱落，会影响恒牙长出后的排列。

4. 贫血

贫血问题与大城市孩子营养不良总是有相似之处，这种贫血并不是缺乏食物造成的，而是与饮食习惯和营养知识缺乏有关。例如，有的家长可能不知道，炒菜用铁锅就可以无形中给孩子补很多铁。再如，在吃饭前喝橘子汁、吃西红柿可以促进铁的吸收，饭后喝茶则不利于铁的吸收。此外，牛奶、鸡蛋中虽含有铁，但很难吸收，而瘦肉、猪肝中的铁质则容易吸收。了解了这些知识，纠正贫血就很容易做到。

5. 心理健康问题

目前，中小学生中存在过度害羞、胆子小、有暴力倾向、焦虑、抑郁等心理问题，特别是在面临升学、就业、交友等压力时。专家预计，今后一段时间，中小学生心理问题的发生还将呈上升趋势，因此，我们要通过自己的努力、他人的帮助，从困惑中走出来。

第八课　健　商　　　总第231天

今天是 ____ 年 ____ 月 ____ 日　星期 ____　____ 点 ____ 分开始记录

今天值得记录的

....

....

....

....

我的感悟

....

提示：今天打卡一分钟日志了吗？

第八课　健商　　　　　　　　总第232天

今天是 ____ 年 ___ 月 ___ 日　　星期 ___　　___ 点 ___ 分开始记录

今天值得记录的

....

....

....

....

我的感悟

提示：今天打卡一分钟日志了吗？

钟南山院士谈健康秘诀

2020年，"钟南山84岁高龄，健步如飞走进人民大会堂接受表彰"的消息登上"热搜"，网友感叹，钟爷爷身姿矫健，让人敬佩。

随后钟院士幽默回应走红毯"健步如飞"：故意走快显示还没老。

那么钟南山院士的健康秘诀是什么？

在记者采访的镜头下，84岁的钟南山身体依然硬朗。17年前，他就奋战在抗击"非典"第一线，新冠肺炎疫情暴发他又赶赴疫区，再赴防疫最前线，已是耄耋之年的钟南山，工作强度巨大，但身体状态不减当年。对此他曾表示："运动对我保持身体健康起到了关键作用。"

2005年，已经年近70岁的钟南山，还担任着医院篮球队的主力，与年轻人一起运动。而妻子李少芬则常常是篮球赛的裁判。

年轻时热爱体育运动，并且常年保持运动的习惯，这使得钟南山即使在84岁高龄，身体却依然硬朗。

为了让平时锻炼更方便，钟南山在家布置了简易健身房，有哑铃、动感单车、跑步机、拉力器等常用的健身器械。即使是出差，他也会带上拉力器，做些简单的力量锻炼。

良好的体魄是抵御疾病的前提。钟南山对于预防呼吸道传染病提出的建议之一就是加强锻炼，提高自身免疫力。

为此，钟南山在接受《解放日报》采访时曾提出，跑步是提升上班族和青少年学生身体素质和抵抗力的好方法之一。

另外，钟南山院士在《不老人生》节目中谈到慢阻肺的研究时，说过这样一段话：慢性病的早期发现、早期干预、早期治疗极为重要。

世界卫生组织指出：人类的健康长寿，7% 取决于气候与地理条件，8% 取决于医疗条件，10% 取决于社会条件，15% 取决于遗传，60% 取决于个人的生活方式和行为。

所以，健康管理可以帮助我们列出不健康风险因素，并对不良生活方式进行有效干预，能够明显降低健康风险，提高生活质量。

早预防、早发现、早干预、早治疗是应对疾病的最有效策略，与其患病后被动治疗，不如未病时积极预防。

第八课　健　商　　　总第233天

今天是 ____ 年 ___ 月 ___ 日　　星期 ___　　___ 点 ___ 分开始记录

今天值得记录的

我的感悟

提示：今天打卡一分钟日志了吗？

第八课 健 商　　　　　总第234天

今天是 ____ 年 ____ 月 ____ 日　　星期 ____　　____ 点 ____ 分开始记录

今天值得记录的

....

....

....

....

....

我的感悟

....

提示：今天打卡一分钟日志了吗？

预防近视的好习惯

我们国家的青少年近视问题非常严重。

世界卫生组织的研究报告显示，我国的近视患者高达6亿人，其中中小学生人数超过1亿，近视率近50%，初高中生近视率高达80%。国家卫健委统计的数据显示，2018年，中国儿童青少年近视率已达到53.6%。近两年，由于疫情，青少年使用电子设备的机会增多，近视率又有所增加。

国家已经提出了2021—2025年青少年近视防控光明行动工作方案，将通过具体措施保护青少年的视力。

在这课里，我们一起养成5个保护视力的小习惯。

1. 学习45分钟，必须让眼睛至少休息10分钟。如果在学校，下课后尽量不要再待在室内，走到室外，看看远方。

2. 每天认真做眼保健操，按摩眼部穴位。

3. 正确的坐姿。

大家应该都知道正确坐姿的要领。保持后背坐直，双脚平放就是核心要领。建议同桌之间相互监督，发现对方弓背，后背脊柱成"C"形，提醒对方 1 次，每天提醒不超过 3 次。

4. 在家里控制电子产品使用时间，如看电视、手机、平板电脑等电子产品。

看电视、平板电脑、手机时要注意其高度应与视线相平，保持距离。

7～12 岁的学生使用电子产品的时间不超过 30 分钟，13～18 岁的学生使用电子产品的时间不超过 60 分钟，可以用秒表、手机闹钟提醒到点。到点立刻关闭电子产品。这种方法我给自家孩子用的时候，效果非常好，时间提示一响，自己主动关机。

5. 不熬夜。

睡眠时间需要全家人配合起来，无论大人睡眠时间如何，要保证孩子的睡眠时间。

小学生每天确保睡眠 10 个小时左右，初中生每天睡眠 9 个小时左右，高中生每天睡眠 8 个小时左右。为了保护自己的身体健康、眼部健康，睡眠时间要硬性规定好，不熬夜，养成良好的睡眠习惯。

6. 读书、写字要有适当的光线，光线最好从左边照射进来。写字不要过小、过密，更不要写歪。

7. 应多吃富含维生素的食物。

近视患者普遍缺乏铬和锌，微量元素检查可帮助了解铬和锌的缺乏情况。食物中，黄豆、杏仁、紫菜、海带、羊肉、黄鱼、奶粉、茶叶、牛肉等含锌和铬较多，可适量食用。

8. 必要的时候，要寻求眼科医生的帮助。

第八课　健　商　　　　　总第235天

今天是 ____ 年 ___ 月 ___ 日　　星期 ___　　___ 点 ___ 分开始记录

今天值得记录的

....

....

....

....

我的感悟

提示：今天打卡一分钟日志了吗？ ....

第八课　健　商　　　　　总第236天

今天是 ____ 年 ___ 月 ___ 日　　星期 ___　　___ 点 ___ 分开始记录

今天值得记录的

....

....

....

....

我的感悟

提示：今天打卡一分钟日志了吗？ ....

第八课　健　商　　　　　　总第237天

今天是 ____ 年 ___ 月 ___ 日　　星期 ___　　___ 点 ___ 分开始记录

今天值得记录的

....
....
....
....

我的感悟

提示：今天打卡一分钟日志了吗？

第八课　健　商　　　　　　总第238天

今天是 ____ 年 ___ 月 ___ 日　　星期 ___　　___ 点 ___ 分开始记录

今天值得记录的

....
....
....
....

我的感悟

提示：今天打卡一分钟日志了吗？

中 华 武 德

早在春秋时期左丘明所著的《左传》中就有"武德"的论述。武，止戈为武；德，仁义为德，武德是修习武术之人的言行举止操守准则。

关于武德的具体内容，中华武术都有记载，我们列举少林习武戒约：

一 戒叛师 凡少林弟子，须尊师守礼，明道为先；法贤进德，至善是念。

二 戒忘恩 凡少林弟子，当孝恩是膺，济报有常；伤亲害友，雷怨众迁。

三 戒诸恶 凡少林弟子，当净意择善，律己从道；杀盗淫妄，功德尽捐。

四 戒浮艺 凡少林弟子，当虚己勤习，抱朴专艺；博识凝神，心沉自雄。

五 戒偏执 凡少林弟子，须体用兼备，明体达用；禅武并重，宗风乃彰。

六 戒怠惰 凡少林弟子，须敬事不辍，信理不馁；朝夕精练，久久为功。

七 戒欺斗 凡少林弟子，禁逞强斗狠，恃技辱人；狂心戾气，必招悔恨。

八 戒帮派 凡少林弟子，实同袍连枝，气属一体；挟私阴聚，伤吾浩然。

九 戒毁他 凡少林弟子，当和敬同道，砥砺共进；自赞毁他，当知是耻。

十 戒抗诏 凡少林弟子，当心系大义，有召必应；苟利众生，忘身如归！

凡此十戒，自度度他，当遵不犯，志心恒念！学习武术的青年人，应该弘扬我们古人的武术德行，继承中国的武德传统，让中华文化发扬光大。

第八课 健 商   总第239天

今天是 ____ 年 ___ 月 ___ 日　　星期 ___　　___ 点 ___ 分开始记录

今天值得记录的

....

....

....

....

我的感悟

提示：今天打卡一分钟日志了吗？

> **作业** 本章总结，分享进步

本月最后一天，我们恭喜你本月取得的进步！你也可以和父母，亲戚，老师，同学，朋友一起分享本月的收获。

你要分享的对象是谁呢？

分享对象	你准备分享什么？

第八课　健　商　　　总第240天

今天是 ____ 年 ___ 月 ___ 日　　星期 ___　　___ 点 ___ 分开始记录

今天值得记录的

....

....

....

....

第八课，总结我的进步

....

....

....

....

我的感悟

提示：今天打卡一分钟日志了吗？

第8课　健　商

坚持365篇日记是人生一次修炼

于佳鑫

不知不觉，我坚持了365天，我觉得，这是人生的一场修炼。

在这一年中，我学会了如何养成好习惯，并对自己的思想、心理和行为表现进行了一系列的管理。我有了一份自己的宣言书，并且，我用毅力把它完成，这让我拥有了钢铁般的意志。因为，每当我读起它，心中就会有一股冲劲，使我更加有信心，在每次写日记时，都是在自我反省、寻找问题，从而不断完善自己。

我知道养成好习惯是一切成功的条件，所以，一定要坚持下去。

我以为每一个人出生时都是一个平凡的人，身为平凡的人，要靠脚踏实地，勤恳努力，自我磨炼，耐心等待……才能逐步走向成功，人是不可能一步登天的，记日记就是培养这些能力不错的选择，记日记，有助于人本身的自我调整，激励自己战胜挫折和困难，这样，会使人有一个健康的心态，也许，还可以靠日记成功呢！

目标是一个旗帜，目标可以战胜懒惰，也是创造快乐学习的原动力，更不会使自己骄傲。

目标类型有4种：日目标、月目标、年目标、人生终极目标。我会给自己订立一个能完成并具体的目标，只有落实，才会有成效。要完成它，就要有信心和全力的投入。Just do it！而我正是有了这种目标，才能在学习之余练书法，并坚持到现在。我始终相信，一个人未来的成就大小，取决于为自己的梦想奋斗了多久！因为有明晰的目标，我会很好地完成每一件事。

习惯成就命运！这句话说得不错，它说明，一个好习惯不是一蹴而就的，而是需要不断培养、巩固。而且，我学会了做家务和礼貌待人，不迷恋游戏，也控制了看电视的时间。在学习中，记笔记是一个好习惯，能锻炼我们的观察力，有了不拖延的好习惯，就立即行动。有了良好的生活习惯，还要有良好的人生习惯。人的身体对人生最重要，要常锻炼身体，还要注意保护自己的眼睛。金钱哲学也是一门学问，勤俭是伟大的美德。在家靠父母，出门靠朋友，古人云：多一个朋友，多一条路。所以要对别人宽容，大度一些，这样就会有更多的朋友，使你一生受益。老师总是鼓励我们多提问题，发现问题，勇于提问，并得到解答，这就是收获。

这个世界没有上进心的人是不可能完成伟大事业的。天行健，君子以自强不息。有上进心，才能不断进步，说得太好了，俗话说：读史使人明志，所以我要多学习历史，提高判断力，多多充实自己。我有许多爱好，为了这些，我会去不断努力，不断进取。读书的过程就是汲取知识的过程，要多读书，读好书，书可以引领我向前迈进。

　　拥有了爱心，就拥有了容忍、宽厚待人之心。奉献了一颗爱心，也会得到相同的快乐。爱自己、爱父母、爱老师、爱同学，爱社会中的每一个人，爱家乡、爱国家、爱大自然、爱动物、爱地球。只要拥有大爱，你就是一个可信任的人，一个受人尊敬的人，别人也更愿意帮助你，与你合作，因为自私的人不可能得到人们的尊重。

　　责任心强，做事就会非常认真、负责。我相信，能写好字，也是一种对自己负责的表现。做好早操也是一种对自己负责的表现。除此之外，要对自己做的任何事负责，做错了，就要勇于承担。也要将别人交代给你的事和你答应的事做好，尽全力去完成，这样还会使你增强社会责任感、使命感和义务感。

　　拥有了这三颗心，还要锻炼自己的四大商数——健商、情商、逆商、财商。

　　有时，我们会面对许多诱惑，我们只有控制自己，才能不被它干扰。这就需要控制情绪，这就是修养。重要的是驾驭自己，才能进入新的境界。也要控制自己的行为，要做到严格自制，表里如一。时间是有限的，要珍惜时间，合理安排，不浪费光阴。这样，会做更多有益的事。

　　反省、总结是我学到最宝贵的财富，多一点总结，多一点反省，就会改掉一些毛病，从而使自己不断进步。

　　我还知道了重要的事情要先做，要不甘退缩，要懂得谦虚，这些让我逐步迈向成功。

　　的确，这一年中，我学到了不少，而且对未来充满了美好的憧憬。

　　我希望我将来有成功的事业，它稳定，但又有一定的挑战性，我能实现我的理想，圆了我的博士梦，能环游世界，并广交天下朋友，最重要的是有一个欢乐、和谐的家庭！

　　我即将拥有成功的人生！

父母评价：能认真地贯彻和落实好习惯培养计划！

老师评价：聪颖、沉稳、文静、坚强、秀气而文雅。热心班集体工作，协助老师完成班务工作。要知道，学习机会稍纵即逝，希望你能珍惜学习的时间。好好地珍惜这黄金岁月吧，别让它蹉跎，在人生的十字路口别做出错误的选择。生活是艰辛的，生活也是美好的，扬起风帆，勇往直前！

同学评价：你的行为表现是无可挑剔的，你面对学习时的顽强毅力令我感动。你的正直、热情也令人印象深刻。这只是迈出的第一步，更加艰巨的挑战还在后面。不用去想能攀多高，即使路途遥远，只要一步一个脚印，目标始终如一，你的理想一定能实现！

忘年交朋友评价：十分热情，对于学习从不怠慢，脚踏实地，乐观开朗，不管遇到怎样的风雨都能战胜。细心沉着，善良，乐于助人！

自我评价：热爱学习，有条理性，有爱心、责任心，经常总结，并且能不断进步！

第9课 情商

> 想左右天下的人，须先能左右自己。在恰当的地点、恰当的时候，对恰当的人发恰如其分的脾气，是情绪的主人。只有科学地管理自我、掌控自我的人，才能站在历史的潮流中去开创崭新的人生。
>
> ——黄泰山

具有高情商的青少年，做情绪的主人，不做情绪的奴隶。

具有高情商的人，**除了认知自己的情绪，认知他人的情绪，管理自己的情绪外**，还具有很强的自我激励能力以及良好的人际关系。

让我们走进第九课，成为高情商的青少年。

什么是情商

情商（Emotional Quotient）通常是指情绪商数，简称 EQ，在 1990 年由两位心理学家约翰·梅耶和彼得·萨洛维首先提出，后由丹尼尔·戈尔曼出版了《情商：为什么情商比智商更重要》一书。丹尼尔·戈尔曼也被称为情商之父。

关于情商和智商哪一个更重要的大讨论已经持续了很久，最终公认的结论是：**一个人在社会上要获得成功，在多数情况下，情商比智商更重要一些。**

值得指出的是，很多人对情商的误解是"情商高"就是会说漂亮话，谄媚、奉承、巴结、虚伪、会送礼等，这其实是错误的理解。

戈尔曼和其他研究者认为，情商由认知自己的情绪、认知他人情绪、控制自我情绪、自我激励和处理人际关系这五种特征组成。

"情商"大致可以概括为五个方面的内容：

情商的五个方面

	特 点
认知自己的情绪	对自己情绪的感知力
感知他人的情绪	认知他人情绪的能力，有区分的能力
调节情绪能力	即当情绪出现时有自我调节能力
自我激励能力	遇到困难、挫折，能正向积极的面对，自我鼓励，有重头再来的能力
处理人际关系	有良好的人际关系，并具有组织协调能力

只要我们认真学习，并采用一些方法来调节，情商是可以得到提升的。

具体说，具有高情商的人首先要有感知自己情绪的能力，感知他人情绪的能力。进而可以区分开别人想表达的事情和他们所带的情绪。把这句话再解释一下，就是自己有情绪知道自己有情绪了，不会跟着自己的情绪做出错误的反应，别人有情绪知道别人有情绪了，不会跟着别人的情绪做出错误的反应。

认识他人的情绪就是能区分开别人想表达的事情和他们所带的情绪。

举个例子来说：

一天晚上，儿子回到家里，母亲劈头盖脸就是一句："怎么才回来，饭吃了吗？作业做了吗？"语气中流露着生硬和气愤。儿子从母亲的话里听到的只有指责和气愤，所以很自然就甩给母亲一句："我不想吃饭，不吃。"

这个生活情景可能在你的生活中也发生过。你是否曾像那个孩子一样，表达给父母的语言中充满了指责与愤恨？原因就是你只是听到了母亲的情绪，被母亲的情绪牵着鼻子走而作出反应，而根本没有区分开母亲的情绪和覆盖在情绪下面的母亲关心你吃饭、课业的事情。

于是乎，你听到的只是母亲对你的责问，而根本没有感受到她对你的关心和爱。

如果这个孩子经过情商训练，在听母亲讲话的时候，就至少可以听到两个含义：（1）母亲生气了。（2）母亲在询问和关心自己吃饭和作业的情况。如果我们能听出母亲的话除了语气的生硬以外，还有关切，那么我们就不会生硬地顶回去，而是语气平静地回答自己的情况。

生活中的许多矛盾都是这样产生的，说到底是由于人们没有懂得区分开别人想表达的事情和他们所带的情绪。

具有高情商的人，当发现自己处于某种不良的情绪中的时候，能采取办法调节自己的情绪。比如闭上嘴、深呼吸、离开事情发生地点等方法，迅速消除不良情绪。只要我们认真练习，情绪可以得到有效调节。

具有高情商的人，**除了认知自己的情绪，认知他人的情绪，管理自己的情绪外，**还具有很强的自我激励能力。每个人的人生中都会遇到一些挫折和不顺利，都可能陷入泥沼中。无法自拔、自暴自弃都不会给事情本身带来任何帮助，只有懂得自我激励，足够自信的人才能很快地从危机中走出来。

最后，具有高情商的人一般都具有良好的人际关系，懂得如何与人打交道、如何设身处地地为他人着想。于是朋友越来越多。

看过了上面的文章，你觉得你的情商如何，回答下面几个问题来判断一下。

1. 你上次发火、有情绪是什么时候？当时你是什么状态？还记得吗？
_____
_____

2. 你是否曾经有意识地使用某种情绪管理方法来管理你的情绪？你一般都采取什么方法管理你的情绪？
_____
_____

3. 曾经用过什么样的自我激励方法？
_____
_____
_____

4. 当别人带着情绪和你说话时，你是怎样的反应？
_____
_____

生活中：

1. 你常爱发脾气，还是平静的时候多？
2. 你常乐观，还是心中比较消极？
3. 在困难和挑战面前，你能够激励自己向前吗？
4. 你对自己和他人的优缺点有足够的认识吗？
5. 你有良好的人际关系，朋友很多，还是总和同学闹矛盾？

让我们走进本课——情商。

第九课　情　商　　　　总第241天

今天是 ____ 年 ___ 月 ___ 日　　星期 ___　　___ 点 ___ 分开始记录

今天值得记录的

....
....
....
....

我的感悟

提示：今天打卡一分钟日志了吗？

第九课　情　商　　　　总第242天

今天是 ____ 年 ___ 月 ___ 日　　星期 ___　　___ 点 ___ 分开始记录

今天值得记录的

....
....
....
....

我的感悟

提示：今天打卡一分钟日志了吗？

第九课　情　商　　　　总第243天

今天是 ____ 年 ____ 月 ____ 日　　星期 ____　　____ 点 ____ 分开始记录

今天值得记录的

....

....

....

....

我的感悟 ....

提示：今天打卡一分钟日志了吗？ ....

第九课　情　商　　　　总第244天

今天是 ____ 年 ____ 月 ____ 日　　星期 ____　　____ 点 ____ 分开始记录

今天值得记录的

....

....

....

....

我的感悟 ....

提示：今天打卡一分钟日志了吗？ ....

高情商青少年的十个好习惯和自律十条

高情商更像是由内而外散发出的涵养，行为举止得体，同时也让别人在和自己相处时感觉舒服。

高情商的孩子往往能：

第一，不抱怨、不指责。

高情商的人遇到困难、挫折，遇到和自己想的不一样的人和事，不指责别人，不抱怨别人。高情商的人只做有意义的事情，不做没意义的事情。

第二，带着同理心，倾听他人。

高情商的人善于沟通，善于交流，且坦诚相待，真诚有礼貌。和父母交流有耐心，和老师、同学交流不顶撞。和父母表达不同意见时，会倾听父母的感受，并和父母谈论这些情绪和感受。

第三，有热情和激情。

高情商的孩子对学习、生活保持热情，有激情。调动自己的积极情绪，让好的情绪伴随每一天。

第四，包容和宽容。

高情商的人宽容，心胸宽广。心有多大，眼界有多大，舞台就有多大。高情商的人不斤斤计较，有一颗包容和宽容的心。

第五，会赞美别人。

高情商的人善于赞美别人，这种赞美是发自内心的、真诚的。看到别人优点的人才会进步得更快。

第六，能激励自己。

高情商的人遇到困难、挫折，能快速调整心情，并且鼓励自己，告诉自己是最棒的，头脑清晰，寻找出路。

第七，聆听的好习惯。

高情商的人善于聆听别人说话，仔细听别人说什么，多听多看，而不是自己滔滔不绝。聆听是尊重他人的表现，聆听是更好沟通的前提，聆听是人与人之间最好的一种沟通。

第八，有责任心。

高情商的人敢做敢当，不推卸责任，遇到问题，分析问题，解决问题。能正视自己的优点或是不足。

第九，做人有分寸。

高情商的人能认清自己的角色，不搬弄是非，不揭人短处，不嫉妒他人，说话有涵养，做人有分寸。

第十，用心对待他人。

高情商的人善于记住别人的名字，能记住别人对自己好。能用心感谢别人的善意，因为用心对待别人，别人也会更愿意亲近你，和你做朋友，你会有越来越多的朋友。

青少年自律十条

对于青少年来说，训练自控能力，就要立规矩，给自己立界限，什么能做，什么不能做，非常清晰。

记住，能自控的人生，才是幸福的人生、智慧的人生。

1. 伤害他人的事情，无论如何不能做。
2. 伤害自己的事情，无论如何不能做。
3. 偷盗别人的东西（包括未经别人允许拿走别人的东西）、剽窃抄袭不能做。
4. 男女同学之间超出同学关系的亲密行为，无论如何不能做。
5. 对别人恶语相向，污言秽语不能有。
6. 不良嗜好，不能有，如抽烟、喝酒、赌博。
7. 过度使用手机、平板电脑、电视，不能做。
8. 父母反复告诉你不能做的事情，就不要做。
9. 老师反复告诉你不能做的事情，就不要做。
10. 治安不好的场所、灯红酒绿的场所，坚决不要去。

第九课　情　商　　　　　　　　　总第245天

今天是 ＿＿＿年＿＿月＿＿日　　星期＿＿　　＿＿点＿＿分开始记录

今天值得记录的

....

....

....

....

....

我的感悟

提示：今天打卡一分钟日志了吗？

第九课　情　商　　　　　　　　　总第246天

今天是 ＿＿＿年＿＿月＿＿日　　星期＿＿　　＿＿点＿＿分开始记录

今天值得记录的

....

....

....

....

....

我的感悟

提示：今天打卡一分钟日志了吗？

《论语》中的情商

国学经典《论语》是孔子的学生记录孔子及其学生所说经典语录的书,里面记载了很多古代君子的为人处事法则。

《论语》开篇,子曰:"学而时习之,不亦说乎?有朋自远方来,不亦乐乎?人不知而不愠,不亦君子乎?"

前面两句大家都理解,最后一句"人不知而不愠,不亦君子乎?"翻译过来就是人家不了解我,我也不生气,不也是品德上有修养的人吗?

这里,对于不了解我的人,甚至误会我的人,我不生气。自己做了好事,有了正确的主张,明明是对他人、对社会有益,可是大家都不理解、不赞成、不支持、不褒扬,有时还会招致误会、曲解,甚至诽谤、攻击。在这种情况下,我不生气,不郁闷,不抱怨,不恼怒,不颓废,不放弃,继续行善积德,时间会证明一切。探求真理,丝毫不在意自身的名誉,这样的修养、德行,当然符合君子的标准。

做到了当然就是高情商。高情商的人不会轻易受人影响而动怒。用今天的话来说,就是此人的修养高、情商高;用古人的标准,此人就是君子了。

除了开篇,《论语·里仁》篇还有这样一句:"君子欲讷于言而敏于行。"翻译过来就是,君子说话要谨慎,而行动要敏捷。高情商的人说话不是想什么说什么,说话一定是非常小心的,行动起来则雷厉风行。高情商的人可以管住自己的嘴巴,对别人的行为保持客观的距离,不轻易地评论别人。

《论语·卫灵公》有这样一句:"其恕乎!己所不欲,勿施于人。"意思是自己不喜欢的,也不要强加给对方。高情商的人有很好的同理心,习惯站在别人的立场上思考问题,能够慈悲对别人,视人如己。这是人际交往中的黄金原则。

情商理论提出者丹尼尔·戈尔曼还提到,你说话办事让人舒服的程度,决定着你所能抵达的高度。这句话反过来依然成立,高情商的人一定有很好的同理心,能够理解别人,站在别人的立场上思考问题,并采取行动。

《论语·卫灵公》中还有一句:"君子求诸己,小人求诸人。"意思是指具有君子品行的人,遇到问题先从自身找原因,而那些小人,出现麻烦总是想方设法推卸责任,从不会去反思自己,从自身找原因。自我反省也是高情商的体现。

我们读《论语》，会发现君子的行为操守堪称高情商的典范，熟读《论语》真的可以培养为人处世的高情商，这也是读书知礼之人必读的千古名篇。其中有些句子可以成为我们终生收藏的金玉良言。

第九课　情　商　　　　总第247天

今天是 ____ 年 ____ 月 ____ 日　　星期 ____　　____ 点 ____ 分开始记录

今天值得记录的

我的感悟

提示：今天打卡一分钟日志了吗？

第九课　情　商　　　总第248天

今天是 ____ 年 ____ 月 ____ 日　　星期 ____　　____ 点 ____ 分开始记录

今天值得记录的 ....

....

....

....

我的感悟 ....

提示：今天打卡一分钟日志了吗？..

第九课　情　商　　　总第249天

今天是 ____ 年 ____ 月 ____ 日　　星期 ____　　____ 点 ____ 分开始记录

今天值得记录的 ....

....

....

....

我的感悟 ....

提示：今天打卡一分钟日志了吗？..

情 商 测 试

请从下面的问题中,选择一个符合自己的答案,但要尽可能少选中性答案。

1. 我有能力克服各种困难:_____

　A. 是的　　　　　B. 不一定　　　　　C. 不是的

2. 我时常勉励自己,对未来充满希望:_____

　A. 是的　　　　　B. 不一定　　　　　C. 不确定

3. 考大学,我觉得自己能达到我所预想的目标:_____

　A. 是的　　　　　B. 不一定　　　　　C. 不是的

4. 不知为什么,有些人总是回避或冷淡我:_____

　A. 不是的　　　　B. 不一定　　　　　C. 是的

5. 当我集中精力学习时,假使有人在旁边高谈阔论:_____

　A. 我仍能专心工作

　B. 介于A、C之间

　C. 我不能专心且感到愤怒

6. 我热爱生活,热爱学习:_____

　A. 是的　　　　　B. 不一定　　　　　C. 不是的

7. 家里的饭菜会影响我的情绪:_____

　A. 不是的　　　　B. 介于A、C之间　　C. 是的

8. 我从不因流言蜚语而生气:_____

　A. 是的　　　　　B. 介于A、C之间　　C. 不是的

9. 我善于控制自己的情绪,不轻易发火:_____

　A. 是的　　　　　B. 不太确定　　　　C. 不是的

10. 同学不小心冒犯我时,我:_____

　A. 不露声色　　　B. 介于A、C之间　　C. 大声抗议,以泄己愤

11. 和人争辩后,我常常感到震颤,精疲力竭,而不能继续安心学习:_____

　A. 不是的　　　　B. 介于A、C之间　　C. 是的

12. 我常常被一些无谓的小事困扰:_____

　A. 不是的　　　　B. 介于A、C之间　　C. 是的

13. 朋友、同事给我起绰号,我非常痛苦:_____

　A. 从来没有　　　B. 偶尔有过　　　　C. 这是常有的事

14. 我能听取不同的意见,包括对自己的批评:_____
   A. 我能做到　　　B. 介于 A、C 之间　　　C. 我常自以为是

15. 我常常觉得自己的家庭对自己不好:_____
   A. 否　　　　　　B. 说不清楚　　　　　　C. 是

16. 我坐在小房间里把门关上,但我仍觉得心里不安:_____
   A. 否　　　　　　B. 偶尔是　　　　　　　C. 是

17. 当一件事需要我做决定时,我常常觉得很难:_____
   A. 否　　　　　　B. 偶尔是　　　　　　　C. 是

18. 我常常用抛硬币、抽签之类的游戏来预测吉凶:_____
   A. 否　　　　　　B. 偶尔是　　　　　　　C. 是

19. 为了完成学习作业,早晨起床后,我常常感到疲惫不堪:_____
   A. 否　　　　　　B. 偶尔是　　　　　　　C. 是

20. 我的爸爸妈妈、老师、同学,都不理解我:_____
   A. 否　　　　　　B. 偶尔是　　　　　　　C. 是

记分标准:

每回答一个 A 得 5 分,回答一个 B 得 3 分,回答一个 C 得 1 分。

计 A_____ B_____ C_____,共计_____分。

测试结果分析:

测试后如果得分在 30 分以下,说明你的情商较低,你常常不能控制自己,你极易被自己的情绪影响。很多时候,你容易被激怒、发脾气,这是非常危险的信号——你将来的学业、事业、人际关系等都有可能毁于你的急躁。对此,最好的解决办法是保持头脑冷静,使自己心平气和。在发脾气、责骂别人之前,请咬住舌头 1 分钟。

如果得分在 31～70 分,说明你的情商属于中等水平,性格较好、情商较高,但稳定性不够强。在学习、生活上只要稍加努力,就更容易成功。对于一件事,你不同时候的表现可能不一致,因此需要你多加注意,时时提醒自己,特别是在遇到不良情绪和挫折的时候。

如果你的得分在 71～100 分,说明你的情商较高,你是一个快乐的人,不易恐惧、担忧。对于学习、生活你都能热情投入、敢于负责,你为人更是正义正直,有同情心,这是你的优点,应该努力保持。

第九课　情　商　　　　　　　　总第250天

今天是 ____ 年 ____ 月 ____ 日　　星期 ____　　____ 点 ____ 分开始记录

今天值得记录的

我的感悟

提示：今天打卡一分钟日志了吗？

第九课　情　商　　　　　　　　总第251天

今天是 ____ 年 ____ 月 ____ 日　　星期 ____　　____ 点 ____ 分开始记录

今天值得记录的

我的感悟

提示：今天打卡一分钟日志了吗？

第九课　情　商　　　　　　　总第252天

今天是 ____ 年 ___ 月 ___ 日　　星期 ___　　___ 点 ___ 分开始记录

今天值得记录的

……………………………………………………………………………………………………
……………………………………………………………………………………………………
……………………………………………………………………………………………………
……………………………………………………………………………………………………

我的感悟

……………………………………………………………………………………………………

提示：今天打卡一分钟日志了吗？

第九课　情　商　　　　　　　总第253天

今天是 ____ 年 ___ 月 ___ 日　　星期 ___　　___ 点 ___ 分开始记录

今天值得记录的

……………………………………………………………………………………………………
……………………………………………………………………………………………………
……………………………………………………………………………………………………
……………………………………………………………………………………………………

我的感悟

……………………………………………………………………………………………………

提示：今天打卡一分钟日志了吗？

栅栏上的钉子

从前，有个脾气很坏的男孩，动不动就和周围的人发脾气。一天，父亲给了他一大包钉子，要求他每发一次脾气，都必须用铁锤在后院的木栅栏上钉一颗钉子。第一天，小男孩在栅栏上钉了37颗钉子。

过了几个星期，小男孩钉在栅栏上的钉子数目渐渐少了。他发现控制自己的坏脾气比往栅栏上钉钉子要容易多了，小男孩儿渐渐变得不爱发脾气了。

他把自己的转变告诉了父亲。父亲又建议他说："如果你能坚持一整天不发脾气，就从栅栏上拔下一颗钉子。"一段时间之后，小男孩终于把栅栏上所有的钉子都拔掉了。

父亲来到栅栏边，对男孩说："孩子，做得不错。但是你看，钉子在栅栏上留下那么多小孔，栅栏再也不会是原来的样子了。当你向别人发过脾气之后，就会在别人的心灵上留下疤痕。无论你说多少次对不起，那伤口都会永远存在。"

这个故事确实能给人许多启发。**在你的生命中，会有一些人或事物值得你去珍惜，但是在经意或者不经意之间，你的坏脾气和反复无常就给他们造成了很大的伤害，而且，有些伤害是永远无法愈合的。**

也许你会说，这并非出自你的本意，并且在事后你也尽全力去补救，但是就像钉子留在栅栏上的痕迹一样，你给别人造成的伤害同样无法完全抹去。

你会发现，正是由于你的坏脾气，你所珍惜的人或事物离你而去，那些疤痕不光留在了别人的心里，其实最终也留在了你自己的心里。

那么，如何去调节自己的坏情绪呢？

首先要察觉到自己是有情绪的。善于察觉自己内心运作的模式，是改变行为模式的第一步，情绪管理能力的修炼一定要从这里开始。自己每发一次脾气，就立刻想一想自己为什么要发脾气，看看自己在什么情况下容易发火，这是自己什么样的心态导致的？

然后找方法来应对这种状况。正如上面故事中，男孩的父亲用钉钉子的方法帮助男孩改掉乱发脾气的毛病一样，坏情绪是可以通过一些方法来调整而得到改善的。例如，你可以通过填写7天情绪监控表来了解你的情绪状况。情绪管理的方法在本书情商一课中也会提到。

情绪调节方法：7天情绪监控表

这个表格可以帮助你记录并改正你的坏情绪，记录7天后，可以总结一下你容易出现哪些坏情绪、遇到什么事情容易出现坏情绪。

7天情绪监控表

	坏脾气名称	持续时间	起因	对别人造成的后果	对自己造成的后果
	如：生闷气	如：一节课	如：某同学说话影响我上课	如：无	如：一节课胡思乱想，没听清老师讲课
第一天					
第二天					
第三天					
第四天					
第五天					
第六天					
第七天					

满7天之后，再继续记录满1个月。看自己有多少颗"钉子"。

第九课　情　商　　　　　总第254天

今天是 ____ 年 ___ 月 ___ 日　　星期 ___　　___ 点 ___ 分开始记录

今天值得记录的

....

....

....

....

我的感悟

....

提示：今天打卡一分钟日志了吗？

第九课　情　商　　　　　总第255天

今天是 ____ 年 ___ 月 ___ 日　　星期 ___　　___ 点 ___ 分开始记录

今天值得记录的

....

....

....

....

我的感悟

....

提示：今天打卡一分钟日志了吗？

第九课　情　商　　　总第256天

今天是 ____年 ____月 ____日　　星期____　　____点____分开始记录

今天值得记录的

....
....
....
....

我的感悟

提示：今天打卡一分钟日志了吗？...

第九课　情　商　　　总第257天

今天是 ____年 ____月 ____日　　星期____　　____点____分开始记录

今天值得记录的

....
....
....
....

我的感悟

提示：今天打卡一分钟日志了吗？...

相信自己的20条理由

1. 我必须相信自己，才能完成生命中所有的挑战。

2. 我的相貌、身材、心灵，没有人会和我一模一样，所以我相信自己。

3. 我拥有年轻、健康的生命，所以我相信自己。

4. 我知道自己的价值，懂得珍惜自己的身体，从不让污秽的行为侵扰自己，所以我相信自己。

5. 我最了解自己的长处与短处，所以我相信自己。

6. 我专注梦想，即使困难重重也不背弃它，所以我相信自己。

7. 我不甘平庸，不愿意将未来托付他人，所以我相信自己。

8. 我接受不完美的自己，接受不完美的世界，所以我相信自己。

9. 我从不抱怨自己，抱怨父母，抱怨社会，我知道想成功，得甩开膀子去努力，所以我相信自己。

10. 我懂得在自省中不断地提高和完善自己，所以我相信自己。

11. 我体谅别人，关心别人，宽容别人，所以我相信自己。

12. 在我的身后，有许多爱我、支持我的人，所以我相信自己。

13. 我的潜力只露出了冰山一角，所以我相信自己。

14. 人生中遇到的困难都是让我成长的机会，所以我相信自己。

15. 我对自己、他人、社会都有很强的责任感，所以我相信自己。

16. 我相信通过努力，灵魂可以更高尚，所以我相信自己。

17. 我拥有杰出青少年的学习与生活好习惯，我有清晰的人生目标，所以我相信自己。

18. 我有一颗爱心去对待他人，我对我所做的事情有责任心，所以我相信自己是有价值的。

19. 我一直在培养自己的智商、情商、逆商、健商、财商，让我可以成为未来的社会栋梁，为社会作贡献，所以我相信自己。

20. 我相信没有什么是不可能的，只要坚持下去，我相信我可以拥有杰出青少年的所有好习惯，我真的很努力，所以我相信自己。

第九课　情　商　　　　　总第258天

今天是 ____ 年 ____ 月 ____ 日　　星期 ____　　____ 点 ____ 分开始记录

今天值得记录的

....

....

....

....

我的感悟

提示：今天打卡一分钟日志了吗？..

第九课　情　商　　　　　总第259天

今天是 ____ 年 ____ 月 ____ 日　　星期 ____　　____ 点 ____ 分开始记录

今天值得记录的

....

....

....

....

我的感悟

提示：今天打卡一分钟日志了吗？..

第九课　情　商　　　　　　总第260天

今天是 ____ 年 ____ 月 ____ 日　　星期 ____　　____ 点 ____ 分开始记录

今天值得记录的

....
....
....
....

我的感悟

....

提示：今天打卡一分钟日志了吗？..................................

第九课　情　商　　　　　　总第261天

今天是 ____ 年 ____ 月 ____ 日　　星期 ____　　____ 点 ____ 分开始记录

今天值得记录的

....
....
....
....

我的感悟

....

提示：今天打卡一分钟日志了吗？..................................

情绪对身体的影响

情绪是一种人体的化学反应，好心情和坏心情对人体有不同的影响。

你一定有过这样的体验：那一天，你感觉神清气爽，脚步格外轻快；你感觉路边的小草格外鲜绿，身旁的人们格外亲切；你感觉头脑中的好点子层出不穷，灵感的火花不断闪现，感觉自己的创造力仿佛无穷无尽。

当你处于这种状态的时候，你体内会分泌有益的物质，它可以增加你的学习欲望，提升你的记忆力，增强免疫力，使身体处于舒服的状态，各种疾病都会远离你。

经常处于好心情中的人，就会拥有一个自信、乐观豁达、积极向上的积极人生观，他们总是精力旺盛，似乎任何困难都不会把他们打倒，这样的人自然会赢得人们的信赖和支持，他们更容易成功。

你也一定有过这样的体验：那一天你感到烦闷、压抑，内心好像压着一股无名火，好像非得找个人发泄一番，身旁的一切都灰暗无比，身旁的人看起来都不顺眼，整个人仿佛掉进了无底深渊，在抑郁的情绪中无法自拔。

当你处于这种状态的时候，你体内会分泌有害物质，对身体会造成许多不良影响。你会产生记忆力下降、精力不集中、学习能力下降、容易疲乏等症状。总之就是感觉有个东西堵在心里无法排解，内心处于一种失衡的状态。

经常处于这种状态的人，会表现得忧愁、烦闷、悲观，动不动就会发脾气，对整个身体也会有很大伤害。俗话说，病由心生，经常处于坏情绪中的人自然容易得各种疾病。

观察一下自然界，植物在生长的时候总是茂盛、蓬勃的面貌；而在枯萎的时候，便是脆弱、衰败的趋势。

同样，作为身处自然界中的人来说，精神抖擞、意气风发的外表，洪亮、饱满的声音，自信、乐观的内心，善良、正直、坚强、无私的品德，都是强者所必备的。

相反，目光黯淡、萎靡不振的外表，有气无力的声音，粗暴、反复无常的性格，孤独、自卑、悲观的心理，自私、贪婪、伪善的品德，就是弱者的标签。

因此，让自己处于什么样的心态，是积极、正向、乐观的，还是消极、萎靡、悲观的，都出于你自己的选择。

让自己拥有愉快的心情、积极的心态、豁达的人生观将是你迈向成功的开始！

第九课　情　商　　　总第262天

今天是 ____ 年 ____ 月 ____ 日　　星期 ____　　____ 点 ____ 分开始记录

今天值得记录的

我的感悟

提示：今天打卡一分钟日志了吗？

第九课　情　商　　　总第263天

今天是 ____ 年 ____ 月 ____ 日　　星期 ____　　____ 点 ____ 分开始记录

今天值得记录的

我的感悟

提示：今天打卡一分钟日志了吗？

第九课　情　商　　　　总第264天

今天是 ____ 年 ___ 月 ___ 日　　星期 ___　　___ 点 ___ 分开始记录

今天值得记录的

我的感悟

提示：今天打卡一分钟日志了吗？

第九课　情　商　　　　总第265天

今天是 ____ 年 ___ 月 ___ 日　　星期 ___　　___ 点 ___ 分开始记录

今天值得记录的

我的感悟

提示：今天打卡一分钟日志了吗？

第9课　情　商

懂得自控的人更容易成功

心理学家将一些4岁左右的孩子带到一间陈设简单的房子，然后给这些孩子每人一块非常好吃的糖，同时告诉他们，可以马上吃糖，但是，如果他们可以等待20分钟以后再吃，就可以得到两块糖。

心理学家离开后，有些孩子急不可待地把糖吃掉了，有些孩子则耐心等待，暂时不吃糖。那些没有立马吃糖的孩子，要么闭上眼睛不看糖，要么头枕双臂自言自语……最后，这些没有立马吃糖的孩子终于吃到了两块糖。

心理学家继续跟踪研究参加这个实验的孩子们，一直到他们高中毕业。跟踪研究的结果显示：那些能等待并最后吃到两块糖的孩子，到了青少年时期仍能等待机遇而不急于求成，他们具有一种为了更大、更远的目标而暂时放弃眼前利益的能力，最终他们往往可以坚持到最后，实现自己的人生理想。而那些急不可待只吃了一块糖的孩子，到了青少年时期表现得相对浮躁、虚荣，当欲望来的时候无法控制自己，一定要马上满足欲望，否则就无法静下心来继续做后面的事情，他们中的一些人甚至为了走捷径而误入歧途。

这就是著名的"软糖实验"，它给我们的启示是：**一个人的自控能力大小跟这个人的人生发展有密切的关系。**

现代社会形形色色的诱惑充斥着人们的视神经，侵蚀着人们的脑细胞，**而只有那些拥有很强自控能力的人，才能在物欲横流的世界里保住自己的人生方向，保住自己的道德准则，不迷失自己的信念，也只有这些人才能最终抵达人生的至高境界。**

人总是会有各种各样的欲望，如果不加以管理，那么就可能危及我们的人生幸福。贪婪的人最后是一无所得，自私的人最后是孤独一人。正确的欲望应该是人前进的动力，而不是苦难的缘由。

第九课　情　商　　　总第266天

今天是 ____ 年 ____ 月 ____ 日　　星期 ____　　____ 点 ____ 分开始记录

今天值得记录的

....
....
....
....

我的感悟

....

提示：今天打卡一分钟日志了吗？..

第九课　情　商　　　总第267天

今天是 ____ 年 ____ 月 ____ 日　　星期 ____　　____ 点 ____ 分开始记录

今天值得记录的

....
....
....
....

我的感悟

....

提示：今天打卡一分钟日志了吗？..

第九课　情　商　　　　　总第268天

今天是 ____ 年 ____ 月 ____ 日　　星期 ____　　____ 点 ____ 分开始记录

今天值得记录的

....
....
....
....

我的感悟

....

提示：今天打卡一分钟日志了吗？

第九课　情　商　　　　　总第269天

今天是 ____ 年 ____ 月 ____ 日　　星期 ____　　____ 点 ____ 分开始记录

今天值得记录的

....
....
....
....

我的感悟

....

提示：今天打卡一分钟日志了吗？

作业　本章总结，分享进步

本月最后一天，我们恭喜你本月取得的进步！你也可以和父母，亲戚，老师，同学，朋友一起分享本月的收获。

你要分享的对象是谁呢？

分享对象	你准备分享什么？

第九课　情　商　　　总第270天

今天是 ____ 年 ____ 月 ____ 日　星期 ____　____ 点 ____ 分开始记录

今天值得记录的

第九课，总结我的进步

我的感悟

提示：今天打卡一分钟日志了吗？

路是脚踏出来的，历史是人写出来的

李小鹏

初拿此书，我毫不在意，以为和以前老师发的书一样，毫无兴趣，肯定没有小说精彩、有趣……

等暑假结束以后，回到家整理自己的东西时，简单翻了一下，感觉不然，和我以前料想的截然相反，从此，我改变了态度，开始认真地学习此书。

原来的我是一个浪漫主义者，自由自在，无拘无束，总是感觉希望对自己来说是渺茫的，人和人之间的差距太大，从来没在自己身上找过问题，都是埋怨别人，我也从不写日记，本来每天都有许许多多新鲜的事情值得我去记录，但由于种种原因没能去完成。我还有一个写小说的梦想，我的内容都已经想好了，但到现在都未能开始写作，都是因为一个字——"忙"，一推再推，直到现在。

我虽然有很多梦想，但没有一个实现的，因为我从来都没有目标，以前就是过一天算一天，我也从来不帮家里做家务，总是给自己找借口，我以前回到家从来没看过书，每天写完作业，都要再看会儿电视去睡觉，从来没有约束过自己……

现在的我成为一名合格的高中生了，是这本书帮我重新树立信心，渡过了一切难关。自我反省使我找到自己真正存在的问题，然后采取方法去解决它。这本书使我找到自身的缺点，找到自身的问题，然后改进，使我的学习、生活更加有效率，更加完美。

这本书使我认识到，有些人并不是生来就是成功者，普通人也能成功，平凡的成功者靠的是脚踏实地、勤恳劳动、自我磨炼、耐心等待、不急于求成，为今后的发展积累资本。

在第二课里，我学会了如何去制定目标，我明确目标以后，可以战胜原来的惰性，目标又成为我学习的动力，有了目标，自己不会骄傲。每晚从复习课本开始，这个看似简单的目标，它不仅使我的学习效率得到了提高，而且帮助我改掉了一些坏毛病。

在第三课里，我渐渐地养成了良好的生活习惯，改掉了以前的懒散，明白了为何习惯常常可以决定一个人的成败。

后面的课程实践、三颗"心"、四个"商数"让我明白,良好的生活习惯就是一个人成功的保证。

　　我发现,在这365天里,我和以前相比有了很大的进步,这都要感谢"365天好习惯训练"给了我这次改变人生的机会,使我重新站了起来,我相信我的人生会更美好。

第10课 逆商

> 苦难对于天才是一块垫脚石。
>
> ——巴尔扎克

同样的打击下,高逆商的青少年产生的挫折感较弱,而低逆商的青少年就会产生强烈的挫折感。

事实上,一个人能否取得成功,很大程度上取决于其逆商的高低。

每个人都会遭遇挫折,是逆商决定你能否走出逆境,走向成功。

让我们走进第十课——逆商。

什么是逆商

这一课,对于每一个杰出青少年来说,是非常重要的必修课。

逆商(Adversity Quotient,AQ)全称逆境商数,一般也被译为挫折商或逆境商。**它是指人们面对逆境时的反应方式,即面对挫折、摆脱困境和超越困难的能力。**

同样的打击,逆商高的人产生的挫折感低,而逆商低的人就会产生强烈的挫折感。

为什么有的人不管在前进的道路上如何困难重重,仍能成功,而其他人则无能为力,眼睁睁地看着逆境毁灭自己的梦想?

为什么在智力、资本和机遇相同的条件下,有的人能克服逆境,取得成功,有的人却一败涂地呢?

为什么有的失败者能再度崛起、重塑人生,有的却坠入恐惧与沮丧的深渊呢?

为什么许多非常有天赋、智商很高的人,在远没有发挥自己潜能的时候就止步不前了呢?

归根结底，这和一个人的逆商有很大关系。也就是说，人生能否取得成功，在很大程度上取决于其逆商的高低。每个人都会遭遇挫折，是逆商决定你能否走出逆境，走向成功。

20 世纪 90 年代中期，美国白宫知名商业顾问保罗·史托兹教授首次提出逆商这一概念，认为它是衡量人们克服逆境时的应对智力及应对能力。

史托兹认为，逆境不会产生不可逾越的障碍，每一个困难都是一次挑战，每次挑战都是一次机遇，战胜困难就抓住了机遇。尽管高逆商者面对的是似乎不可战胜的逆境，却能努力设法保证脚步前进。他们在前进的过程中，力量不断壮大，能够使自己不断进步，取得突破。

每个人在成长的过程中，应积极进行逆商锻炼，使自己在逆境面前形成良好的思维反应，增强摆脱困境的能力，从而提升未来的竞争力。

高逆商的人可以有很强的耐力、承受力，可以保持健康活力和愉快的心情。

研究显示，高逆商的青少年遇到如高考落榜、被老师批评等问题，可以快速地恢复心理状态，绝不会在消极中沉迷太久，更不会做出任何伤害自己和他人的行为。

首先，他们敢于面对所发生的压力事件，不会产生太强烈的负面情绪，或者产生了负面情绪之后，可以快速地调节自己的负面情绪。

其次，如果发生的事情对自己影响很大，无法完全用自己的力量来解决，他们会迅速地找到可以帮助自己的人，进行询问和寻求帮助。绝不等自己被压力压垮，或者采取对自己以及他人有伤害的极端做法。只要有一线希望，也要抓住，这就是他们的信念。

最后，他们有很强的自我疗愈能力，会寻找方法自己治好自己，不会让这些挫折的事情对自己的人生一直造成影响。

人的一生中，总有独自面对逆境的时候。在逆境中，我们每一次的小小突围，都是对人生的一次大的突破。每次突破都会增加我们的抗挫折能力，在这个处处充满变数的时代，如何面对逆境几乎决定了人生的走向。

让我们读读普希金的诗——《假如生活欺骗了你》。

假如生活欺骗了你，不要悲伤，不要心急！忧郁的日子里需要镇静：相信吧，快乐的日子将会来临！心儿永远向往着未来；现在却常是忧郁。一切都是瞬息，一切都将会过去；而那过去了的，就会成为亲切的怀恋。

第十课　逆　商　　　总第271天

今天是 ____ 年 ____ 月 ____ 日　　星期 ____ 　　____ 点 ____ 分开始记录

今天值得记录的

....

....

....

....

我的感悟

....

提示：今天打卡一分钟日志了吗？..

第十课　逆　商　　　总第272天

今天是 ____ 年 ____ 月 ____ 日　　星期 ____ 　　____ 点 ____ 分开始记录

今天值得记录的

....

....

....

....

我的感悟

....

提示：今天打卡一分钟日志了吗？..

海伦·凯勒的逆境人生

美国作家马克·吐温说：19世纪出了一位了不起的人物，她就是海伦·凯勒。

海伦·凯勒在一岁半的时候突发猩红热，丧失了视觉与听觉。

对这样的儿童进行教育是特别困难的。幸运的是，海伦·凯勒遇到了启蒙老师安妮·莎莉文，莎莉文用她的爱和不懈的精神带给海伦·凯勒光明和自由，并和海伦·凯勒一起创造了一个关于自强不息的奇迹。

求学的过程中，海伦·凯勒遇到了常人难以想象的困难。一个失去了听觉和视觉的姑娘，依靠自身顽强的毅力学习盲文，靠手的触摸来体验文字的含义。她在聋人学校学习了数学、自然、法语、德语，能够用法语和德语阅读小说，考大学时，其英文和德文还取得了优异成绩。

海伦·凯勒把自己的一生献给了盲人福利和教育事业。她先后出版了14部著作，其中《假如给我三天光明》《我生活的故事》《走出黑暗》《乐观》等作品都产生了世界范围的影响。海伦·凯勒所面临的是常人无法想象的困境，可她勇于面对现实，敢于拼搏，谱写了一曲激荡人心的生命之歌，也赢得了世界人民的赞扬。联合国还曾发起"海伦·凯勒"运动，号召全世界人民向她学习。

海伦·凯勒面对逆境不自卑，在挫折面前不低头，成为生活的强者。

第十课　逆　商　　　　　　　　总第273天

今天是 _____ 年 ____ 月 ____ 日　　星期 ____　　____ 点 ____ 分开始记录

今天值得记录的

....

....

....

....

我的感悟

....

提示：今天打卡一分钟日志了吗？..

第十课　逆　商　　　　　　　　总第274天

今天是 _____ 年 ____ 月 ____ 日　　星期 ____　　____ 点 ____ 分开始记录

今天值得记录的

....

....

....

....

我的感悟

....

提示：今天打卡一分钟日志了吗？..

逆境——一道扩大能力圈的人生考题

人的一生都是平坦的大道吗？一定不是！

人生，就如同自然界的道路，有的地方是崎岖山路，有的地方是羊肠小道，有的地方高山林立，有的地方荆棘丛生。要通行怎么办呢？开山铺路，遇水搭桥。

如果你自己是一个小圈，圈内都是你掌控的，但你的圈外都是困难。

随着我们解决困难能力的提高，是不是自己的圈会越来越大？战胜的那些困难已经变成了自己的能力。

- 1岁时候，不会走路，自己学会了，走路是不是成为自己的能力？
- 3岁的时候，不会认字，自己学会了，识字是不是成为自己的能力？
- 6岁的时候，不会骑自行车，自己学会了，骑车是不是成为自己的能力？

……

挫折和困难正是我们进步的阶梯。

你的家庭也许贫困，你的童年也许不顺利，你的学习成绩也许不太理想，前几年也许浪费了很多时光，但这些都不重要，那只是人生的一部分而已。从现在开始，学会直面困难，直面挫折，把解决困难变成自己的能力，把战胜挫折当成自己的动力。

有一个人，3岁的时候，他的父亲去世，17岁的时候，他的母亲去世，他周游列国，收的学生大多成为国家的栋梁之才，几千年之后，他的学说还在教育我们一代代人，他的雕像仍然供人景仰，他就是我国著名的教育家、思想家、政治家——孔子。

而下面这个人：

22岁经商失败，23岁竞选州长失败，26岁恋人去世，27岁精神崩溃，34岁争取国会提名失败，39岁失去竞选议员提名，46岁竞选议员失败，49岁竞选参议员失败。他坚持不懈，努力奋斗，51岁当选为美国总统，最终实现了自己的梦想，得到了人们的尊重和敬仰。这个人就是林肯。

正如孟子在《生于忧患，死于安乐》中讲道：**故天将降大任于斯人也，必**

先苦其心志，劳其筋骨，饿其体肤，空乏其身，行拂乱其所为，所以动心忍性，曾益其所不能。

翻译过来：所以上天要把重任给这样的人，一定要先使他的内心痛苦，使他的筋骨劳累，使他经受饥饿，以致肌肤消瘦，使他身受贫困之苦，在他做事时，使他所做的事颠倒错乱，用这些办法来扰动他的心，使他的性格坚韧起来，增加他过去所没有的才能。

当然，我们讲的困难是通过自己努力可以解决的，如果你实在无法自己解决困难，可以同自己的父母、同学或老师交流，大家一起想办法。

你的人生中，曾经遇到什么样的逆境和困难？
_____
你将怎样走出你的困境：_____
_____
_____

第十课　逆　商　　　　　总第275天

今天是 ____ 年 ____ 月 ____ 日　星期 ____ 　 ____ 点 ____ 分开始记录

今天值得记录的

我的感悟

提示：今天打卡一分钟日志了吗？

第十课　逆　商　　　总第276天

今天是 ____ 年 ____ 月 ____ 日　星期 ___　　____ 点 ____ 分开始记录

▶ **今天值得记录的** ....

....

....

....

▶ **我的感悟** ....

提示：今天打卡一分钟日志了吗？

暂时的失败不等于人生的失败

每个人一生的历程中，挫折在所难免。失败、挫折、打击是人生必须经历的事。

有一些失败不是你造成的，是客观环境所致，也不一定是你经过自己的努力就可以改变的。那么你必须首先接受它，接受它就是接受你现在的所有条件。然后，平静的你需要去发掘失败的原因，寻找有利于你成功的可用资源。你需要的仅仅是一点耐心，等待有利于你成功的机遇出现，人生就柳暗花明了。

其实，我们身边有很多暂时失败的例子，比如没考上大学，但后来通过自己的努力成就了事业。俗话说"条条大路通罗马"，只要心中有理想，并坚持不懈为之奋斗，终会成功的。这些人通过在逆境中千锤百炼，把曾经的逆境变成了积极努力的动力。

创办阿里巴巴公司的马云参加过3次高考，18岁的马云参加了第一次高考，然而当年他的数学成绩只有1分。第二次参加高考，他的数学成绩是19分，总分差140分，父母都觉得他不用再考了。但之后，他白天上班，晚上读夜校。

20 岁那年，他参加第三次高考，这次的数学成绩是 79 分，最终考上了杭州师范学院。

著名电视主持人孟非，1990 年参加高考失利，然而他没有放弃，1992 年通过成人高考，考上了南京师范大学中文系，他白天上学，晚上在印刷厂当工人，后来到电视台打工，长期是临时工的角色。2010 年他主持的《非诚勿扰》节目收视率在全国同时段综艺里排名第一，如今的孟非可以说在江苏家喻户晓，在全国也有相当的知名度。

你人生的字典里可以有"没有法子、我办不到、行不通、没有希望、不可能"这类失落的字眼，但也只是那么几页，翻过去一定有"我能行、我可以、我成功了、我做到了、我到达了"。这就是人生。

请别忘记：暂时的失败不等于人生的失败。

第十课　逆　商　　　总第277天

今天是 ____ 年 ____ 月 ____ 日　　星期 ____　　____ 点 ____ 分开始记录

今天值得记录的

我的感悟

提示：今天打卡一分钟日志了吗？

第十课　逆　商　　总第278天

今天是 ____ 年 ____ 月 ____ 日　　星期 ____　　____ 点 ____ 分开始记录

今天值得记录的

....
....
....
....

我的感悟

....

提示：今天打卡一分钟日志了吗？

第十课　逆　商　　总第279天

今天是 ____ 年 ____ 月 ____ 日　　星期 ____　　____ 点 ____ 分开始记录

今天值得记录的

....
....
....
....

我的感悟

....

提示：今天打卡一分钟日志了吗？

第十课 逆 商　　　　总第280天

今天是 ____ 年 ____ 月 ____ 日　　星期 ____　　____ 点 ____ 分开始记录

今天值得记录的

....

....

....

....

我的感悟

....

提示：今天打卡一分钟日志了吗？..

苦难英雄任正非

苦难和危机是成就辉煌的钥匙。

2018年，华为公司的营业收入是7000亿元，2019年的营业收入是8588亿元，2020年的营业收入是8914亿元。华为，成为新时代中国的名片，中国企业的标杆。

在很多人的认知里，华为仅仅是一个手机制造商，仅此而已。殊不知，华为服务全球170多个国家，为30多亿人提供网络服务。

这样一家伟大的全球企业，创业至今，创造了无数的业界传奇，而这一切辉煌都离不开华为的创始人——任正非。

在《苦难英雄任正非》一书中，作者详细描述了任正非的苦难创业史，华为从几人的小公司发展成全球企业的过程。

从一个贫寒学子到全球企业的缔造者，这绝非偶然。任正非说："不经过挫折，就不知道如何走向正确的道路。磨难是一笔财富，没有经过磨难，是最大的弱点。苦难是留给自己吞咽的，没有人在意你的苦难，没有人在意你的煎熬，除非你有独一无二的绝活拿出来示人，实现生命的成长。有了绝活，实现成长，所有的苦难才有意义。"

苦难和危机意识成就了任正非，更成就了华为！

1. 下海创业，破釜沉舟

20世纪80年代中期，任正非带着几个原公司同事，用2.1万元注册成立了华为公司！

在很多人看来，43岁被迫辞职的人还有什么机会？然而，看似被命运捉弄的人，在之后的人生中却缔造了一个跨国企业，他的人生其实才刚刚开始发光。

2. 创业初期，遭受重创

20世纪90年代初，任正非力排众议投资开发2.5G和3G技术，却无法取得政府牌照，华为投巨资却没有市场。

20世纪90年代末，华为更是雪上加霜：当年的销售收入下降39%。

这一系列的危机让任正非陷入了人生中最昏暗的时期。那一年，他因为癌症第二次动手术，重度抑郁症第二次发作。那一年，任正非写下了《华为的冬天》，深刻剖析了华为当下的问题和应对策略，要求员工正确看待挫折和磨难，为冬天准备棉衣。

对于伟大的创业者来说，苦难从来都不是无意义的，它们都是来成就自己的，任正非没有被接踵而至的苦难打倒，始终把磨难当作前进的动力。

3. 集体辞职，焕发生机

华为市场部曾在1996年集体辞职，重新竞聘上岗。这次集体大辞职给华为公司文化带来了极其深远的影响，催生了后续先进管理、先进体系在华为扎根的土壤。

2007年，华为爆发了第二次"集体辞职"运动，所有工作满8年的员工都要主动办理辞职手续，竞聘后再与公司签合同。只要能让员工重焕活力，任正非花多大代价都在所不惜。

让每个一线人员都成为价值创造者，成为决策者。任正非的危机意识为华为的再一次腾飞奠定了基础，他是一位有远见的企业家。

华为已经从"美国式"管理中跳了出来，找到一条适合自己的新道路，任正非居功至伟。

4. 双重打击，越战越勇

2020年新冠肺炎疫情席卷全球，受疫情影响，绝大多数企业业绩下滑。

这还不算糟糕，美国继续制裁华为，试图切断华为在全球的芯片供应。

尽管华为一直未做出正式回应，但 2020 年 5 月 16 日，华为心声社区发布了一条题为《没有伤痕累累，哪来皮糙肉厚，英雄自古多磨难》的文章。

文章只有两句话："回头看，崎岖坎坷""向前看，永不言弃"。配图则是一架第二次世界大战中浑身弹孔累累的战斗机，依然坚持飞行，终于安全返回。

任正非在用历史教训点醒华为，切莫因为一时的成就而沾沾自喜，越是在高处反而越危险，越要有危机意识。

苦难和危机这两把人生的金钥匙，把任正非从一个出身贫寒的农村青年铸造成世界顶级公司的缔造者，华为的奇迹依然不停地在世界各地上演。

身为中国人，为自己的国家有华为这样的企业而自豪。一个致力于为人类创造价值的公司是伟大的，这样的企业注定将持续发光！

第十课　逆　商　　　总第281天

今天是 ＿＿＿＿ 年 ＿＿＿ 月 ＿＿＿ 日　　星期 ＿＿＿　　＿＿＿ 点 ＿＿＿ 分开始记录

今天值得记录的

....

....

....

....

我的感悟

提示：今天打卡一分钟日志了吗？

第十课　逆　商　　　　总第282天

今天是 ____ 年 ____ 月 ____ 日　　星期 ____　　____ 点 ____ 分开始记录

今天值得记录的

....
....
....
....

我的感悟

....

提示：今天打卡一分钟日志了吗？...

第十课　逆　商　　　　总第283天

今天是 ____ 年 ____ 月 ____ 日　　星期 ____　　____ 点 ____ 分开始记录

今天值得记录的

....
....
....
....

我的感悟

....

提示：今天打卡一分钟日志了吗？...

第十课 逆 商　　　　　总第284天

今天是 ____ 年 ____ 月 ____ 日　　星期 ____　　____ 点 ____ 分开始记录

今天值得记录的

....

....

....

....

我的感悟

....

提示：今天打卡一分钟日志了吗？..

认识逆境

（大声朗读）

困难你好，挫折你好

我知道，你是考验我的一道难题

解决了，我的能力又会上升到一个新的高度

我知道，一切逆境都不会持久

我知道，失败，只是暂时还没有成功

我知道，最坏的时刻，是最好的起点

我知道，只要欣然拥抱磨难，一切都会过去

我知道，当我敞开心灵接受不幸，困难就会小很多

我知道，穿过逆境，不要做逆境的牺牲者

我知道，抱怨不会使生活更美好

我知道，在压力下可以造就非凡

我知道，没有绝望的处境，只有对处境绝望的人

我知道穿过逆境决定我的态度

我知道穿过逆境决定我的情绪

我知道穿过逆境，我就会幸福和快乐

我知道，我能做到

第十课　逆　商　　　　总第285天

今天是 ____ 年 ___ 月 ___ 日　　星期 ___　　___ 点 ___ 分开始记录

今天值得记录的

....
....
....
....

我的感悟

....

提示：今天打卡一分钟日志了吗？

第十课　逆　商　　　　总第286天

今天是 ____ 年 ___ 月 ___ 日　　星期 ___　　___ 点 ___ 分开始记录

今天值得记录的

....
....
....
....

我的感悟

....

提示：今天打卡一分钟日志了吗？

一个人没有胳膊、没有腿，还能做什么

如果一个人没有胳膊、没有腿，他的人生还能做什么？

尼克·胡哲，一个来自澳大利亚的"80后"，天生没有四肢。尼克是爸爸妈妈的第一个孩子，家族里没有任何遗传病史，他的母亲是一名护士，在怀孕期间，为了宝宝的健康，她小心谨慎，可是，这个天生没有四肢的畸形儿一出生就吓坏了所有人，他的父亲甚至冲出产房呕吐了起来。直到尼克4个月大的时候，母亲才第一次抱起这个小小的婴儿。

这种极为罕见的"海豹肢症"，给倒霉的尼克留下一连串的痛苦回忆。

8岁以前，他只关注"自己没有的那一切"。10岁的时候，他曾想，自己活在世界上有什么意义？走到哪里，他都被称作"怪物"。当孩子们都趴在课桌上听课时，金黄色头发的小尼克却突兀地"站"在书桌上，用脚趾头夹住圆珠笔写写画画。

上学是最难熬的，仅在一天里，他先后被12个人嘲笑过。他只能坐在轮椅里偷偷地哭。

而如今，他已经是一位知名的励志演讲家，同时也是一家非政府机构的行政总裁。他曾获会计和财务规划的双学位。他现居住在美国加利福尼亚州。

他说自己非常幸运，没有腿，没有胳膊，但是有嘴。在19岁第一次充满活力的演讲之后，尼克开始了他的演讲生涯，如今他已在20多个国家进行演讲，与数百万人分享了自己的故事。他拿自己在世界各地的经历作为例子，鼓励人们要思索今后的发展，并且要跳出现有的环境去展望未来。

他教大家不要把阻碍看作是麻烦、困难，而应该把它看作是自身成长和学习的机会。他强调了态度的重要性，并且说我们所做的选择会对我们自己及周围的人产生非常深远的影响。

尼克认为，每个人都要有勇气去接受不能改变的，然后改变能改变的。他希望自己的演讲能够激励起听众的梦想和勇气，而实现梦想最重要的就是坚持不懈和拥抱失败，把失败看作一次学习的机会，而不是被失败和恐惧打倒。

尼克说："只有一次又一次地尝试，没有失败，没有失败者""失败，其实是放弃""生命的意义在于全心全意地投入""做好你自己""相信你自己，你能做到""你每天都有选择""要有希望，为梦想而前行"。

过去的已经过去，我们改变不了；未来的还未到来，我们也无法把握。面对人生的困惑、犹豫、无奈……我只想说：只要愿意自我改变，每个人都可以突破自我。不是吗？

尼克的脸上永远是自信的微笑，他的眼睛闪烁着动人的神采。他的足迹遍布全球，他用自己的故事告诉我们，再大的困境都能够超越，只要用心地爱自己和这个世界。现在，尼克对他自身的残疾会有什么感觉呢？接受并且拥抱它，他会从现有的生活环境中找到乐趣。

他用其独有的乐观、毅力和信念来面对挑战，鼓励每个人勇于面对生活并改变生活。尼克深受青少年的喜爱，尼克是真正的让人备受鼓舞的演说家。

第十课 逆 商　　总第287天

今天是＿＿＿年＿＿月＿＿日　　星期＿＿＿　　＿＿点＿＿分开始记录

今天值得记录的

我的感悟

提示：今天打卡一分钟日志了吗？

第十课 逆商

总第288天

今天是 ____ 年 ____ 月 ____ 日　星期 ____　____ 点 ____ 分开始记录

今天值得记录的 ....

....

....

....

我的感悟 ....

提示：今天打卡一分钟日志了吗？...

逆 境 测 试

1. 你对学校紧张的学习生活是否感到不太适应？（　　）
   A. 从来没有　　　　　B. 有时　　　　　C. 一直这样

2. 当你因为挫折而意志消沉时，你会怎样？（　　）
   A. 和父母沟通，或自我化解
   B. 不知道怎么处理
   C. 生闷气

3. 一次考试失败，对你会有怎样的影响？（　　）
   A. 分析原因，更加努力　　B. 无所谓　　C. 情绪波动很大

4. 在学习和娱乐发生冲突时，你会如何选择？（　　）
   A. 学习　　　　　　B. 无法选择　　　　　C. 娱乐

5. 你是否总是感到别人经常不理解你，没有给自己足够的评价？（　　）
   A. 从来没有　　　　　B. 偶尔会想过　　　　　C. 是

6.当别人和你意见不一致时，你会怎么做？（　　）

　　A.聆听别人的意见　　　　B.无所谓　　　　　　C.坚持己见

7.别人评价你时，你会怎么做？（　　）

　　A.接受评价　　　　　　　B.为自己辩解　　　　C.不知所措

8.你的朋友获奖了，你会怎么做？（　　）

　　A.和他一样高兴　　　　　B.不舒服　　　　　　C.与自己无关

9.生活中，你遇到挫折，你会怎么做？（　　）

　　A.积极面对

　　B.忍一阵子，就过去了

　　C.苦闷、压抑

10.你是否觉得，在家里，大人们对你（　　）

　　A.很信任　　　　　　　　B.只关心学习

　　C.包办一切，不让插手

共计10道题，其中选择A_____，B_____，C_____，这周抽时间和父母展开一次关于逆商的讨论。

第十课　逆　商　　总第289天

今天是____年____月____日　　星期____　　____点____分开始记录

今天值得记录的

....

....

....

....

我的感悟

提示：今天打卡一分钟日志了吗？..

第十课　逆　商　　　　总第290天

今天是 ____ 年 ___ 月 ___ 日　　星期 ___　　___ 点 ___ 分开始记录

今天值得记录的 ....

....

....

....

我的感悟 ....

提示：今天打卡一分钟日志了吗？..

穿过逆境的6条秘诀

人生总是变化莫测的，但是无论遇到怎样的逆境，都要相信这是上天给你的最好的锻炼机会，以此培养你的逆商，最终使你成为一个能够承受逆境的强者。

我总结了经历逆境的一些感悟，如果你正处在逆境，相信会对你有所帮助。

1. 心态最重要

没有良好的心态，就有可能错上加错。当困难来临的时候，你要大声地对自己说："困难只是暂时的，这是一道考题，我一定会应对！"

2. 把逆境看成生活的动力

如果你能够把逆境看成生活的动力，你就会变得更加坚强。你在心中反复高喊高尔基《海燕》中的一句话：让暴风雨来得更猛烈些吧！

3. 逆境中看到可能性

在逆境中看到解决问题的可能性，办法总比困难多。逆境可以让你认真思考解决办法，并不断去尝试各种办法，直到找到解决问题的出路。在这个过程中，你的求生能力在迅速地提高。

4. 化被动为主动

逆境中，你往往是被动的，甚至被动到了极点。被动不利于改善现实的状况，当你思考如何化被动为主动的时候，事情也许就会发生新的变化。哪怕是采取一点点主动，也有利于事情朝着好的方向发展。

5. 克服障碍，寻找方法

心理因素是逆境中最大的障碍，它经常使人在逆境中失去克服困难的勇气。你越是惧怕困难，困难就越是难以克服。在面临逆境的时候，从容不迫、信心百倍是制胜的法宝。

6. 接受不可避免的事实

事情已经发生了，无法改变。你再痛苦，再难受，只能发泄自己的不满，诉说自己的不幸，对下一步怎么办没有任何帮助。因此，在逆境中还要学会接受无法避免的事实，并勇敢地去面对。

第十课 逆 商　　总第291天

今天是 ____ 年 ____ 月 ____ 日　星期 ____　____ 点 ____ 分开始记录

今天值得记录的

我的感悟

提示：今天打卡一分钟日志了吗？

第十课　逆　商　　　总第292天

今天是 ____ 年 ____ 月 ____ 日　　星期 ____　　____ 点 ____ 分开始记录

今天值得记录的

....
....
....
....

我的感悟

....

提示：今天打卡一分钟日志了吗？..

第十课　逆　商　　　总第293天

今天是 ____ 年 ____ 月 ____ 日　　星期 ____　　____ 点 ____ 分开始记录

今天值得记录的

....
....
....
....

我的感悟

....

提示：今天打卡一分钟日志了吗？..

第十课 逆 商   总第294天

今天是 ____ 年 ____ 月 ____ 日   星期 ____   ____ 点 ____ 分开始记录

今天值得记录的

....

....

....

....

我的感悟

....

提示：今天打卡一分钟日志了吗？

逆境成就了李维斯

一百多年前的美国西部曾有这样一段传奇。

有一个叫李维斯的年轻人，想到遥远的西部去创业，出发前，他向当地一位非常富有的智者虚心请教，表达了自己想去创业的渴望，自己没有背景，没有技能，没有学历，仅仅有一些盘缠和决心，希望能得到这位智者的指点。智者看到诚心的李维斯，也愿意帮助他，就交给他3个锦囊，列好顺序，当他遇到困难实在没有办法的时候，按照顺序一一打开。

于是，拿起行李，背着锦囊，李维斯朝着遥远的西部出发了。

走着走着，一日，他发现一条大河挡住了他西去的路。苦等数日，被阻隔的行人越来越多，但都无法过河。陆续有人向上游、下游找路，打算绕道而行，但也没有找到过河的桥，于是，有人打道回府，更多的人则是怨声一片。

实在没有办法，李维斯打开了智者给他的第一个锦囊，看到了一段话：

太棒了，这样的事情竟然发生在我的身上，又给了我一个成长的机会。

凡事的发生必有其原因，必有助于我。

这句话究竟是什么意思？难道这条大河挡住我的去路，是好事？

他来到河边，不断地重复着说："太棒了，大河居然挡住我的去路，又给我一次成长的机会，凡事的发生必有其原因，必有助于我。"突然，他有了一个绝妙的创业主意——摆渡。

让想过河的人坐他的船过河，这不是一桩好生意吗？没有人吝啬一点小钱坐他的船过河，他居然因大河挡道而获得人生的第一笔财富。

一段时间后，周围村庄的人看到摆渡生意这么好，也加入了这个行业，竞争开始，生意慢慢清淡，他决定放弃这个生意，并继续前往西部淘金。

来到西部，他找到一块合适的空地方，用他赚的第一桶金买了工具便开始淘起金来。经过千辛万苦，终于快找到黄金了，可惜还没有淘到金子，几个恶汉就围住他，叫他滚开，别侵犯他们的地盘。他刚理论几句，那伙人便失去耐心，对他一顿拳打脚踢。

无奈之下，他只好忍气吞声地离开。好不容易找到另一处合适的地方，没过多久，同样的悲剧再次上演，他又被人轰了出来。在他刚到西部的那段时间，他多次被欺侮。最后连他的工具也被拆烂。

势单力薄，身材弱小，看来淘金这个事情是干不了啦。

几经周折，自己身无分文了。他再次陷入困境，怎么办？

走投无路，他迫不得已，打开第二个锦囊：

太棒了，这样的事情竟然发生在我的身上，又给了我一个成长的机会。凡事的发生必有其原因，必有助于我。

内容和第一个锦囊一模一样。

他不停地重复这句话，在荒凉的沙漠、戈壁滩来回念叨。终于，他想出了另一个绝妙的主意：卖水。

西部不缺黄金，但似乎自己无力与人争锋；西部缺水，却似乎没什么人能想到它。在这里大家喝的水带有黄泥，难以下咽。为什么不能从远处运来干净的泉水卖给他们呢？

不久，他卖水的生意便红火起来。可是好景不长，又有人参与了他的新行业，再后来，同行的人越来越多。终于有一天，在他旁边卖水的一个壮汉对他发出最后通牒，让他滚开。

李维斯不得不再次无奈地接受现实。然而，当这个壮汉扬长而去时，他却立即开始调整自己的心态，再次强行让自己兴奋起来，不断对自己说着：太棒了，这样的事情竟然发生在我的身上，又给了我一次成长的机会，凡事的发生必有其原因，必有助于我。

他开始调整自己关注的焦点。他发现来西部淘金的人，衣服极易磨破，又发现西部到处都有废弃的帐篷，于是他又产生了一个绝妙的好主意：把那些废弃的帐篷收集起来，洗洗干净，做成牛仔裤！

这次他吸取教训，防止别人再欺负、捣乱，将牛仔裤工厂建在远离淘金的地方，做出产品后，让代理去卖。

从此，他一发不可收拾，最终成为举世闻名的"牛仔大王"。他一直没有打开第三个锦囊，将其放在公司创业大楼的博物馆，警示自己。

心语：如果我们只知道说那句话，也许成了不折不扣的阿Q；但如果我们把那句话作为我们走出沮丧的警句，转变面对失败的心态，换个角度思考、行动，成功的就有可能是你我他！

请把这句话抄写下来，背诵，以后遇到困难、挫折的时候，它可以给你力量，给你方法。

_____

_____

第十课 逆 商   总第295天

今天是 ____ 年 ____ 月 ____ 日   星期 ____   ____ 点 ____ 分开始记录

今天值得记录的

....
....
....
....

我的感悟

提示：今天打卡一分钟日志了吗？..

第十课 逆 商   总第296天

今天是 ____ 年 ____ 月 ____ 日   星期 ____   ____ 点 ____ 分开始记录

今天值得记录的

....
....
....
....

我的感悟

提示：今天打卡一分钟日志了吗？..

第十课　逆　商　　　　　总第297天

今天是 ____ 年 ____ 月 ____ 日　　星期 ____　　____ 点 ____ 分开始记录

今天值得记录的

....

....

....

....

我的感悟

....

提示：今天打卡一分钟日志了吗？..

第十课　逆　商　　　　　总第298天

今天是 ____ 年 ____ 月 ____ 日　　星期 ____　　____ 点 ____ 分开始记录

今天值得记录的

....

....

....

....

我的感悟

....

提示：今天打卡一分钟日志了吗？..

逆 境 格 言

1. 虽然世上多苦难,但是苦难总是能战胜的。——海伦·凯勒
2. 灾难是真理的第一程。——拜伦
3. 困苦能孕育灵魂和精神的力量。——雨果
4. 苦难是人生的老师。——巴尔扎克
5. 被克服的困难就是胜利的契机。——贺拉斯
6. 患难困苦,是磨炼人格之最高学校。——梁启超
7. 上天完全是为了坚强你的意志,才在道路上设下重重的障碍。——泰戈尔
8. 在科学的道路上没有平坦的大道,只有不畏艰险沿着陡峭山路向上攀登的人,才有希望达到光辉的顶点。——马克思

第十课 逆 商 总第299天

今天是 ____ 年 ___ 月 ___ 日   星期 ___   ___ 点 ___ 分开始记录

今天值得记录的

我的感悟

提示:今天打卡一分钟日志了吗?

作业 本章总结，分享进步

本月最后一天，我们恭喜你本月取得的进步！你也可以和父母，亲戚，老师，同学，朋友一起分享本月的收获。

你要分享的对象是谁呢？

分享对象	你准备分享什么？

第十课 逆 商   总第300天

今天是 ____ 年 ____ 月 ____ 日   星期 ____   ____ 点 ____ 分开始记录

今天值得记录的

第十课，总结我的进步

我的感悟

提示：今天打卡一分钟日志了吗？

杰出青少年，美丽新世界

代欣然

习惯养成，我已经坚持365天了！

从今天开始，我已经成为一名杰出的青少年了！我是一个在学习和生活中都活力十足的15岁女孩，是同学心中的好朋友、老师心中的好学生和父母心目中的乖孩子。然而我也有很多缺点，比如：有时候活跃得过了头，有时缺乏自信不敢大胆提问，生活自理能力差，等等。

今年春天，妈妈去北京开会，给我带回了一大摞课外书，《杰出青少年好习惯养成手册》就是其中一本。

这是一本奇特的书，是一本接下来要由我自己完成的书，我一下子就被它新颖的形式给吸引住了，只用了4天就把"个人宣言"背得滚瓜烂熟！它一开始就教我要持之以恒，要有自信心和责任感，头几天，我感到很简单，不就是记下每天的感受和收获吗！

一段时间之后，我才真正认识到"坚持"这两个字不是那么容易就能做到的。但是，当我得到爸爸妈妈的表扬，看到自己明显的进步时，我不由得下定决心：一定要坚持下去。现在，我已经能够把每日的自我管理作为一种享受了！每天晚上把自己一天做过的事回顾一遍，把值得记录的事件与感受落实到文字上，做到今日事今日毕，使我在学习和生活中如鱼得水，轻松快乐地度过每一天！

目前我已经完成了12个课时的学习。"个人宣言"让我信心倍增，认识到自己的价值；"制定目标"让我改掉了拖拉的毛病，也是在学习中对我帮助最大的一课；"生活习惯"使我懂得人生是由一个个好习惯构成的，一个人只有养成良好的生活习惯才会受到社会的欢迎！

365天的好习惯养成以及自我管理在我的身上产生了显著的效果：自信心显著增强，学习成绩由全年级50多名提升到前10名。在5月底进行的中考"二模"考试中，我取得了年级第一的好成绩。在6月的中考中，我以优异成绩被省实验中学重点班录取，顺利完成了我制定的近阶段目标。

现在，我即将升入自己理想的高中，正在享受着快乐的暑假。

感谢《杰出青少年好习惯养成手册》，它使我学会管理自己的行为，让我学会在方圆之间抉择！它让我相信自己，努力开发自己的潜能！它教会我不要盲目行进，要认清自己的目标，一步一个脚印！它还指导我养成各种好习惯，学会改变自己的命运！

  在这365天里，我的身上发生了神奇的变化。

  相信在接下来的日子里，如果我坚持不懈地进行自我管理，我一定会走向自己的美丽新世界！

第11课 财商

> 切记：拥有金钱，还要善加支配。先完善人格，后取得财富。
>
> 有高尚的人格，没有财富可以获得财富；没有高尚的人格，有了财富也会失去财富。切勿因金钱而丧失人格。
>
> ——拿破仑·希尔

不同年龄段的孩子，要进行不同的财商学习。高财商的青少年更自立。

在青少年时代，学会理财，学会记账，建立科学的理财观，这些财务规划知识会在你将来的人生中发挥至关重要的作用，帮助你迎接高质量财富自由的生活。

让我们走进第十一课——财商。

什么是财商

近几年，大学生"网贷"引起社会的极大关注。虽然放贷团伙唯利是图，为了赚钱不择手段，但作为成年人的大学生，理应有独立思考能力，卷入此类事件也实在不该。从该事件可以看出，随着经济的高速发展和生活水平的提高，我们在中小学时代树立正确的世界观、人生观和价值观的同时，也应该培养正确的金钱观、财富观。

什么是金钱观？

金钱观就是对金钱最根本的看法和态度。我们知道，有了钱就可以买自己想要的东西。但是当我们拥有了物质以后，就代表着我们的生活美满了吗？不一定。

幸福的生活除了物质消费以外，精神上的愉悦也是必不可少的，甚至精神上的愉悦比物质消费更为重要。而正确的金钱观念则是让我们更有智慧地去面对金钱。

你是否知道，地球上95%的财富是掌握在5%的人手里？更惊人的统计显示，50%的财富是由1%的人掌控的。而且，如果把全球所有的钱平均分配给每一个人的话，5年之内，这些钱还是会回到同样的那1%的人手中。为什么呢？

因为他们拥有财商！

财商，英文缩写为FQ（Financial Quotient），财商指个人和集体认识、创造和管理财富的能力，包括观念、知识、行为三个方面。

财商包括两方面的能力：一是创造财富及认识财富倍增规律的能力；二是驾驭财富及应用财富的能力。

不同年龄段，应该掌握的金钱观：

3岁到6岁，认知金钱

这个年龄的孩子，对钱的概念是模糊的，会认为爸爸妈妈就像魔术师或者超人，可以买他们想要的一切玩具。

7岁到12岁，善用零用钱

这时候的孩子已经知道钱是用来购买物品和服务的，知道父母给我们的金钱是通过劳动获取的报酬。

零用钱怎么给？零用钱怎么花？这是个比较敏感的话题。其实，零用钱在财商教育上扮演着非常重要的角色。

善用零用钱是建立正确金钱观的重要一环。所以，我们在零用钱上应该分清"必需的"和"想要的"两个点，必需的东西由父母指导着买，自己想要的东西自己买。这是一种"欲望管理"工具，如果想要的东西价格太高，甚至为此闹出矛盾来，形成紧张的亲子关系，我们就必须学习财商了。

10岁以上的孩子，就可以记账，建立存钱习惯。列好一定时间内的开销计划，判断是否会超支，与父母一起进行支出调整。学会将自己的零花钱分成必须使用的、可以存储的、用来捐献的几个部分，并建立属于自己的账本。也可以学习存取款以及利息等简单知识。

12岁到18岁，学会选择，学会存钱

这个年龄的孩子已经有很好的理解逻辑，可以通过对比选择，学习如何更明智地花钱。

花钱的预算是多少？有限的钱买了喜欢的衣服，就不够买喜欢的学习用品，所以必须要有所取舍。

这个年龄段的孩子可以学习基础的理财知识，学习自己来计划这个月如何支配零用钱。学会控制欲望，超过支出的，除非学校特殊要求，否则不再增加零花钱。

这个时期，爸爸妈妈对我们的零用钱也给予更大的自由，可以有自己的

账户，自主决定去消费还是存钱。

15岁以后的孩子理财意识已逐渐形成，可以了解一点债券、基金等金融产品，了解投资在承担一定风险的同时还能带来一定的回报。

特别注意，这个年龄的孩子也会陷入支出的陷阱，要避免冲动消费。

当我们学会抵御广告诱惑，不再和其他同学攀比，控制自己不去冲动消费的时候，我们基本的金钱观念已经初步形成。

学会存钱，自己管理消费，可以让家长定期帮助我们检查账本，了解目前的财务状况，并通过账本所反映的亏盈情况引导我们建立正确的理财观，提高财商。

剩余的钱，根据自己的承受能力，捐出去，捐多捐少并不是最重要的，能有一颗愿意帮助别人的心并付诸行动，更为重要。

在青少年时代，我们要培养自己的财务习惯，可以通过以下途径：

习惯1：记账

通过记账掌握零用钱状况，看看自己常把钱花在哪里。通过统计后可以归纳出自己的花费习惯。

习惯2：将零用钱分类

将零用钱进行分类，分为"必须使用""可以储蓄""可以捐献"等。

习惯3：强制储蓄

强制储蓄，建立良好的理财习惯。

青少年理财习惯周表

本周零花钱收入	
本周零花钱支出	明细
自我强制存储的	
结余	
总结	

财商可助你拥有财富，它是一种能力，这种能力可以给你带来高质量的生活。财商还可以是一种品质，这种高尚的品质和创富能力可以使你有完美幸福的人生。

——罗伯特·清崎，《富爸爸穷爸爸》作者

第十一课　财　商　　　总第301天

今天是 ____ 年 ____ 月 ____ 日　　星期 ____　　____ 点 ____ 分开始记录

今天值得记录的

....

....

....

....

我的感悟

....

提示：今天打卡一分钟日志了吗？

第十一课　财　商　　　总第302天

今天是 ____ 年 ____ 月 ____ 日　　星期 ____　　____ 点 ____ 分开始记录

今天值得记录的

....

....

....

....

我的感悟

....

提示：今天打卡一分钟日志了吗？

第十一课　财　商　　　　总第303天

今天是 ____ 年 ____ 月 ____ 日　　星期 ____　　____ 点 ____ 分开始记录

今天值得记录的

....
....
....
....

我的感悟

提示：今天打卡一分钟日志了吗？

第十一课　财　商　　　　总第304天

今天是 ____ 年 ____ 月 ____ 日　　星期 ____　　____ 点 ____ 分开始记录

今天值得记录的

....
....
....
....

我的感悟

提示：今天打卡一分钟日志了吗？

建立你的理财计划

实现个人理财，首先需要对你自己的理财观念、平时的财务状况有一个回顾，然后再参考几个适用的理财表格来规范自己的收支。

1. 对于财商，你以前的观念是_____

A：从来没有财商意识，父母给多少，就花多少，听父母的。

B：想学习，但不知道从哪里入手。

C：我一直有记账的好习惯。

2. 你过去是怎样理财的？

_____

_____

3. 描述你拥有大笔金钱后的感觉。同时，你将怎样花费这笔钱？

_____

_____

_____

4. 描述一下你每月的收支状况，说得越具体越好。

_____

_____

_____

5. 你打算怎样调整自己的理财计划？

_____

_____

_____

第十一课　财　商　　　　　总第305天

今天是 ____ 年 ___ 月 ___ 日　　星期 ___　　___ 点 ___ 分开始记录

今天值得记录的

....
....
....
....

我的感悟

提示：今天打卡一分钟日志了吗？..

第十一课　财　商　　　　　总第306天

今天是 ____ 年 ___ 月 ___ 日　　星期 ___　　___ 点 ___ 分开始记录

今天值得记录的

....
....
....
....

我的感悟

提示：今天打卡一分钟日志了吗？..

第十一课 财 商　　　　　总第307天

今天是 ____ 年 ____ 月 ____ 日　　星期 ____　　____ 点 ____ 分开始记录

今天值得记录的

....
....
....
....

我的感悟

....

提示：今天打卡一分钟日志了吗？..

第十一课 财 商　　　　　总第308天

今天是 ____ 年 ____ 月 ____ 日　　星期 ____　　____ 点 ____ 分开始记录

今天值得记录的

....
....
....
....

我的感悟

....

提示：今天打卡一分钟日志了吗？..

过去：有多少就花多少，没有认真总结过！

现在：懂得学会存钱，合理花钱

信 念

不断提高自身的财商，努力成为一名有智慧、多布施、富裕成功的人！

第十一课 财 商　　　总第309天

今天是 ____ 年 ___ 月 ___ 日　　星期 ___　　___ 点 ___ 分开始记录

今天值得记录的

我的感悟

提示：今天打卡一分钟日志了吗？

第十一课　财　商　　　总第310天

今天是 ____ 年 ____ 月 ____ 日　　星期 ____　　____ 点 ____ 分开始记录

今天值得记录的

....

....

....

....

我的感悟

....

提示：今天打卡一分钟日志了吗？..

改变对金钱的负面看法

我们不可以不谈金钱，甚至鄙视金钱。正如本书前面所说，信念决定一个人的行为。我们一起来看看关于钱的两种观念的对比。

两种金钱观念比较

负面的金钱观念	正面的金钱观念
金钱是万恶之源	获得金钱是一个人能力的体现 经济富强是一个国家实力的体现
爱财是万恶之源	有财可以减轻家人的负担 有财会做善事
爱财的人都是守财奴	爱钱会花钱才是高财商
有钱人的下一代会懒惰	靠自己的能力获得金钱才是真本事
有钱人会变坏	有钱又有道德的人比比皆是
有钱人往往家庭不和	有钱没钱和家庭是否和睦关系不大
富不过三代	有钱，子女可以接受更好的教育

你不理财，财不理你。君子爱财，取之有道。

我们可以改变对金钱的负面想法，建立正确的金钱观，训练和提升自己的财商。这样就可以拥有一个身体健康，财富自由，事业有成，家庭关系、人际关系融洽的人生。

第十一课　财　商　　　　　总第311天

今天是 ____ 年 ____ 月 ____ 日　　星期 ____　　____ 点 ____ 分开始记录

今天值得记录的

....

....

....

....

我的感悟

提示：今天打卡一分钟日志了吗？..

第十一课　财　商　　　　　总第312天

今天是 ____ 年 ____ 月 ____ 日　　星期 ____　　____ 点 ____ 分开始记录

今天值得记录的

....

....

....

....

我的感悟

提示：今天打卡一分钟日志了吗？..

第十一课　财　商　　　　　总第313天

今天是 ____ 年 ____ 月 ____ 日　　星期 ____　　____ 点 ____ 分开始记录

今天值得记录的

....

....

....

....

我的感悟

提示：今天打卡一分钟日志了吗？

第十一课　财　商　　　　　总第314天

今天是 ____ 年 ____ 月 ____ 日　　星期 ____　　____ 点 ____ 分开始记录

今天值得记录的

....

....

....

....

我的感悟

提示：今天打卡一分钟日志了吗？

十三条重要的金钱理念

1. 金钱来之不易（此生必须有计划，慎重理财）。
2. 君子爱财，取之有道。
3. 金钱固然重要，但金钱并不能换来你想要的所有东西。
4. 不要羡慕金钱世界，更不要一味地沉迷于金钱世界。
5. 付出才会有收获（不要有不劳而获的懒惰思想）。
6. 不要让自己成为别人勒索的对象。
7. 远离铜臭味很重的社交氛围。
8. 当别人遇到困难时，量力而行借钱帮助别人，是一种善举。
9. 财富不应当是生命的目的，它只是生活的工具。
10. 金钱至上，金钱也一定会嫁祸于你。
11. 父母的收入是为了支付全家人的开销，不能由我们任意索取，任何对金钱的滥用都可能影响全家人的生活。
12. 不要索要别人的金钱，更不能为了金钱出卖自己的良知。
13. 逢年过节，亲戚给的红包，是父母的人际关系，不是我的本事。父母还要把人情还回去，因此支配这笔钱的时候，我要征求父母的意见，征求意见的时候，我不发脾气。

第十一课　财　商　　　　　总第315天

今天是 ____ 年 ____ 月 ____ 日　　星期 ____　　____ 点 ____ 分开始记录

今天值得记录的

....

....

....

....

我的感悟

提示：今天打卡一分钟日志了吗？..

第十一课　财　商　　　　　总第316天

今天是 ____ 年 ____ 月 ____ 日　　星期 ____　　____ 点 ____ 分开始记录

今天值得记录的

....

....

....

....

我的感悟

提示：今天打卡一分钟日志了吗？..

第十一课　财　商　　　　　　总第317天

今天是 ____ 年 ____ 月 ____ 日　　星期 ____　　____ 点 ____ 分开始记录

今天值得记录的

我的感悟

提示：今天打卡一分钟日志了吗？

第十一课　财　商　　　　　　总第318天

今天是 ____ 年 ____ 月 ____ 日　　星期 ____　　____ 点 ____ 分开始记录

今天值得记录的

我的感悟

提示：今天打卡一分钟日志了吗？

勤俭节约的好习惯

上学之后，你比过去更有机会支配自己。比如，自由支配自己的零花钱、自由支配自己的时间，等等。

现在怎样花钱，涉及将来能否掌握金钱哲学。

如果你能养成节俭的美德，并使之成为良好的习惯，证明你有了控制自己欲望的能力，也意味着你开始刻意培养自己一个重要的品质——独立自主。

杰出的青少年就是要学会管理自己的金钱。

金钱哲学一：勤俭是最伟大的美德。

那些伟大的人物在青少年时代，无论他们多么富有，总是能勤俭节约，不乱花钱，不与别人攀比。

金钱哲学二：该花的钱则花，不该花的钱一分也不能花。

有的同学花钱没有节制，没有应不应该花钱的概念。平时大手大脚，一旦需要花钱的时候，却拿不出钱来了。因为他们对花钱缺乏判断力。而节俭的人把钱都花在与自己的学习、兴趣有关的事情上，只有愚人才把钱花在吃喝玩乐上。为了学习的花费是消费，更是投资，可以升值；为了吃喝玩乐的花费却只是消费，不是投资。

到底什么钱该花，什么钱不该花呢？这就要根据实际情况，自己斟酌而定。

当你掌握了勤俭节约这个习惯的时候，也就学会了金钱哲学的一半。另一半是学会如何赚钱，这是将来你工作的时候需要学习的内容，而勤俭节约是教你如何管理自己的金钱。

从今天开始，培养自己节俭的习惯吧！

第十一课　财　商　　　总第319天

今天是 ____ 年 ____ 月 ____ 日　　星期 ____　　____ 点 ____ 分开始记录

今天值得记录的

我的感悟

提示：今天打卡一分钟日志了吗？

第十一课　财　商　　　总第320天

今天是 ____ 年 ____ 月 ____ 日　　星期 ____　　____ 点 ____ 分开始记录

今天值得记录的

我的感悟

提示：今天打卡一分钟日志了吗？

第十一课　财　商　　　总第321天

今天是 ____ 年 ___ 月 ___ 日　　星期 ___　　___ 点 ___ 分开始记录

今天值得记录的

....

....

....

....

我的感悟

....

提示：今天打卡一分钟日志了吗？

第十一课　财　商　　　总第322天

今天是 ____ 年 ___ 月 ___ 日　　星期 ___　　___ 点 ___ 分开始记录

今天值得记录的

....

....

....

....

我的感悟

....

提示：今天打卡一分钟日志了吗？

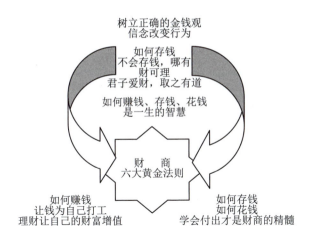

各国青少年财商学习的情况

在日本,父母非常注重引导孩子的财商实践,譬如记录"每日消费"。

在以色列,很多孩子自小参加模拟创业营,他们不但精于理财规划,而且在获得财富后制订了回馈社会的详实方案。

在欧美,财商更是从小学甚至幼儿园阶段就非常重视的课程。

比如,英国教育部门现在就针对不同年龄段的孩子提出不同的理财教育要求:

- 5~7岁的儿童要懂得钱的不同来源,并懂得钱可以用于多种目的。
- 7~11岁的儿童要学习管理自己的钱,认识到储蓄对于满足未来需求的作用。
- 11~14岁的学生要懂得人们的花费和储蓄受哪些因素影响,懂得如何提高个人理财能力。
- 14~16岁的学生要学习使用一些金融工具和服务,包括如何做预算、如何储蓄。
- 16~18岁,要建立打工赚钱养活自己的信念。

但在中国,很多家长更加注重孩子的学习成绩,并没有把财商列为必修课,甚至认为不要"钻到钱眼里",把财商理解为狭义的赚钱。

其实,财商是中国青少年的必修课之一。财商,是我们认识商业世界的一个视角,核心是从延迟满足中建立正确的财富观,从模拟理财中锤炼决策力与个人规划力,最终从财富与幸福的辩证关系中提升公民意识。

学习财商能帮助青少年提高自主生活能力,使其快速融入世界,从而实现我们的强国梦。

第十一课　财　商　　总第323天

今天是 ____ 年 ____ 月 ____ 日　　星期 ____　　____ 点 ____ 分开始记录

今天值得记录的

....
....
....
....

我的感悟

....

提示：今天打卡一分钟日志了吗？

第十一课　财　商　　总第324天

今天是 ____ 年 ____ 月 ____ 日　　星期 ____　　____ 点 ____ 分开始记录

今天值得记录的

....
....
....
....

我的感悟

....

提示：今天打卡一分钟日志了吗？

第十一课 财商 总第325天

今天是 ____ 年 ____ 月 ____ 日　　星期 ____　　____ 点 ____ 分开始记录

今天值得记录的

我的感悟

提示：今天打卡一分钟日志了吗？

第十一课 财商 总第326天

今天是 ____ 年 ____ 月 ____ 日　　星期 ____　　____ 点 ____ 分开始记录

今天值得记录的

我的感悟

提示：今天打卡一分钟日志了吗？

巴比伦富翁的理财秘诀

巴比伦城由于财富累积、人民富足而著称于世。巴比伦富翁的理财秘诀更是经过岁月的考验，成为历久弥新的真理。下面就给你讲讲这些理财秘诀，相信对你会有很大的帮助。

1. **牢记每月把收入的一部分存储起来，其他用作生活费用和其他开支。** 可以采用储蓄占收入10%，生活费占收入50%，活动费、购书费、旅游开销、健身费等费用占收入40%的分配模式。坚持每个月把自己收入的10%存储起来，时刻提醒自己坚守10%的底线。你很快就会发现，能够拥有一笔小小的财富是一种多么棒的感觉。

2. **控制你的消费，人的欲望是永远没有尽头的。** 许多人到月末的时候都是囊中羞涩，但是这些人的月收入并不相同，这说明每个人的消费标准不同。你要管理自己的消费欲望，你的消费标准最终要与你的收入相符，每月入不敷出的感觉并不舒服。

3. **学习如何让积累的财富为你效力。** 让钱为你打工，而不是你去做钱的奴隶，让"钱子钱孙"们始终都为你效力。可以实现钱生钱的理财方式有很多种，如银行储蓄、保险，还有存在一定风险的股市、基金、项目投资等。要谨慎地选择投资方法，尽可能避免损失。

4. **向内行和有智慧的人请教投资忠告。** 在采用任何投资方式时，一定要事前向懂行的人士请教，认真听取他们给你的忠告，就有可能避免你在投资过程中犯一些不该出现的低级错误，造成资本的损失。

财富就像一棵大树，是从一粒小小的种子开始长起来的。你所存下的每一元钱，就是这粒种子，你越早播下这粒种子，你就可能越早让财富之树长大；你越经常以存款和增值来培育、浇灌它，你就越早在财富之树下乘凉。

生活状态的改变来自观念的改变。当你将这些理财秘诀牢记于心，并下定决心去实践的时候，你离财务自由就不远了。

第十一课 财商 总第327天

今天是 ____ 年 ____ 月 ____ 日 星期 ____ ____ 点 ____ 分开始记录

今天值得记录的

....
....
....
....

我的感悟

....

提示：今天打卡一分钟日志了吗？..

第十一课 财商 总第328天

今天是 ____ 年 ____ 月 ____ 日 星期 ____ ____ 点 ____ 分开始记录

今天值得记录的

....
....
....
....

我的感悟

....

提示：今天打卡一分钟日志了吗？..

第十一课　财　商　　　总第329天

今天是 ____ 年 ___ 月 ___ 日　星期 ___　　___ 点 ___ 分开始记录

今天值得记录的

....

....

....

....

....

我的感悟

....

提示：今天打卡一分钟日志了吗？

本月理财总结

本月零花钱收入	
本月零花钱支出	明细
自我强制存储的	
结余	
总结	

作业　本章总结，分享进步

本月最后一天，我们恭喜你本月取得的进步！你也可以和父母，亲戚，老师，同学，朋友一起分享本月的收获。

你要分享的对象是谁呢？

分享对象	你准备分享什么？

第十一课　财　商　　　总第330天

今天是 ____ 年 ___ 月 ___ 日　　星期 ___　　___ 点 ___ 分开始记录

今天值得记录的

....
....
....
....

第十一课，总结我的进步

....
....
....
....

我的感悟

提示：今天打卡一分钟日志了吗？..

杰出青少年，生命绽放的绚丽

徐雪瑞

生命如同自然界中美丽的花朵，人拥有生命，就应尽量去浇灌，精心培育，使之绽放出绚丽的美。对此我充满信心。

不管将来的命运如何，我们永远做搏击长空的雄鹰，把自己的愿望与理想送上蓝天，绘制自己理想的蓝图。《杰出青少年好习惯养成手册》就是我的梦想蓝图。那么，如何去实现自己的梦想蓝图呢？

首先，要对人生真谛有真切的感悟。365天的训练让我感悟到了人生的真谛。

人生是一道题，需要人用一辈子来解答。有人觉得一生应该轰轰烈烈，有人却认为平平淡淡才是真。有人无论经历何种困苦都能笑对人生，有人却觉得生命充满了苦涩。我以一名优秀的青少年来说，拥有自我管理的能力，是解答人生这道题的关键。

其次，要有实现梦想的激情。对此，我在"个人宣言书"中有了深刻领悟。"个人宣言书"这一课让我找到了激情与梦想，每天像八九点钟的太阳般充满活力地朗读它，总有一种无穷的力量催我奋进。我犹如进入了一个精彩世界，我发誓：我会用才智创造辉煌，用实力独占鳌头，用毅力完成一切。

清晰而富有挑战性的目标是生命的源泉，是花朵植根的沃土，信心和全力的投入是达到目标的方法。以前，我的学习、生活都像一颗偏离运行轨迹的小行星，毫无目标地在浩瀚星海里乱撞，不清楚将来等待我的是什么。

在这365天以后，我将不会再跟着感觉走，我将操纵自己的命运，拥有一个无悔的人生。

用良好的习惯去培养花朵。习惯就像一根缆绳，我们每天给它缠上一股新索，用不了多久，它就会变得非常坚韧。做家务，让我得到了父母的认可；礼貌，让我得到了更多的赞许。细心观察，勤记笔记，让我记下许多美好的瞬间。克服拖沓，让我有了压力、紧迫感、危机感，形成前进的动力。

总之，我非常认可习惯改变命运。

我的生命似洪水奔流，没有365天的好习惯训练，没有自我管理能力的提升，就难以激起美丽的浪花。

我相信，只要继续坚持下去，我必将拥抱一片灿烂与辉煌的天空，成为一名杰出青少年！

第12课 幸福课

> 那些为共同目标而使自己变得更加高尚的人，那些为最大多数人们带来幸福的人，历史赞扬他们为最幸福的人。
>
> ——马克思
>
> 我是广大劳苦大众当中的一员，我能帮助人民克服一点困难，是最幸福的。
>
> ——雷锋
>
> 一个人有了远大的理想，就是在最艰苦难的时候，也会感到幸福。
>
> ——徐特立
>
> 书籍使我变成了一个幸福的人，使我的生活变成轻快而舒适的诗，好像新生活的钟声在我的生活中鸣响了。
>
> ——高尔基
>
> 当你幸福的时候，切勿丧失使你幸福的德行。
>
> ——莫罗阿

幸福永远是人类追求的目标，人类几乎所有的努力都是为了实现幸福的理想。

但是，什么是幸福？怎样才能得到幸福？至今仍有无数的人在苦苦找寻着答案。

最后一课，让我们学习如何获得人生的幸福。

幸福学：哈佛大学一门受欢迎的课程

幸福快乐永远是人类追求的目标之一，人类所有的努力都是为了实现幸福的理想。但是，什么是幸福？怎样才能得到幸福？至今仍有无数的人在苦苦找寻着答案。

幸福是什么？

小孩会说：幸福就是可以永远与小伙伴玩游戏；外出打工的人会说：幸福就是回家和父母团聚；创业的人会说：幸福就是多挣一些钱，养活家里老小；老人会说：幸福就是身体没病、孩子幸福……

幸福到底是什么？

幸福是什么？幸福是心灵上如沐春风般的感觉，幸福是平静的呼吸，幸福是有人愿意聆听你讲话，幸福是微笑着生活；幸福是有人爱，有人关怀，有所期待；幸福其实就在我们身边，住有所居，家人有健康，工作学习有收获，饥有食、渴有饮、冷有穿，这些也是幸福。

究竟什么是真正的幸福？怎样才能找到自己的人生幸福？古今中外的无数圣贤先哲为我们留下了无数的至理名言和无数种有意义的选择，并给了我们思想上的启发。

幸福到底是什么？它没有标准答案，可谓仁者见仁，智者见智。

你知道吗？在世界著名高等学府哈佛大学，排名第一的课程不是时髦的经济学课程，也不是实用的法律课程，而是泰勒博士的幸福课。

泰勒博士被誉为哈佛大学"最受欢迎的讲师"和"人生导师"，他的幸福学课引起了前所未有的轰动，美国、中国等很多家新闻媒体都曾多次进行报道。他的课程被全世界各大企业的领袖们誉为"摸得着幸福"的心理课程。泰勒博士认为对幸福的追求是人类的终极目的。

泰勒博士的课程首先提出了以下问题：

1. 物质富有的人们为什么不开心？
2. 生活富有为何并未让我们感到幸福？
3. 是什么决定了我们的幸福感？
4. 物质与精神：哪个更让你幸福？
5. 有了足够的钱，我们就幸福吗？
6. 金钱能够换来幸福吗？
7. 老板与打工仔：谁更幸福？
8. 聪明的人才会感到幸福吗？
9. 成功人士感觉幸福吗？
10. 谁偷走了你的幸福？

泰勒博士讲幸福的要素：

1. 构成人们幸福的基本要素

2. 解读幸福金字塔的秘密

3. 我们应当如何评价幸福

4. 生活中如何发现幸福

5. 幸福与否取决于你内心的感受

泰勒博士分析，究竟是谁偷走了我们的幸福：

1. 压力是幸福的定时炸弹

2. 情绪化是人的幸福杀手

3. 悲观是对幸福感丧失的担忧

4. 不要让孤独吞噬你的幸福

5. 嫉妒别人，折磨自己是不幸福的

6. 自卑是吞噬幸福的心灵毒药

7. 报复心理实际上是更严重地伤害自己

8. 完美主义是人生幸福的陷阱

9. 斤斤计较的人难以获得幸福

10. 贪得无厌的人不会幸福

11. 不懂平衡的人无法把握手中的幸福

最后泰勒博士告诉学生们，找到幸福生活的秘诀：

1. 成为幸福的主宰者，它就在你手里

2. 友情、亲情能让我们得到幸福

3. 成功能让我们品味幸福

4. 爱好能让我们发现幸福

5. 健康能让我们找到幸福

6. 工作能让我们获得幸福的感觉

7. 快乐地享受生活的每一天

8. 从关照他人中得到自己的幸福

9. 只要懂得生活，便是收获了幸福

10. 学会自信地接纳自己，会幸福

11. 幸福同样存在于艰苦奋斗中

12. 奉献出你的爱即可得到幸福

13. 以愉快的心情体验平凡的生活

14. 从学习和练习中获得幸福

15. 以轻松简单的态度面对生活

16. 学会以感恩之心善待他人

17. 感受美好：欣赏身边的世界

读完以上课程目录，是不是对我们有很大的启发呢？

你可以试着用笔画出以上提纲中的"幸福关键词"。

尽管生活无法尽如人意，尽管我们无法做到完美，尽管幸福的感受人人都不同，但我们仍然要追求幸福。

在追求幸福的人生路上，有你有我。

在追求幸福的人生路上，这是一道人生考题。

让我们走进本书第十二课——幸福课！

第十二课 幸福课 总第331天

今天是 ____ 年 ___ 月 ___ 日 星期 ___ ___ 点 ___ 分开始记录

今天值得记录的

我的感悟

提示：今天打卡一分钟日志了吗？

第十二课　幸福课　　　　总第332天

今天是 ＿＿＿ 年 ＿＿ 月 ＿＿ 日　　星期 ＿＿＿　　＿＿ 点 ＿＿ 分开始记录

今天值得记录的

....

....

....

....

我的感悟

提示：今天打卡一分钟日志了吗？

第十二课　幸福课　　　　总第333天

今天是 ＿＿＿ 年 ＿＿ 月 ＿＿ 日　　星期 ＿＿＿　　＿＿ 点 ＿＿ 分开始记录

今天值得记录的

....

....

....

....

我的感悟

提示：今天打卡一分钟日志了吗？

第十二课 幸福课   总第334天

今天是 ____ 年 ___ 月 ___ 日   星期 ___   ___ 点 ___ 分开始记录

今天值得记录的

....

....

....

....

我的感悟

....

提示：今天打卡一分钟日志了吗？

幸福是奋斗出来的

"幸福都是奋斗出来的"出自国家主席习近平发表的2018年新年贺词。"幸福是奋斗出来的"列入2018年度十大流行语。

习近平总书记多次论述"幸福不会从天而降""新时代是奋斗者的时代""奋斗本身就是一种幸福"等重要观点，强调"幸福都是奋斗出来的"，这些关键用词和表达给我们指明了一条获得幸福的道路，即先奋斗，后幸福。贺词既平实质朴，饱含人民情怀，又催人奋进，激荡光荣与梦想，点燃了亿万人民在新时代奋发向前的激情。

中国古人讲"天行健，君子以自强不息"，毛泽东时代讲"自力更生，艰苦奋斗"，如今在中国实现强国梦的关键时刻，习近平总书记讲"幸福都是奋斗出来的"。

在卫星拍摄的夜晚灯光图里，长三角、京津冀、珠三角的灯光已经连成一片。这一片灯火体现了中国的经济繁荣。这一刻，有太多青年还在自习室温习功课，有太多各行各业的人还在努力工作。在许多发达国家，周末你可以找到无数勤奋的中国人,"奋斗"是流淌在中华民族血液里的民族习惯。

在这个不凡的时代,我们作为中国人就是幸福的,我们成为世界的一个聚焦点,中国人赢得世界各国的尊重与赞同。中国外交也有更多的发言权。这幸福不是白白得来的,是靠我们先辈抛头颅,洒热血,付出他们的青春年华奋斗来的。

中国人民自古就明白,世界上没有坐享其成的好事,要幸福就要奋斗。

回望历史,无论是"愚公移山""悬梁刺股"等寓言故事,还是"自古雄才多磨难""梅花香自苦寒来""君子以自强不息"等古训格言,其中蕴含的自强不息的精神,一直是支撑中华民族绵延至今的文化基因、精神密码。

我们要树立远大志向,培养敢于担当、不懈奋斗的乐观精神,做到忠于祖国,忠于人民,立鸿鹄志,做奋斗者,求真学问,练真本领,成为知行合一的有志青年。

在不久的将来,我国将实现社会主义现代化强国的奋斗目标。在几辈人共同努力下,生活在这样强大的中国,你幸福吗?

你愿意为那一天的到来而努力奋斗吗?

第十二课　幸福课　　　总第335天

今天是 ____ 年 ____ 月 ____ 日　　星期 ____　　____ 点 ____ 分开始记录

今天值得记录的

我的感悟

提示:今天打卡一分钟日志了吗?

第十二课　幸福课　　　　　　　　总第336天

今天是 ____ 年 ____ 月 ____ 日　　星期 ____　　____ 点 ____ 分开始记录

今天值得记录的

....

....

....

....

我的感悟

....

提示：今天打卡一分钟日志了吗？......................................

第十二课　幸福课　　　　　　　　总第337天

今天是 ____ 年 ____ 月 ____ 日　　星期 ____　　____ 点 ____ 分开始记录

今天值得记录的

....

....

....

....

我的感悟

....

提示：今天打卡一分钟日志了吗？......................................

第十二课　幸福课　　　　总第338天

今天是 ____ 年 ___ 月 ___ 日　　星期 ___　　___ 点 ___ 分开始记录

今天值得记录的

....

....

....

....

我的感悟

....

提示：今天打卡一分钟日志了吗？..

六个给予会让我们更幸福

　　幸福不是无限索取，真正意义上的幸福是给予和付出，很多人不明白这个道理。"明明得到会让我满足，心里痛快，怎么给予出去会更加幸福呢？"那是因为，索取只能得到暂时的满足，并不能得到真正意义上的幸福！

　　幸福要靠付出得来。学习上不付出努力，难以收获知识和技能；工作上不努力付出，无法获得领导和同事的认可，难以进一步提升。

　　付出包含两部分：第一是对自己付出，第二是对别人付出。

　　对自己付出，就知道人生路上，每一步都不会白走，每进一步，都会有进一步的风景。努力就可能有结果。

　　对别人以及这个世界付出，把自己的力量献给这个世界，为这个世界上的人创造幸福是人生最大的幸福。记住：人生幸福的最高的境界是奉献自己，成就他人。

　　年轻的我们要记住，六个给予会让我们更幸福！

　　1. 言语给予：对别人说正能量的话，说积极向上的话。

　　2. 金钱给予：可以把我们积累的零钱适当地赠予别人。

3. **知识给予**：当有同学询问我知道的内容时，我耐心地给予帮助。
4. **微笑给予**：微笑是世界的通行证，和同学闹矛盾时，一笑而过。
5. **善良给予**：设身处地为他人着想，心存善念。
6. **行为给予**：用服务来帮助别人，不求回报。

即便我们还是学生，经济依赖父母，除了第二条"金钱给予"外，我们仍然可以通过别的方式给予他人，获得幸福！

第十二课　幸福课　　总第339天

今天是 ____ 年 ___ 月 ___ 日　　星期 ___　　___ 点 ___ 分开始记录

今天值得记录的

我的感悟

提示：今天打卡一分钟日志了吗？

第十二课　幸福课　　　总第340天

今天是 ____ 年 ___ 月 ___ 日　　星期 ___　　___ 点 ___ 分开始记录

今天值得记录的

....

....

....

....

我的感悟

提示：今天打卡一分钟日志了吗？

第十二课　幸福课　　　总第341天

今天是 ____ 年 ___ 月 ___ 日　　星期 ___　　___ 点 ___ 分开始记录

今天值得记录的

....

....

....

....

我的感悟

提示：今天打卡一分钟日志了吗？

第十二课　幸福课　　　总第342天

今天是＿＿＿年＿＿月＿＿日　　星期＿＿　　＿＿点＿＿分开始记录

今天值得记录的

....

....

....

....

我的感悟

....

提示：今天打卡一分钟日志了吗？

幸福是每次进步一点点

很多人的认知始终停留在结果上，掩盖了为成功所付出的各种努力，似乎最后结果的成功才是评判幸福的标准，对付出过程却不在意，其实，在走向成功的每一步中，我们都可以选择获得幸福。

只要比昨天进步了，看到进步，人就有幸福感！

也许我们没有很多人那样睿智的头脑，大人们总拿着别人的经历同我们作比较，其实我们不需要成为"最好的别人"，只要成为"最好的自己"，活在别人的评价里，拿别人的标准来判定自己，就没有幸福可言。

如果把成长和成功比作登山，爬山的过程比作成长，登上山顶比作成功，那么爬山的过程和登上山顶对于你来说都重要，爬山是汗水和艰辛让你继续坚持，让你遭遇到挫折，即使那些荆棘在你攀爬时让你跌倒，但是当你爬起来以后，你发现峰顶离你越来越近。你在攀爬时逐渐成长，经历了艰辛与困难，所以到达山顶时才能"一览众山小"，你才体会到爬山的过程是如此的美妙！

2000米长跑不是自己的强项，可自己必须尽全力去争取。一圈跑下来，双腿像绑了沙袋般沉重；两圈下来，口也渴得说不出话来；第三圈心跳加快，筋疲力尽；最后一圈，不顾一切地向前冲去……时间在那一秒定格，终于到达了终点，虽然只是第 10 名，但也没有多大的遗憾。因为尽力了。

我们每个人的成功都是经过不断努力取得的，不可能一蹴而就，成功是由量变到质变的过程，在这个过程中的每一步，我们要体会到幸福，不跟别人比，只跟自己比，进步了，就是幸福。

不比成功，比进步，进步就是幸福。

这一年，你觉得自己和过去相比，哪些地方成长了，说三条。

过去的我与现在的我

序号	过去的我	现在的我
1		
2		
3		

第十二课　幸福课　　　总第343天

今天是 ____ 年 ___ 月 ___ 日　　星期 ___　　___ 点 ___ 分开始记录

今天值得记录的

....

....

....

....

我的感悟

提示：今天打卡一分钟日志了吗？...

第十二课　幸福课　　　　　　总第344天

今天是 ____ 年 ____ 月 ____ 日　　星期 ____　　____ 点 ____ 分开始记录

今天值得记录的

我的感悟

提示：今天打卡一分钟日志了吗？

第十二课　幸福课　　　　　　总第345天

今天是 ____ 年 ____ 月 ____ 日　　星期 ____　　____ 点 ____ 分开始记录

今天值得记录的

我的感悟

提示：今天打卡一分钟日志了吗？

第十二课　幸福课　　　　总第346天

今天是 ____ 年 ___ 月 ___ 日　　星期 ___　　___ 点 ___ 分开始记录

今天值得记录的

....

....

....

....

我的感悟

....

提示：今天打卡一分钟日志了吗？ ....

常怀感恩之心的人是幸福的

当我们还是襁褓中的婴儿时，没有父母的呵护，我们极易夭折；

当我们青春年少、不懂世事时，没有老师的教导，我们极易误入歧途；

当我们是学生时，没有同学的陪伴，我们是那么的孤独；

当我们生活在这片土地上，没有强大的祖国，我们便没有安全感。

如今我们是家庭的宝贝，我们在父母的爱中成长，如果心中只有自己，没有他人，只有索取、占有，哪有真正的幸福可言？

拥有一颗感恩的心，不仅是感谢爱过我们、帮助过我们的人，还是在心存感激的同时，以同样的爱意和热情去回报周围的人，回报生活和社会。今天，我们能健康而安全地生活着，是由于周围有人默默付出。

感谢那么多为社会秩序默默付出的人，感谢每天清晨清扫马路的环卫工人，感谢酷暑严寒中在街上执勤的交通警察，感谢小区里巡逻的保安叔叔，感谢公交车司机，感谢电网、燃气公司、水厂的员工，感谢医护人员，感谢地铁的工作人员……

假如你的生活里缺少了感恩，美好就会离你越来越远。

感恩，自古以来就是中华民族的传统美德，我们有"知恩图报""投我以桃，报之以李"的说法，也有不少感人肺腑的关于"感恩"的传说故事。

常怀感恩之心，不念人过，不思人非，不计人怨，最终施及别人，惠泽自己。如果我们每个人都怀有感恩之心，那么我们离建设幸福中国还远吗？

幸福从感恩当中来，把感恩当成一种习惯！

感谢别人会让你感到无比的快乐，无论你走到哪里，都要记得带上一颗感恩的心。只要你在生活中常存感恩，幸福就会紧紧围绕在你身边。

第十二课　幸福课　　总第347天

今天是 ____ 年 ___ 月 ___ 日　　星期 ___　　___ 点 ___ 分开始记录

今天值得记录的

我的感悟

提示：今天打卡一分钟日志了吗？

第十二课 幸福课　　总第348天

今天是 ____ 年 ____ 月 ____ 日　　星期 ____　　____ 点 ____ 分开始记录

今天值得记录的

....

....

....

....

我的感悟

提示：今天打卡一分钟日志了吗？

第十二课 幸福课　　总第349天

今天是 ____ 年 ____ 月 ____ 日　　星期 ____　　____ 点 ____ 分开始记录

今天值得记录的

....

....

....

....

我的感悟

提示：今天打卡一分钟日志了吗？

第十二课　幸福课　　　　总第350天

今天是 ____ 年 ____ 月 ____ 日　　星期 ____　　____ 点 ____ 分开始记录

今天值得记录的

....

....

....

....

我的感悟

....

提示：今天打卡一分钟日志了吗？..

接受自己是幸福的基础

请给我一颗平常心，让我接受我不能改变的；请赐给我勇气，让我可以改变那些可以改变的事情；请赐给我智慧，让我有能力可以分清这两者。

一个人只有懂得接受自己，才能够真正自信。自信的人是幸福的！

接受一些不能改变的自身状况。你的许多自身状况不能改变，比如说你的相貌、出身、智力情况等，那么你就要坦然地接受这一切。你不能选择自己的美丑、胖瘦，你也不能选择谁是自己的父母，但你可以选择是让自己开心地生活，还是为那些不能改变的事情而烦恼。无论你的自身状况如何，只有你完全地接受这些，你才能摆脱烦恼，把你的全部力量用到你的学业上，用到实现你的梦想上，有一天你会发现，你的成就都是来自那些你能够改变的，而不是那些不可以改变的。

接受已经失去的。在生命中，许多东西最终将不为我们所有，也许是一个很重要的物品，也许是你的亲人、朋友。但请你默默接受并祝福他们，不要悲伤，一切都会好起来。用一颗平和的心去对待。

珍惜你拥有的。一切都是在变化的，没有什么是永久的，这是人生的真相。该走的，总是要走，这就是这个世界的常态。你不可伤己伤身。请你珍惜你现在拥有的，这样你才能获得幸福。

完全接受自己，才有可能幸福。接受自己，用一颗平静的心去面对整个世界的不完美。正因为你自己的不完美，你才能平和地接受他人的不完美。每个人都有自己的长处和短处，学会去看他人的长处，学会宽容相处。

我们来做一个小活动，"现在的你"填写你现在的情况，"理想中的你"填写理想中的你是什么样子。

"现在的你"和"理想中的你"

	现在的你	理想中的你
体形（身高、体重）		
家庭状况		
性格		
学习成绩		

填完以后，请你对比一下"现在的你"和"理想中的你"。他们完全一样吗？还是很不一样？想一想为什么会是这样？

_____

_____

怎么样？如果你发现"现在的你"与"理想中的你"差距很大，请不要有任何担心。在很多青少年中，有人嫌自己太胖或太瘦，或者是外貌不出众，或者是性格太内向等。总之是很难接受自己的现状。

世界上有一些事情是不能改变，也不能选择的。这时候就需要你自己有一个清醒的认识。当你已经认识到你的不完美，也接受自己的不完美，并能坦然面对的时候，你就不会在乎外界怎么说，你只要把精力更多地用在那些可以使你变得更优秀的方面就好了。

哪些是我不能改变、但我可以接受的：

_____

_____

哪些是我可以改变的（比如养成哪些好习惯）：

_____

_____

```
          人的智慧
       接受自己不能改变的

         接受自己才有幸福感

   接受已经失去的         珍惜拥有的
```

第十二课　幸福课　　　总第351天

今天是 ____ 年 ___ 月 ___ 日　星期 ___　___ 点 ___ 分开始记录

今天值得记录的

....

....

....

....

....

....

我的感悟 ....

提示：今天打卡一分钟日志了吗？..................................

第十二课　幸福课　　　　　总第352天

今天是 ____ 年 ____ 月 ____ 日　　星期 ____　　____ 点 ____ 分开始记录

今天值得记录的

....

....

....

....

我的感悟

提示：今天打卡一分钟日志了吗？..................................

第十二课　幸福课　　　　　总第353天

今天是 ____ 年 ____ 月 ____ 日　　星期 ____　　____ 点 ____ 分开始记录

今天值得记录的

....

....

....

....

我的感悟

提示：今天打卡一分钟日志了吗？..................................

第十二课　幸福课　　　总第354天

今天是 ____ 年 ____ 月 ____ 日　星期 ____　____ 点 ____ 分开始记录

今天值得记录的

....

....

....

....

我的感悟

提示：今天打卡一分钟日志了吗？..

智者说幸福吉祥

怎样才能幸福吉祥呢？

智者说：

1. 与有智慧的人交往，尊敬有智慧、有德行的人，自己就会越来越幸福吉祥。人之所以有诸多的不如意、不顺心，归根结底都是没有智慧造成的。与有智慧的人交往，可以增添自己的智慧，做事自然心想事成！

2. 一身正气，置身于正道的人幸福吉祥。做事光明磊落，堂堂正正，浩然正气。歪门邪道的事都不找你，你怎能不幸福吉祥！

3. 认真刻苦钻研，做好本职工作的人幸福吉祥。打磨匠人精神，干实事，遇难题，真敢上。这样的人会得到人们的认可和尊敬，他难道不幸福吉祥吗？

4. 说正能量的话，说积极向上的话，说真善美的话，这样的人幸福吉祥。真实的话语力量巨大，远离一切负能量，怎能不幸福吉祥！

5. 儿女孝敬父母，父慈子孝，上下一体，家庭和睦的人幸福吉祥。彼此尽到本分，互相依存，互相成就，家和万事兴，怎会不幸福吉祥！

6. 奉献给他人，施恩不图报，不求回报者会幸福吉祥。奉献给他人存的是爱心，希望对方给回报就成了贪心。时时存善心，行善事，怎会不幸福吉祥！

7. 行为无瑕疵，行走坐卧端正的人最幸福吉祥。行为习惯完美无缺，这样的人怎能不被他人喜爱，怎能不幸福吉祥！

8. 遵守法律法规的人最幸福吉祥。遵守法律法规是人类社会生活的行为底线，连底线都保不住的人，怎么可能幸福吉祥！

9. 能克制自己，不饮酒，不醉酒，能杜绝由于饮酒造成的恶果的人最幸福吉祥。可以克制自己的不良嗜好，严于律己，宽以待人。这样的人是高度自律，行为高尚的人，这样的人规避了很多风险，自然会幸福吉祥。

10. 知恩、感恩、报恩的人最幸福吉祥。心里有感恩之心，时时惦念，这样的人别人怎么能不喜欢。师长也愿意把人生中最精华的东西拿出来教给你，朋友一定是诚心诚意地来帮你，时时有这么多助缘的人怎么可能不幸福吉祥！

11. 谦虚谦让，能知足常乐的人最幸福吉祥。不骄傲，不傲慢，不耀武扬威。谦虚的心能换来幸福，还能提升心性。骄傲招人讨厌，给人带来懈怠和失败。不知足、傲慢的人，永远在痛苦中煎熬，得不到幸福！

12. 遇事不抱怨，遇到困难不放弃的人最幸福吉祥。遇事从自身找原因，不抱怨。遇到困难，坚持不懈。每个人都有可能遭遇挫折，也会犯错。但是，由于我们都是在不断失败的过程中成长起来的，所以即使失败也没有必要沉浸于悔恨之中。遇事不抱怨、不放弃的人，会所向披靡、所做必成。努力有多大，事业就有多大。这样的人自然幸福吉祥！

感恩智者开导，愿大家谦虚受教，人人幸福吉祥！

第十二课　幸福课　　总第355天

今天是 ____ 年 ____ 月 ____ 日　　星期 ____　　____ 点 ____ 分开始记录

今天值得记录的

....

....

....

....

我的感悟

提示：今天打卡一分钟日志了吗？..

第十二课　幸福课　　总第356天

今天是 ____ 年 ____ 月 ____ 日　　星期 ____　　____ 点 ____ 分开始记录

今天值得记录的

....

....

....

....

我的感悟

提示：今天打卡一分钟日志了吗？..

第十二课　幸福课　　　总第357天

今天是 ____ 年 ___ 月 ___ 日　　星期 ___　　___ 点 ___ 分开始记录

今天值得记录的

....

....

....

....

我的感悟

提示：今天打卡一分钟日志了吗？..

第十二课　幸福课　　　总第358天

今天是 ____ 年 ___ 月 ___ 日　　星期 ___　　___ 点 ___ 分开始记录

今天值得记录的

....

....

....

....

我的感悟

提示：今天打卡一分钟日志了吗？..

能自控的人是幸福的

很多人误以为把想得到的得到了之后会幸福。比如我爱吃甜食,我吃到了,我有幸福感;比如我爱打游戏,我打尽兴了,我有幸福感;我想要更多的零花钱,我得到了,我有幸福感。其实,这不是幸福感,这是满足感。

请问,当你爱吃的甜食没有了,你还有幸福感吗?当你爱打的游戏被没收了,你还有幸福感吗?当你零花钱没有了,你还有幸福感吗?

肯定没有了,一定是失落和沮丧。

爱吃零食,反而会长更多没用的脂肪;爱打游戏,反而让我们陷入网瘾;总想要更多的钱,可能会误入歧途。这些快乐是暂时的。

很多时候,我们之所以感到不快乐,就是因为我们的物质欲望太大。合理的生活追求可以激励我们,但是过分的攀比会让我们失去方向。当我们的物质欲望越来越大时,我们便会忽略生命的本质。那个时候,我们的双眼就会被物质和虚荣心蒙蔽,幸福指数也会大大降低。

一个人的幸福感来自控制自己的物质欲望,收敛自己的物质欲望。

经济学家萨缪尔森列过一个"幸福方程式":幸福 = 效用 / 欲望。如果人的欲望是既定的,效用越大就会越幸福。效用是人从消费物品与劳务中获得的满足程度。从幸福方程式来看,控制欲望也是获取幸福的一种途径。

欲望越大,人越不幸福。如果欲望无限大,有多大的效用也不幸福。

要想幸福,控制欲望比得到物质更难,但是只有能做到的人才能理解什么是真正的幸福。

过简单的生活,过知足的生活,过有精神追求的生活,过付出的生活,这样的人一定能在幸福中收获美好的明天。

第十二课　幸福课　　　　　总第359天

今天是 ____ 年 ____ 月 ____ 日　　星期 ____　　____ 点 ____ 分开始记录

今天值得记录的

....

....

....

....

我的感悟

....

提示：今天打卡一分钟日志了吗？

和智者、有德者交往是幸福的

《论语》开篇：学而时习之，不亦说乎？有朋自远方来，不亦乐乎？人不知而不愠，不亦君子乎？第一句话谈学习，第二句话谈交友，第三句话谈情商。

"朋"字在《论语》里面出现9次，这里的"朋"指的可不是一般的朋友，是志同道合、志向远大、品德高尚、正直善良、志趣相投的人。

和有德行、行为端正的明白人交往是一件幸福的事。

和有德行的人结交，因为这样的人知道界限，知道什么能做、什么不能做，知道取舍，知道什么能要，知道什么绝对不能要，知道什么能说、什么说出来不合时宜，知道什么可以接近、什么必须远离。

与这样的人结交，你会受益良多。所以你是幸福的！

作业 本章总结，分享进步

本月最后一天，我们恭喜你本月取得的进步！你也可以和父母，亲戚，老师，同学，朋友一起分享本月的收获。

你要分享的对象是谁呢？

分享对象	你准备分享什么？

第十二课　幸福课　　　　总第360天

今天是 ____ 年 ___ 月 ___ 日　　星期 ___ 　　___ 点 ___ 分开始记录

今天值得记录的

....

....

....

....

第十二课，总结我的进步

....

....

....

....

我的感悟

....

提示：今天打卡一分钟日志了吗？

没想到，我坚持了365天

周正鑫

去年的今天，我清晰地记得，那是一个周六的上午8点，在我们学校的大操场，我们全校3000多名师生和家长一起聆听了本书作者黄泰山老师的报告，当时我被泰山老师奔放、激情的演讲深深感染了。

他幽默风趣的语言让整个会场洋溢着欢声笑语。他慷慨激昂的朗诵更是给人以精神上的鼓舞，催人奋进。"让暴风雨来得更猛烈些吧！"随着这声铿锵有力的呼喊，在解读感恩父母环节，我被泰山老师深深打动。你能想象吗？3000多人，集体被感动，演讲到动情处，操场上哭声一片，每个学生和前来听报告的家长拥抱，并在耳边说："对不起""我爱你""谢谢你""你们辛苦了"，这些平时说不出口的话，当时都一边流泪一边讲了。

不知不觉中，90分钟的报告结束了。但我们依然沉浸在激情热烈的会场气氛中。

在报告结束的那一刹那，我突然有一股莫名的冲动涌上心头。那是受人指点迷津后的灵光迸发，那是受人鞭策后的快马加鞭，那是受人启示后的坚定与信心。

当我们每人拿起一本《杰出青少年好习惯养成手册》，朗读个人宣言书的时候，我的内心有一个声音在深处在呼喊着：今天将是一个不朽的日子，一个下决心的日子，一个因为承受承诺而要奋起的日子，一个我期盼了好久的崭新的重生的日子。我发誓，我要努力完成《杰出青少年好习惯养成手册》。

"我生来应为高山而非草芥，我放眼未来勇往直前。"所以，从今天开始，我要蜕变，我要更加优秀，我要挑战自己，我要做一个崭新的我。

下面我就摘抄自己写的两篇日记。

第1篇

今天是 <u>9</u> 月 <u>2</u> 日　星期二　<u>20</u> 点 <u>30</u> 分开始记录（每天固定时间）

今天值得记录的：

今天是一个平凡得不能再平凡的日子，但对我来说，今天是一个新的开始。

因为在这一天，我将成为"杰出青少年好习惯学校"的一名学生，但是没有被正式录取，等待我的是七天的训练，通过后才会下发录取通知书，只要有毅力、自控力，我相信我一定会进入那所"学校"。

今天，我将用这本手册托起写满梦想的纸张。

我的感悟：朗读个人宣言书，让我充满激情！

提示：今天打卡一分钟日志了吗？（是）

第2篇

今天是 <u>2</u> 月 <u>3</u> 日　星期一　<u>20</u> 点 <u>30</u> 分开始记录（每天固定时间）

今天值得记录的：

今天读爱心篇中的文章，我和一篇文章产生了共鸣。

读到这篇文章，我格外自豪，因为我上初一时，也曾经给我们班的花圃默默地浇了一年水；寒暑假，我还和老师联系，拿钥匙前去照看。我喜欢花，不喜欢看到花蔫了，看到家和班级里的花生机勃勃，我就高兴。

和我一样，愿意为全班默默付出的还有牛献礼、魏新磊几位同学。

我的感悟：默默付出，其实最高兴的是自己。

提示：今天打卡一分钟日志了吗？（是）

通过每天坚持，我真的可以体会到这种自豪感。

当我回头望去，只见师生人手一本《杰出青少年好习惯养成手册》。我知道有少数同学把书弄丢了，还有几个放弃的。但我和大部分同学一直坚持到现在，虽然其中存在补写等投机取巧的情况。但从没有超过3天。

365天的坚持让我很自豪，当班主任老师说，到今天能一篇不漏完成的同学请站起来时，我毫不犹豫地站了起来。

365天的期待，我毕业了，你知道吗？我们班主任老师表扬我们这些一直坚持的同学，竟然把我们讲哭了。

"杰出青少年"这几个字，传达的信息是多么的昂扬，给人以力量。也正是因为这份吸引，我选择了与你相伴一年的时光，感受你的魅力和人文关怀。

终于，我实现了超越与升华，在思索中获得重生的力量。看镜中的自己，多了一分淡定和沉着。

再回首，亲手构建的生命树以及沉甸甸的一年成长历程，这是多大的一笔财富。

时间可过得真快啊！一口气，我们已经抵达山顶。

你有没有发现，你的身上已经潜移默化地储存了很多成功的因素。你的自信在增加，你的目标也在不断地变成现实。

尽管你不能具备本手册中的所有能力，但是只要你不断调整自己的方向，始终抱有希望，坚持不懈，那么你一定能到达终点。

该说再见了，360天里，你和我同行，我们的协议再有5天就要到期了。我也祝贺你即将抵达终点。

对你的未来，我永远充满信心。你一定会有所作为，你的毅力会让你所向披靡。

昨天你以杰出的青少年为榜样，明天杰出的你成为别人的榜样！

第十二课　幸福课　　　　　总第361天

今天是 ____ 年 ____ 月 ____ 日　　星期 ____ 　　____ 点 ____ 分开始记录

今天值得记录的

我的感悟

提示：今天打卡一分钟日志了吗？

第十二课　幸福课　　　总第362天

今天是 ____ 年 ____ 月 ____ 日　　星期 ____　　____ 点 ____ 分开始记录

今天值得记录的

....
....
....
....
....

我的感悟
....

提示：今天打卡一分钟日志了吗？...

第十二课　幸福课　　　总第363天

今天是 ____ 年 ____ 月 ____ 日　　星期 ____　　____ 点 ____ 分开始记录

今天值得记录的

....
....
....
....
....

我的感悟
....

提示：今天打卡一分钟日志了吗？...

第十二课　幸福课　　　　　　　总第364天

今天是 ____ 年 ____ 月 ____ 日　　星期 ____　　____ 点 ____ 分开始记录

今天值得记录的

....
....
....
....

我的感悟

提示：今天打卡一分钟日志了吗？

第十二课　幸福课　　　　　　　总第365天

今天是 ____ 年 ____ 月 ____ 日　　星期 ____　　____ 点 ____ 分开始记录

今天值得记录的

....
....
....
....

我的感悟

提示：今天打卡一分钟日志了吗？

第12课　幸福课

恭喜你，通过 365 天的成功坚持，你作为一名杰出的青少年毕业了！最后，我把伟大的发明家、科学家爱迪生的这段话送给你！

伟大人物的最明显标志，就是他坚强的意志，不管环境变换到何种地步，他的初衷与希望仍不会有丝毫的改变，最终克服障碍，以达到期望的目的。

——爱迪生

恭喜你，坚持了 365 天，今天毕业了！

坚持不懈，直到成功。今天你已经掌握了成为一名杰出青少年的一切秘密。

正如这本手册所言，一个人未来的成就取决于为自己的梦想一直奋斗了多久。今后无论你走到哪里，奋斗多久，都请你带上这十二个成才基因。一旦这些良好的行为成为你生活的习惯，深深扎根在你的思想、行为里，那么，一切梦想皆有可能实现。

在今后的日子，你要养成更多的好习惯，扩展自己的成才基因，并以此获得更多的能量。从今往后，更好地管理自己，培养更多的人生好习惯，走向下一个年级、下一个学校，用你的人格去影响更多的人，将来为社会做出卓越的贡献。

今天是你在"杰出青少年好习惯养成学校"学习的最后一天，但并不意味着学习已经结束，真正自我管理的路程才刚刚开始。

过去也有同学连续写了 3 本手册，继续巩固也是人生成长的宝贵财富！

坚持不懈，直到成功。水滴石穿，这是所有成功者的成功密码。

在本书最后，我要：

特别感谢恩师周士渊教授、刘雅冬老师多年给予的无私指导！

特别感谢中国管理科学研究院教育科学研究所中国教育学会教育管理分会、中国未来研究会、北大新世纪教育发展中心课题组的老师们！

特别感谢课题组贺乐凡教授给予的课题指导！

特别感谢张歌真秘书长给予的课题指导！

特别感谢李世杰教授给予的课题指导！

特别感谢问道教育吴岳雅老师给予的支持！

特别感谢清华大学出版社徐学军分社长给予的重大支持！

特别感谢清华大学出版社顾强编辑的辛苦付出！

特别感谢全国各地校长、教育局领导、班主任给予的支持和信任！

特别感谢姜汝祥博士、樊登老师、俞敏洪老师、李践老师给予的信任！

特别感谢崔其升校长、申建民局长、张楠校长、穆家庆校长、葛金雷校长、王玉州校长、张强校长、曾凡军校长、朱斌校长等全国300多位校长、教育局领导给予的课题支持！

特别感谢赵雨林老师、正心老师、秦义老师、胡存杰老师、曹凯鑫老师、王兵老师、李东升老师、杨伟林老师、王伟老师、秦琳老师、张劲松老师、陈方老师、姜红山老师、郭颖老师、姚金村老师、张晶亮老师、闫彬老师、泰诚老师、郝爱敏老师、徐军老师、屈自杨老师等人在我多年的研究和实践过程中给予的协助！

特别感谢我的太太英莉老师在我研究课题中给予的支持和帮助！

本书能为全国中小学生培养好习惯提供有效帮助，达到成就学生，解放老师和家长的目的，是我最虔诚的心愿！

附录一 全国杰出青少年征文比赛

请把你填写本手册以来的感悟、进步写下来，参加全国杰出青少年好习惯训练征文比赛。

征文体裁不限，字数在 500 字到 1500 字之间。

电子版邮箱地址：1041855038@qq.com

全国杰出青少年好习惯训练征文比赛

姓名：_____ 年龄：_____ 性别：_____ 年级：_____

获奖邮寄家庭地址：_____ 电话：_____

_____年_____月_____日开始本书的第一天

征文最好附带任意两页日记。

附录二　以学校为单位养成好习惯建立学习型组织课题实施方案

教育的目的是教给学生探求知识的方法，塑造学生的健全人格，培养学生吃苦耐劳的精神、勇于承担家庭与社会责任、善于独立思考以及独立解决问题的能力。

随着时间的流逝，学生们了解、背诵的许多知识可能会遗忘，但是发现问题、解答问题、自我管理以及拥有好习惯的能力却永远不会失去。

——杰出青少年好习惯养成教育　课题组

15 年来，40 万中小学生实践证明，引入清华大学出版社"杰出青少年"系列图书，培养 12 个好习惯、36 个微习惯，写作 365 天自我管理日记，开展自我教育课程，能使：

- 学生学习成绩集体提升，校园文化显著改善。
- 纪律问题大大减少，学生自信心集体增强。
- 学生演讲能力提升，家长满意度大大提升。
- 教师荣誉感增强，达到了成就学生，解放老师、家长的目的。

——课题组实验学校总结

一、全国邀请课题组实施方案的学校超过 300 家

本书作者黄泰山老师提出了强国少年——好习惯培养整体解决方案，开发了学生、家长、教师三位一体的课程体系，截至目前，该课题在全国有超过 40 万学生使用并受益。

本书作者的授课足迹已遍布全国 28 个省，授课的学校有江苏淮安中学、沈阳雨田实验中学、河南师范大学附属中学、山东杜郎口中学、北海市中等职业技术学校、河北鹿泉区第一中学、北京世纪明德教育集团、河南豫华教育集团、深圳育才教育集团等 300 所院校单位。

黄泰山老师的授课既真挚感人、催人泪下，又激动人心、催人奋进，极富感染力。

二、杰出青少年好习惯养成教育成果

该方案是以好习惯养成日记为核心，结合全年 12 个体验式活动所进行的青少年素质教育训练方案，使用体验式教学方法作为教学模式，通过游戏、

活动、分享来提高学生的参与程度。

　　课题组提供的每月一期的大组会内容，运用体验式教学法的教育思想，改变灌输为主的传统教育观念，旨在帮助受教育者掌握学习的方法，使其能够自主、高效地学习。其中理论课程时间占20%，活动游戏体验占60%，分享占20%。

　　"青少年自我管理好习惯养成"教育理论，获得全国教育科学"十五"规划，中国教育学会"十一五"规划、"十二五"规划，中国未来研究会"十三五"规划研究成果。同时由清华大学出版社出版了《杰出青少年好习惯养成手册》《杰出青少年自我管理手册》。本书还被国外引进、出版发行和应用。

　　为使研究成果进一步在全国中小学得到推广和应用，使更多的学生加入365天好习惯训练，锻造更多的杰出青少年，将素质教育落地生根，特别推出本方案。

三、杰出青少年好习惯养成教育模型

　　课题组针对4万多名学生进行了调查分析与研究，形成研究成果，由北京师范大学出版社出版了《教育的至高境界》，并归纳出了一些特点：

　　新时代的学生对新媒体的熟悉程度和应用远超上几代人。"00后""01后"的学生好奇心强，知识面广，表现出极强的学习能力、思辨能力和表达能力。

　　同时，他们的消费观念超前，零花钱多，攀比心强，对手机的依赖感过强。在身体方面，户外运动较少，近视率高，肥胖率也逐年提高。他们追求突出个性，穿着打扮追求时尚，崇拜明星，张扬个性，社会责任感和时代使命感较为缺乏。

　　经过调查，我们总结出了当代部分青少年存在的十二大问题：叛逆、任性、暴躁、磨蹭、撒谎、抱怨、虚荣、懒惰、消极、自卑、自私、孤独。以上这十二大问题，我们希望通过杰出青少年好习惯养成的教育模型，通过"生命树"365天训练来达到转变。

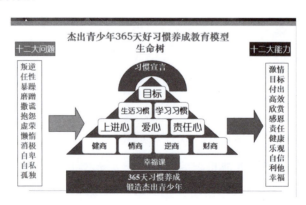

我们希望通过365天好习惯训练，锻造当代青少年十二大能力：激情、目标、付出、高效、欣赏、感恩、责任、健康、乐观、自信、利他、幸福。

四、全年365天好习惯方案实施分为四个步骤

本训练将以清华大学出版社出版的黄泰山老师的《杰出青少年好习惯养成手册》为核心，学生人手一册，每天只需要5分钟，固定时间集体填写，每月进行一次90分钟的活动，指导学员养成良好的自我管理能力，通过一年训练锻造出杰出青少年。

程序：分为四步

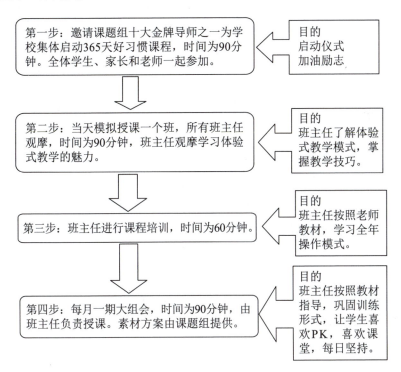

每月一次班级会议的目的：

每隔30天，每次90分钟的大组会，提高学生的归属感、注意力、聆听、表达和相互合作能力的培养，为养成好的学习习惯奠定了坚实的基础，也有助于各种问题的解决，是习惯养成的助推器。

班级会议强化了集体的凝聚力和每个班级成员的个人责任感！团队的目标使每个人都充满责任感，增强了同学和老师之间的情谊！班级会议中的分享，可以谈论收获，分享学习方法，分享自己的愿望、个人兴趣爱好、自己的担忧，以及填写好习惯日记的心得。

总体操作指导：

①每个班级指定一位老师负责。一般情况下由班主任负责。

②学生以 10～12 人为一组。如 50 人分成 4 个小组（分别为 12、12、12、14 人）。

③每个小组有一名组长。

④第一次选好队名、口号、标志。今后不变。

⑤每半个月聚会一次开小组会。每一个月开一次大组会。

⑥组长每个月轮换一次。组长竞选班长，每月轮换一次。

⑦小组会在 40 分钟左右，大组会在 90 分钟左右。

⑧建议家长参加两次。分别为第一次的家庭教育讲座、最后一次的毕业礼。

⑨集体固定时间，每天用 5 分钟填写手册，用 1 分钟填写打卡日志。

⑩小组会可以由班主任引导，学生发挥自主创意。大组会由班主任负责组织。

五、好习惯养成体系实验班教师理念

使　　命： 以培养强国少年为己任。

目　　标： 通过一年 365 天好习惯养成训练，使班级学生养成良好的自我管理能力，成为有毅力、有目标、有良好习惯、有爱心、有责任心、有上进心、有健商、有情商、有逆商、有财商、有幸福感的杰出青少年。

工作信条： 血液里流淌着对孩子们的爱，以提高他们的综合素养为荣。

教师的座右铭： 以人为本、助人自助，相信每个孩子都可以进步！

教师的立场： "班级"的教师不给或很少给答案，"班级"教师相信大多时候，最好的答案早已隐藏在学生的心中，只启发，不告诉。这里"班级"教师是不给答案的，所做的只是引导学生了解自己的真实情况，然后让他们自己发现问题并解决问题。学生开始独立学习，意味着真正意义上的成长。

教师的信念： 相信学生，训练习惯，解放家长，解放自己！

课程体系十条教育理念：

1. 教育就是培养好习惯！从最容易的入手，持之以恒！

2. 孩子在成长过程中没有学到该学的东西，长大以后会付出更大的代价。好习惯养成教育是 18 岁之前最好的教育。

3. 每个人都是独一无二的，给每个人成长的机会！

4. 孩子在不断努力做好，即使他现在弄得很糟糕。动机和情绪总不会出错，只是行为没有效果而已。

5. 不断自我提升！运用自己的智慧，创造无压力的学习环境！学习本身是快乐的！

6. 角色转变，让学生成为教学主体！自我探索，放手让学生构建知识！

7. 老师、学生、家长进行心灵沟通，拉近三者之间的距离！家庭、学校强强联合，才能培养出一大批杰出青少年！

8. 关注优点，让孩子在被认可中改进！想方设法鼓励每一个孩子！

9. 在比赛中，只有胜利小组、学习小组，没有失败小组！

10. 教师和家长最大的功德是吸引学生，让学生热爱学习，会学习，会终身学习。

课堂指导：

1. 让学生喜欢大组会，喜欢上课，喜欢学校。

2. 让学生对生活抱有极大的好奇心。

3. 让学生对疑难问题产生自己先解决问题的习惯。

4. 让学生能无拘无束地表达自己的观点，不同意时可以据理力争。

5. 让学生敢于冒险，对于没有做过的事情，敢于尝试。

6. 让学生能开聪明地玩笑，表现出敏锐的幽默感。

7. 让学生行为举止变得谦虚。

8. 让学生对别人的友好表示感谢！

9. 让学生敢于接受批评，也敢于提出批评。

10. 让学生能合理安排自己的时间，各方面均衡发展。

六、365天好习惯养成教育分年级目标

本书适合10～18岁的青少年填写。不同年龄段，培养目标，关注点不同，课程设计也不同。

365天好习惯养成教育目标

年　级	目　标
小学4～6年级	填写365天好习惯养成日记，培养36个微习惯。建立良好的适应能力与学习习惯，与同学建立良好关系的能力。能初步融入学校，正确客观地评价他人，具有爱心与集体责任感
初中一年级	填写365天好习惯养成日记，培养36个微习惯。进一步认识自我，正确处理人际关系的能力，发展自主学习的能力，初步学会设计自我、发展自我，具有初步心理调节能力，形成积极的心态
初中二年级	填写365天好习惯养成日记，培养36个微习惯。具有一定的自制力和自学能力，有一定的反省能力，能客观、现实地认识自我，具有一定的社会责任感和荣誉感。基本能正确对待青春期带来的成长问题

续表

年级	目标
初中三年级	填写365天好习惯养成日记，培养36个微习惯。初步具有独立思考、分析问题、解决问题的能力。以平常心对待生活，自信、乐观、进取
高中一年级	填写365天好习惯养成日记，培养36个微习惯。进一步增强自我调节能力，具有良好的适应环境的能力。勇于承担责任。能形成健全的人格！具有一定的学习能力和考试能力
高中二年级	填写365天好习惯养成日记，培养36个微习惯。初步形成健全的人格，获取处理问题的能力，敢于竞争，乐于合作，具有良好的社会适应能力、自我管理能力和自我决策力

七、部分学校评价

北京大学附属中学重庆实验学校陈玉明校长评价：

泰山老师极富激情和感召力的启动仪式感染了全体师生和家长。通过"情商"教育实现孩子自我管理、自我教育和自我成长，与我校人才培养理念是完全一致的。泰山老师的教育思想必将掀起中国现代教育的一场革命！

山东杜郎口中学崔其升校长评价：

黄老师的好习惯和自我管理课题在我校的实施非常成功，启动仪式具有震撼性，强烈地呼唤了我们所提倡的真、善、美，对我校师生给予了思想上、精神上、灵魂上、文化上的洗礼！

河南濮阳教育局副局长申建民评价：

泰山老师的课题实践，以学生的好习惯和自我管理为切入点，精彩的启动仪式和可操作性的全年训练方案，对学生是一次教育，对家长是一次提升，对教师是一次启迪。

江苏淮安中学校长王玉州评价：

十年来，我校连续邀请泰山老师以及课题团队来我校实施操作，泰山老师极富激情和感召力的课程感染了每年6000位全体师生和家长。该课题与我校人才培养理念是完全一致的。

河南师范大学附属中学刘黎校长评价：

黄老师的专家团能在培训指导过程中采用互动的形式，激起全体师生极大的兴趣，激荡了情感，激发了信心，大家乐于参与整个过程。在对教师的培训中，为教师提供了切实可行的方案，制订了长期的规划及近期的方法指导，可操作性很强。

奖状

_____同学，经过 90 天的好习惯训练，学习了习惯宣言、制定学习目标、生活习惯三节课程，已经成为一名优秀的青少年。

杰出青少年好习惯学校

_____年 ____月 ____日

奖状

_____同学坚持了180天的好习惯训练，学习了习惯宣言，制定目标、生活习惯三节课程，还学习了养成良好的学习习惯，怎样具备上进心、爱心六节课程。现已经成为一位了不起的青少年。

杰出青少年好习惯学校

____年 ____月 ____日

毕业证书

_____ 同学坚持了 365 天的好习惯训练，学习了十二节课的内容，每天填写日记，坚持不懈，克服了种种困难，于今天，荣誉毕业。

现已成为一名杰出的青少年。

特发此证，以资鼓励。

杰出青少年好习惯学校

____年__月__日

1. 黄老师为淮安中学启动课题
2. 黄老师为河南师大附中启动课题
3. 黄老师为山东杜郎口中学启动课题
4. 黄老师为沈阳雨田中学启动课题
5. 湖南怀化三中师生颁发泰山奖学金
6. 黄老师为北大附中授课
7. 黄老师为安徽阜阳十九中启动课题

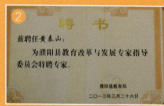

1. 泰山老师为班主任老师培训
2. 教育局聘请作者为专家证书
3. 黄老师在北京大学讲课
4. 启动仪式感动全场师生
5. 颁发泰山老师奖学金
6. 家庭训练营感动瞬间
7. 全国教育科学"十五"规划课题
8. 中国教育学会"十一五"规划课题
9. 全国校长参加课题结题研讨会

1. 《中国教育报》报道该课题
2. 《中国教师报》报道该课题
3. 《中国教师报》详细报道泰山老师教育思想
4. 研究课题结题通知
5. 作者首版获得十佳畅销书
6. 作者论文获一等奖证书
7. 作者获得科研成果一等奖
8. 中国教育学会常务委员会证书
9. 作者被聘请为北大产业与文化研究员证书
10. 课题获奖证书

成都石室联合中学课题启动

河北鹿泉一中课题启动

广西金城江三小课题启动

广东省洛浦中学课题启动

北海九中课题启动

河北鹿泉一中颁发泰山奖学金

河北围场二中启动课题

陕西高新一中课题启动